Marie Boden und Doris Feldt
Trost und Hoffnung für den Genesungsweg
Ein Handbuch zur Gruppenmoderation
und zur Selbsthilfe

Marie Boden ist Erzieherin, DBT-Therapeutin für Sozial- und Pflegeberufe, Diplom-Designerin (Fotografie) und freischaffende Künstlerin. Seit 1985 ist sie im Evangelischen Klinikum Bethel tätig.
Kontakt: Marie.Boden@evkb.de

Doris Feldt ist Diplom-Sozialpädagogin, DBT-Therapeutin für Sozial- und Pflegeberufe und Sozial- und Milieupädagogin. Seit 1994 ist sie im Evangelischen Klinikum Bethel tätig.
Kontakt: Doris.Feldt@evkb.de,
0521-772-78601

Beide Autorinnen haben 2001 gemeinsam die Stabilisierungsgruppe im Evangelischen Klinikum Bethel aufgebaut und konzeptioniert. 2010 entstand eine zweite Stabilisierungsgruppe in der Klinik. Sie bieten Workshops zu allen Themen ihrer Bücher an, je nach Wunsch und Absprache auch mit besonderen Gewichtungen: für Moderierende, für die Umsetzung in der Einzelarbeit, aber auch als Burn-out-Prophylaxe. Bei Interesse wenden Sie sich bitte an die oben genannten Kontaktadressen.

Trostkarten sind bei Marie Boden zu bestellen. Jedes Trostkartenset ist ein Unikat. 30 Karten kosten 35,00 Euro (plus 3,00 Euro Versandkosten / Inland; 5,00 Euro Versandkosten / Ausland)

Für dieses Buch haben wir mit den Teilnehmenden neue Trostkarten zusammengestellt, die besonders zu den vier Lebensthemen passen. Sie sind grafisch neu gestaltet und das Set heißt: 30 Worte für Trost & Hoffnung (ab 2017 lieferbar).

Die Begriffe unterscheiden sich von dem Set: 30 Worte für die Seele (seit 2008 lieferbar). Beide Sets eigenen sich jedoch für die therapeutische Arbeit mit allen Büchern.
E-Mail-Adresse: trostkarte@gmx.de oder atelier151@t-online.de

Marie Boden und Doris Feldt

Trost und Hoffnung für den Genesungsweg

Ein Handbuch zur Gruppenmoderation und zur Selbsthilfe

Marie Boden und Doris Feldt
Trost und Hoffnung für den Genesungsweg
Ein Handbuch zur Gruppenmoderation und zur Selbsthilfe
Arbeitshilfe 35

1. Auflage 2017
ISBN Print 978-3-88414-648-4
ISBN PDF 978-3-88414-903-4

Bibliografische Information der Deutschen Nationalbibliothek
Die Deutsche Nationalbibliothek verzeichnet diese Publikation
in der Deutschen Nationalbibliografie;
detaillierte bibliografische Daten sind im Internet über
http://dnb.ddb.de abrufbar.

Weitere Arbeitshilfen unter www.psychiatrie-verlag.de

© Psychiatrie Verlag GmbH, Köln 2017
Alle Rechte vorbehalten. Kein Teil des Werks darf ohne Zustimmung
des Verlags vervielfältigt, digitalisiert oder verbreitet werden.
Lektorat: Katrin Klünter, Köln
Fotos und Labels der Lebensthemen: Marie Boden, Bielefeld
Umschlagkonzeption: GRAFIKSCHMITZ, Köln
Umschlaglayout und Foto: Iga Bielejec, Nierstein
Typografiekonzeption und Layout: Iga Bielejec, Nierstein
Druck und Bindung: medienHaus Plump GmbH, Rheinbreitbach

»Alles hat seine Zeit«, so steht es schon in der Bibel geschrieben. Insbesondere der persönliche Genesungsweg erfordert seine eigene Zeit:

Zeit für Abschied, mit allem, was dazugehört: Tränen, Klagen, Jammern, Weinen, Vergessenes, Verluste, Stillstand, Sprachlosigkeit …

Zeit für Trost, um die Tränen zu trocknen, um Trauriges zu mildern und zu lindern – wieder zu wissen, dass jemand an meiner Seite ist, Begleitung spüren …

Zeit für Hoffnung und Zuversicht mit der Gewissheit, dass es wieder gut oder anders werden kann, dass sich wieder etwas bewegt, dass sich das Dranbleiben und Kämpfen lohnt …

Zeit, um Neues zu entdecken, Vergessenes wieder auszugraben, Kraft für das Neue zu sammeln und Mut zu entwickeln …

Es geht aber auch um die Zeit, zu begreifen, dass alles im Leben seinen Platz hat, zusammengehört und Teil des Lebens ist und so eine Ganzheit in uns hervorbringt.

Zeit zur Erkenntnis kann uns spüren lassen, dass die Wechsel in unserem Leben dafür sorgen, lebendig zu sein oder wieder zu werden.

An dieser Stelle ist nun **Zeit für Dankbarkeit**.
Dankbarkeit für die Offenheit aller teilnehmenden Menschen aus beiden Stabilisierungsgruppen in Gilead IV. Dankbarkeit dafür, dass sie sich mit uns auf dieses Projekt eingelassen haben und den Mut hatten, sich mit diesen Lebensthemen auseinanderzusetzen. Dankbarkeit für das große Vertrauen, das sie uns geschenkt haben.

In diesem Sinne sagen wir von ganzem Herzen: Danke!

Geleitwort 9

Vorwort der Autorinnen 13

Theoretische Grundlagen 18

Dialektisch-Behaviorale Therapie 18

Achtsamkeit 20

Unser Konzept 23

Recovery 26

Eine Verbindung schaffen 28

Praktische Anwendung 31

Das Gruppeneinmaleins 31

Moderierende 32

Teilnehmende und Neueinsteiger 33

Gruppengröße und Einführung 35

Ziele 35

Rituale und Gruppenwerte 36

Vorbereitungen 37

Themenblätter 37

Hilfreiches oder wie wir es machen 38

Hinweise zum Umgang mit diesem Buch 40

Grafischer Leitfaden 42

Vorbereitendes 44

Wissenswertes 44

Recovery 45

Empowerment, Resilienz, Salutogenese und Kohärenzgefühl 49

Peerberatung und EX-IN 56

Fachbegriffe auf einen Blick 60

Versöhnen und Vergeben 62

Stärkende Unterbrechungen 65

Übungen für Körper, Seele und Geist 66

Atempausen 66

Texte 68

Vorsorge treffen 69

Anleitungen – 11 Vorsorgeblätter 69

Die vier Lebensthemen 91

Abschied und Trauer 91

Anleitungen – 7 Basisblätter 93

Anleitungen – 21 vertiefende Themenblätter 104

Trost 134

Anleitungen – 19 vertiefende Themenblätter 136

Hoffnung 167

Anleitungen – 26 vertiefende Themenblätter 169

Neues wagen 208

Anleitungen – 21 vertiefende Themenblätter 210

Schlusswort   241

Eindrücke aus der Gruppe   241

Recovery bedeutet für mich ...   243

Danksagung   246

Herzensangelegenheit: »Das Wiegenlied meiner Seele«   248

Literatur   250

⬇ Alle Impulse und Materialien sowie umfangreiches Zusatzmaterial finden Sie auch im Internet unter www.psychiatrie-verlag.de/buecher/detail/book-detail/trost-und-hoffnung-fuer-den-genesungsweg.html.

Geleitwort

Überraschung war meine erste Reaktion, als ich von Marie Boden und Doris Feldt den Titel für ihr drittes Buch erfuhr. Während meiner EX-IN-Fortbildung hatte ich für die Abschlusspräsentation im Oktober 2012 ein ähnliches Thema gewählt: »Trauer, Trauerarbeit und Trost als Aspekte von psychischer Erkrankung«. So war ich sehr interessiert, zu erfahren, wie die beiden Autorinnen das Thema in ihrem neuen Buch umsetzen.
Inzwischen bin ich im sechsten Jahr als Moderatorin und im vierten Jahr als Genesungsbegleiterin an der Seite von Marie Boden, einer weiteren Kollegin und einem Kollegen in der Stabilisierungsgruppe in Gilead IV tätig. In den letzten Monaten haben wir diverse Themenblätter aus dem nun vorliegenden Buch in der Gruppe eingeführt. Darüber hinaus gaben mir die Autorinnen fertiggestellte Kapitel zur Durchsicht. So bin ich auf den »Geschmack« dieses Buches gekommen. Das Leben hat mich zwischenzeitlich »eingeholt«, ich habe Trauer, Abschied und Verluste erfahren müssen. Dadurch gewann die Auseinandersetzung mit den Themen einen aktuellen, persönlichen Bezug für mich, und – um es schon einmal vorwegzunehmen – es macht etwas mit einem ...
Was zeichnet dieses Buch aus? Zunächst seine theoretischen Grundlagen. Die Themenblätter beruhen auf der Dialektisch-Behavioralen Therapie (DBT), deren Begründerin Marsha M. Linehan ist. Anlässlich des neunzigsten Geburtstages von Benediktinerpater und Zenmeister Willigis Jäger hielt sie eine Rede im Benediktushof (2015). Sie selbst sei von ihm zur Zenmeisterin ordiniert worden und habe diese spirituelle Ausrichtung in ihre Forschung und Arbeit eingebracht. Das bewog mich dazu, mich wieder einmal näher mit dem Zen zu beschäftigen. Die Ausrichtung des Zens beeindruckt mich durch Klarheit und Schlichtheit. Für mich bedeutet sie, wach und bewusst durch den Alltag zu gehen und dass wir Lebewesen alle durch das »eine« Leben miteinander verbunden sind. Nichts auf der Welt existiert getrennt voneinander. In guten Momenten fühle ich mich aufgehoben im Sein.

Und da wären wir schon bei der Achtsamkeit, die ein wesentlicher Bestandteil jeder Gruppenstunde ist: Sie muss praktiziert werden, um sich entfalten zu können. In der Achtsamkeit übe ich mich darin, das Leben jeden Tag so anzunehmen, wie es mir begegnet. Alles hat seinen Platz – Gutes und Schlechtes, Schweres und Leichtes, Freude und Leid. Ich nehme alles an, ohne es festzuhalten oder es zu bewerten, nehme es wahr und lasse es im nächsten Moment wieder los. »Im Gleichmut verweilen, ohne Abneigung und ohne Anhaftung«, wie es in der buddhistischen Lehre heißt. So lebe ich von Moment zu Moment meinen Alltag, bin offen für das, was gerade geschieht. Mein Ich und die damit verbundenen Konzepte und Vorstellungen, die mir das Leben zeitweise schwer machen, verlieren an Wichtigkeit. Gedanken sind einfach Gedanken. Ich muss mich nicht mit ihnen identifizieren und alles glauben, was ich denke. Ich übe mich immer wieder darin, die Dinge innerlich und äußerlich loszulassen. Das Leben gewinnt so an Leichtigkeit und Freude.

In seinem Buch »Das Abenteuer Achtsamkeit« erwähnt der bekannte Achtsamkeitslehrer Jon KABAT-ZINN (2013, S. 20) eine Aussage des Mythologen Joseph Campbell: Dieser sei »nicht der Ansicht [...], dass die Menschen vor allem einen Sinn erfahren wollten. Die Menschen würden zwar behaupten, dass sie nach dem Sinn des Lebens suchen, aber darum gehe es in Wahrheit nicht. Wonach sie tatsächlich suchten, sei die Erfahrung, lebendig zu sein.« – Ja, Achtsamkeit macht lebendig und erhöht die Lebensfreude. Diese schönen Gefühle verspüre ich häufig in den Gruppenstunden. Ich bin immer wieder erstaunt und beeindruckt, welche Fantasie und Fähigkeiten bei den Teilnehmenden zum Vorschein kommen. Durch die vielen Impulse und das reichhaltige Angebot an Gruppeninhalten entsteht ein großes Potenzial, über sich selbst hinauszuwachsen und voneinander zu lernen. Die Erfahrung, zum Gruppenthema etwas beizutragen, kann das Selbstbewusstsein stärken. Und wenn ich einmal nichts beizutragen habe, kann und darf ich einfach dabei sein. Ich werde akzeptiert, so wie ich gerade bin. So, wie ich bin, gehöre ich dazu.

Auch nach zehn Jahren Erfahrung in einer Stabilisierungsgruppe, zunächst als ambulante Patientin und später als Moderatorin, versuche ich, jede Gruppenstunde in einer Haltung des »Anfängergeistes« zu moderieren. Jedes Treffen ist neu und einzigartig. Es ist ein permanenter Prozess der Wandlung und Weiterentwicklung. Die

Stabilisierungsgruppe ist hilfreich in guten wie auch in schwierigen Zeiten, beides ist Bestandteil des Lebens. Sie kann auch nach einer überwundenen Krise Kraft spenden.

Das neue Buch behandelt »starke« Themen: Abschied und Trauer, Trost, Hoffnung und Neues wagen. Diese Inhalte betreffen uns immer wieder und es ist zwingend notwendig, dass sie im psychiatrischen Alltag einen angemessenen Stellenwert erhalten. Die Kapitel in diesem Buch sind vom methodischen Aufbau her einerseits klar strukturiert, andererseits sind sie je nach Teilnehmenden und Situation frei auszuwählen. Ich halte es für wichtig, auch die Themen Abschied und Verlust so zu behandeln, dass die Teilnehmenden relativ gut gestimmt aus der Gruppenstunde gehen können. Es gilt, das Schwere und das Leichtere auszubalancieren. Gegensätzliche Dinge gehören nach dem dialektischen Prinzip zusammen und können nebeneinander bestehen, wie die zwei Seiten einer Medaille. So empfiehlt es sich, in einer Stunde zum Thema Trauer ebenso den Trost einzuflechten. Wenn wir lernen, auch in solchen Zeiten die kleinen Freuden im Alltag zu erkennen und zu genießen, schützt dies vor Überforderung und hält das Interesse an dem Thema wach.

Auch hier braucht es wieder die Empathie und Fantasie der Moderierenden. So haben Marie Boden und Doris Feldt die Gruppenstunden immer wieder mit einer Prise Humor gewürzt, und das kam gut an. Lachen ist erlaubt – und tut (mir) einfach gut! Es stärkt mich und auch die Gemeinschaft untereinander.

Eine männliche Fachkraft unterstützt unser vierköpfiges Moderatorenteam. Die Gruppensitzungen werden in der Regel von einer Moderatorin und einem Moderator geleitet. Der männliche Kollege ist insbesondere als Rollenmodell für die sich oft in der Minderzahl befindlichen männlichen Gruppenteilnehmer wichtig. Wir Moderierende sind keine »weiße Leinwand«, die sich hinter ihrer Rolle, ihrem Fach- und Erfahrungswissen gleichsam verstecken, sondern wir treten immer auch als Menschen in Erscheinung. Gerade dies ermöglicht Begegnungen auf Augenhöhe. Es bewirkt ein lebendiges, oftmals auch humorvolles Gruppengeschehen. Diese Lebendigkeit und Offenheit – es gibt zunächst keine Tabuthemen – sind ein wesentliches Erfolgsgeheimnis der Gruppe. In der Stabilisierungsgruppe ist es gewünscht, kleine Geschichten »aus dem wahren Leben« einzubringen. Es ist die Lebensgeschichte, die einen Menschen ausmacht und in der persönliche Erfahrungen zum Ausdruck kommen. Für den Geschichtenerzähler ist es eine Möglichkeit, Erlebtes zu verarbeiten. Der Zuhörer kann schauen, ob das Erzählte etwas in ihm auslöst. Nebenbei lernt sich die Gruppe besser kennen und es entsteht ein Gefühl von Verbundenheit.

Für die Zusammensetzung von Moderatorenteams empfehle ich, dass neben einer psychiatrischen Fachkraft auch eine psychiatrieerfahrene Person – nach Möglichkeit mit abgeschlossener EX-IN-Ausbildung – das Team ergänzt. Fachwissen in Verbindung mit Erfahrungswissen bewirkt eine andere Qualität der Arbeit und erlaubt eine vollständigere Sicht der Dinge.

Zum Schluss sei eine Sache vorangestellt: Ich nehme schon so lange an der Stabilisierungsgruppe teil, weil die Inhalte bis in meinen Alltag hineinwirken. Eine Zenweisheit besagt: »Versuche nicht, den Fluss anzuschieben.« Übertragen auf die Stabilisierungsgruppe bedeutet das, den Lebensthemen Zeit und Raum zu geben, damit sie sich entfalten und heranreifen können. Ich muss nicht immer »reagieren« und »machen«, manchmal darf ich auch ganz einfach »sein«. Es ist mir eine Freude, im Alltag diese Momente des Seins zu kultivieren. Dadurch tanke ich Kraft für die Aufgaben und Herausforderungen des Lebens. Und wenn ich dann noch ab und an eine Trostkarte mit dem Begriff »Vertrauen« ziehe, ist die Welt für mich erst einmal wieder in Ordnung ...

Mein herzlicher Dank geht an Doris Feldt und Marie Boden für die Gründung und Weiterentwicklung der Stabilisierungsgruppen, ebenso danke ich allen Beteiligten – Kolleginnen, Kollegen und Teilnehmenden –, dass ich von ihnen lernen darf.

»Mögen alle Wesen glücklich und in Frieden sein.«
Aus der Metta-liebenden Güte-Meditation

Vera Bierwirth, Bielefeld

Vorwort der Autorinnen

Liebe Leserinnen und Leser,
warum dieses Buch? Die Arbeitshilfe, die Sie gerade in den Händen halten, ist uns ein wichtiges und auch persönliches Anliegen. Die Themen Abschied und Trauer, Trost, Hoffnung und Neues wagen stellen für uns große Lebensthemen dar, die jeden Menschen ein Leben lang begleiten. Unseres Erachtens erfahren sie zu wenig Aufmerksamkeit, werden nicht genügend beachtet. Es benötigt Zeit und eine intensive Auseinandersetzung, um die einzelnen Aspekte fühlen zu können und ihnen gerecht zu werden. Wie es bei Anthony DE MELLO (2015) in dem Gedicht »Das Geheimnis des Lebens« zu lesen ist, lassen sich solche persönlichen Themen in einem Menschen nicht über Lehrmeinungen entfachen, sie finden sich in der Lebenswirklichkeit, also im Leben selbst.
Es hat den Anschein, dass in unserer Gesellschaft eine Art Gleichgültigkeit vorherrscht. Diese führt dazu, dass Gefühle nicht mehr »richtig« ausgeprägt sein dürfen. Doch im Grunde kann sich nur der freuen, der auch Traurigkeit durchlebt hat – oder anders ausgedrückt: Wer nicht den Prozess des Trauerns und Tröstens durchlaufen hat, der wird nur schwerlich zu Hoffnung, Zuversicht und gutem Neuen gelangen. Im psychiatrischen Alltag sind diese Themen nahezu tabuisiert – und das hat uns mehr und mehr nachdenklich gestimmt, denn an einem Ort, an dem sich Menschen in seelischer Not befinden, dürfen diese Inhalte nicht fehlen. Sie sind wesentlich, um gesunden zu können.
Die Aufforderung der Profis, Neues zu wagen, mal etwas anders zu machen, kann unter diesen Bedingungen zwangsläufig nur als Überforderung, vielleicht sogar als gefühllos und kränkend erlebt werden. Das ist schade, denn in einem passenden Kontext ist das Wagnis des Neuen eine wunderbare Sache. Deshalb sind wir Karin Koch vom Psychiatrie Verlag für die thematische Erweiterung sehr dankbar.
In unserem Arbeitsalltag begegnen uns bei genauerem Hinhören die Lebensthemen Trauer, Trost und Hoffnung sehr oft. Dies weckte weiter unser Interesse. Manchmal sind sie (noch) verdeckt oder tauchen nur kurz auf. Profis können in sensibler Form behilflich sein, ihnen Zeit

und Raum zu geben. Viele Betroffene leiden, denn sie bedauern ihre verlorenen Lebensentwürfe und verkraften die dadurch entstandenen Lebensumbrüche nur schwer. Es ist zu spüren, dass sie extrem belastet sind, auch wenn die einschneidenden Lebensereignisse schon länger zurückliegen. Häufig sind diese Verluste und Enttäuschungen noch nicht ausführlich angeschaut, thematisiert und betrauert worden.

Unser Interesse an diesen Lebensthemen wurde noch durch weitere Impulse verstärkt. Elke PRESTIN (2015) hielt in unserer Klinik einen sehr beeindruckenden Vortrag zum Thema »Heilsame Kommunikation«. Vera BIERWIRTH, Genesungsbegleiterin und Moderatorin, inspirierte uns durch ihr Abschluss-Portfolio »Trauer, Trauerarbeit und Trost als Aspekte von psychischer Erkrankung« in der EX-IN-Weiterbildung 2011/2012. Daraus ergab sich mit ihr und einer weiteren Genesungsbegleiterin unserer Klinik, Lizzie Schweika, ein erster gemeinsamer Workshop zu diesem Thema auf dem Dreiländerkongress 2013 in Bielefeld.

2013/2014 nahmen wir an einer an unserer Klinik durchgeführten Recoveryschulung für Profis und psychiatrieerfahrene Menschen teil. Das ermutigte uns, die Themen Trauer, Trost und Hoffnung in einem Tagesworkshop für Fachleute anzubieten. Die Sensibilisierung für diese Inhalte wurde breiter und die Idee stärker, sie in unsere Stabilisierungsgruppen zu bringen und einen Prozess der Auseinandersetzung mit den Teilnehmenden zu beginnen, die überraschend offen und geradezu angetan davon waren. Sie stiegen mit uns intensiv in die Thematik ein und bestätigten so nicht nur deren Wichtigkeit, sondern ließen sich auch von den Inhalten berühren und einholen. Ein Teilnehmer, Thomas Klumbies, den wir namentlich benennen dürfen, prägte den schönen Satz: »Der Wind rüttelt an der Tür« – ein deutlicher Hinweis, dass es Zeit ist, die Tür zu öffnen.

Bestärkt wurden wir zusätzlich durch den Austausch mit Kolleginnen und Workshopteilnehmern, dass ein Interesse an diesen Themen bestehe. Es fehle jedoch an »Handwerkszeug« und dadurch an Mut, sich an die Inhalte mit Menschen in großen Lebenskrisen zu wagen. Unsere Literaturrecherche ergab, dass es viel Material über Trauer und Tod, aber wenig über zerbrochene Lebensentwürfe gibt.

Wie sind wir vorgegangen? Wir haben in diesem Buch eine Verbindung aus Elementen der Dialektisch-Behavioralen Therapie, unserem Konzept, den Ansätzen der Achtsamkeit und Recovery geknüpft – vielleicht zunächst etwas ungewöhnlich. Aus unserer Sicht lassen sich diese Konzepte jedoch gut als Grundlage für die Auseinandersetzung mit allen vier Lebensthemen verwenden, stehen ergänzend nebeneinander oder gehen ineinander über. Unter Zuhilfenahme dieser Grundlagen entwickelten wir gemeinsam mit den zwei Stabilisierungsgruppen unserer Klinik die Inhalte für dieses Buch und überdachten diese zusammen. Wir setzten entsprechende Inputs, stellten Fragen, vermittelten Ideen und arbeiteten Rückmeldungen sowie Hinweise der Gruppenteilnehmenden ein. Alle Themenblätter sind mit beiden Gruppen praktisch erprobt. Es stellte sich stets neu die Frage, was es bei der Beschäftigung mit diesen Inhalten zu bedenken gilt, damit sie getragen und bewältigt werden können. Vor dieser Fragestellung entstanden die Vorsorgeblätter und das Kapitel »Wissenswertes«.

Sehr schnell wurde deutlich, dass sich schwere Themen nicht en bloc bearbeiten lassen, sondern stets Gegengewichte benötigen. Und dass es hilfreich ist, die vier »Lebensthemen« zu durchmischen. Genesung verläuft nicht geradlinig; einmal steht die Trauer im Fokus und dann ist Trost nötig. Wenn Hoffnung da ist, kann Neues folgen, aber vielleicht gibt es auch zwischendrin traurige Momente, weil etwas nicht sofort gelingt. Die fehlende Nummerierung der Themenblätter und die ausdrückliche Bitte, eine individuelle Reihenfolge zu wählen, sind als Ermunterung zu verstehen, alle Themen zu durchmischen und nicht chronologisch vorzugehen (siehe auch Gruppeneinmaleins, S. 31).

Gemeinsam mit den Gruppen haben wir uns herangetastet, viele Inspirationen erhalten, einen roten Faden gefunden und festgestellt, wie schnell sich die Themen erweiterten und beinahe unerschöpflich wurden. Vermeidung oder Ablehnung von Themen gab es nicht. Wichtig schien uns, darauf zu achten, dass die Zeit einer Gruppenstunde, die Intensität des Themas und die Gruppensituation als solche in guter Balance waren. In vielen Gruppenstunden und auch im Einzelaustausch gab es sehr viele schöne und intensive Momente. Wir erfuhren Heiterkeit und Leichtigkeit trotz der Schwere eines Themas – Freude, Erstaunen, Überraschtsein und vieles mehr. Manchmal ist uns das Schwere sehr nahegekommen, dann hieß es: tief durchatmen, gemeinsam nach Gegengewichten suchen, vielleicht unterbrechen, das Thema anders angehen oder erst einmal ein anderes nehmen und es später erneut aufgreifen. Vielleicht lässt es sich am besten so ausdrücken:

Wir haben in der Gruppe zusammen getrauert, Trost und Hoffnung gespürt und Neues gewagt.

In der Zeit des Schreibens und Entwickelns war auch unser eigenes Leben sehr berührt von diesen Themen, sie hatten eine hohe Präsenz und ließen sich nicht ausklammern. Vieles haben wir neu betrachtet sowie intensiv gespürt, beispielsweise unsere eigenen Lebensbrüche und -verluste oder die voranschreitende Lebenszeit und die sich dadurch ergebenden Veränderungen. All das hat uns vor neue (innere) Herausforderungen gestellt. Die Gruppenstunden haben auch bei uns nachgewirkt, sind nicht spurlos an uns vorübergegangen. Das scheint uns in der Rückschau ein wesentlicher Aspekt für die Moderation, die inhaltliche Auseinandersetzung und eine behutsame Vermittlung zu sein. Denn es gab auch Momente mit der Gruppe, in denen wir gemeinsam ratlos waren und keine Lösung parat hatten. Solche Situationen haben wir geradezu als Aufforderung verstanden, gemeinsam zu überlegen, was nun zu tun ist, und auf Augenhöhe miteinander umzugehen. Entstanden ist ein Gruppengefühl der Offenheit, des Vertrauens, der Verbundenheit, der Bereitschaft zu Veränderung und der Sehnsucht, stärker zu werden.

Eine innere Aufbruchstimmung war deutlich spürbar, dosiert und immer am Einzelnen orientiert. Diese Erfahrungen haben uns darin bestätigt, wie wichtig diese Themen sind, und deshalb ermutigen wir, sich an die vermeintlich schwierigen Themen heranzutasten. Lassen Sie sich von unserem Buch inspirieren, gehen Sie ganz frei mit den Materialien um und lassen Sie sich vor allem von Ihrer Gruppe (oder im Einzelkontakt von dem betroffenen Menschen) leiten. Sie wird Ihnen einen Weg zeigen!

Ergänzend zum Buch finden Sie unter www.psychiatrie-verlag.de/buecher/detail/book-detail/trost-und-hoffnung-fuer-den-genesungsweg.html umfassendes Zusatzmaterial, das Sie kostenlos herunterladen können. Es gibt sogenannte stärkende Unterbrechungen in Form von Übungen für Körper, Seele und Geist sowie drei sogenannte Atempausen, die die Themen des Buches vertiefen oder bereichern: inneres Pilgern, Spaziergang und Stille.

Bitte beachten Sie, dass für die Auseinandersetzung mit den Lebensthemen zwischendurch immer wieder Zeit für Pausen und Erholung benötigt wird. Stöbern Sie in Ruhe nach dem Richtigen, denn die Unterbrechungen sind in Form, Länge und Intensität vielfältig. Ergänzen

Sie unsere Sammlung an Texten und Zitaten nach Herzenslust. Legen Sie sich dazu am besten eine schöne Mappe an.

Abschließend sei noch gesagt, dass wir als Fachleute für die Lebensthemen sensibilisieren, eine Atmosphäre des Fragens herstellen, zur Diskussion anregen, Erfahrungen austauschen, Erinnerungen wecken, unterschiedliche Meinungen fördern und möglicherweise auch erste Schritte begleiten können. Die innere Bereitschaft ist jedoch immer entscheidend. Jeder Teilnehmende muss für sich abwägen, ob er sich diesen Themen stellen will. Diese Entscheidung gilt es immer zu respektieren.

Wir sind persönlich überzeugt von den Inhalten, die wir vermitteln, und auch, dass sie auf dem Genesungsweg hilfreich sind. Wir sind uns aber ebenso sicher, dass es noch viele andere Möglichkeiten gibt, seinen eigenen Genesungsweg zu beschreiben und zu gestalten. Eine Gruppenteilnehmerin, Bärbel Meistrak, sagte während der Beschäftigung mit diesen Themen: »Jetzt bin ich langsam sicher, dass ich mich eines Tages mit meiner Seele aussöhnen kann!« Besser lässt sich unser Wunsch und Anliegen nicht ausdrücken. In diesem Sinne wünschen wir Ihnen und Ihren Gruppen ein gutes Gelingen!

Marie Boden und Doris Feldt, Bielefeld

Theoretische Grundlagen

Jeder Mensch hat die Möglichkeit, von schweren seelischen Erschütterungen zu genesen. Genesung bedeutet nicht unbedingt Heilung. Es geht vielmehr darum, an Lebensqualität zu gewinnen und ein zufriedeneres Leben zu führen. Jeder Genesungsweg ist anders und wird von den Betroffenen individuell festgesetzt. Das Abschiednehmen von nicht (mehr) gelebten Lebensentwürfen und das Betrauern von Umbrüchen sind wichtig, um Ressourcen zu aktivieren und neue Hoffnung zu schöpfen.

In der Dialektisch-Behavioralen Therapie spielt das Erlernen von Fertigkeiten eine besondere Rolle. Als DBT-Therapeutinnen für Sozial- und Pflegeberufe haben wir unserem Buch Elemente dieses Ansatzes zugrunde gelegt. Doch auch weitere Konzepte scheinen uns für den Genesungsweg hilfreich. So können in Gang gesetzte Prozesse durch eine achtsame Haltung besonders gestützt werden. Nur wenn wir wahrnehmen, was mit uns geschieht, und auch kleine Veränderungen und Fortschritte sehen, können wir positive Schritte einleiten. In krisenbehafteten Zeiten können wir so mit uns im Einklang bleiben.

Unser eigenes Konzept (BODEN, FELDT 2015 a, b) haben wir schließlich mit dem Recoveryansatz verknüpft. Als wir unser erstes Buch 2008 auf dem Dreiländerkongress in Bern vorstellten, trafen wir in vielen Vorträgen auf das Thema Recovery. Umgehend fühlten wir uns mit diesem Ansatz verbunden, denn viele Elemente deckten sich bereits ganz deutlich mit Aspekten und der Haltung in unserem eigenen Konzept. Schlüsselbegriffe sind sicherlich: Selbstbestimmung und Über-sich-hinaus-Wachsen.

Dialektisch-Behaviorale Therapie

Die Dialektisch-Behaviorale Therapie (DBT), ursprünglich von Marsha M. Linehan für Menschen mit einer Borderline-Persönlichkeitsstörung entwickelt, ist immer wieder abgeändert worden und kann in ihrer Grundidee gut auf unterschiedliche Störungsbilder übertragen werden.

Unsere Modifizierung ist für Menschen in psychischen Krisen, gerade auch für Menschen mit Psychosen aus dem schizophrenen Formenkreis sowie schizoaffektiven Störungen, hilfreich. Dabei lässt sich vom DBT-Ansatz fundamental profitieren, weil er ressourcenorientiert, sehr validierend und wertschätzend ist. Eine validierende Haltung zeichnet sich darin aus, nicht zu bewerten, sondern die Wahrnehmungen, Gefühle und Gedanken des Gegenübers anzunehmen und als für ihn stimmig anzuerkennen.

Die therapeutischen Merkmale des Ansatzes sind die sogenannten Fertigkeiten (Skills). Zu diesen gehören Stressbewältigung, Umgang mit Gefühlen, zwischenmenschliche Fähigkeiten und innere Achtsamkeit. Es sind gute Strategien, um eine persönliche Krise und die augenblickliche Situation zu verbessern. Sie können zunächst als Erste-Hilfe-Maßnahmen eingesetzt werden; auf längere Sicht sorgen sie bei regelmäßigem Anwenden, Wiederholen und Üben für eine bessere Stabilisierung und Lebensqualität und unterstützen die persönlichen Ziele. Der Einsatz von Fertigkeiten wirkt sich auf das eigene Verhalten und auf den Umgang mit anderen Menschen aus, aber auch auf das Selbstmanagement, das durch die neuen Strategien gefördert wird.

Fertigkeiten sind dabei nicht starr und festgelegt. Eine Überprüfung und Anpassung an die jeweilige Situation oder Problemstellung ist vorteilhaft und erhöht die Effektivität. Jeder Mensch verfügt bereits über ein Repertoire an Fertigkeiten, die er vielleicht unbewusst nutzt und die ihn durch vergangene Krisen gebracht haben. Deshalb geht es in der therapeutischen Arbeit auch stets darum, sich der eigenen Möglichkeiten und Ressourcen bewusst zu werden (KETELSEN, RULLKÖTTER 2009).

Ein zweiter wichtiger Aspekt ist der dialektische Gedanke, hinter dem sich Haltungsfragen verbergen. Einfach gesagt könnte es auf folgenden Nenner gebracht werden: sich und andere nicht festlegen, verschiedene Wahrheiten oder Meinungen nebeneinanderstehen lassen sowie nicht auf sein Recht pochen. Es geht nicht um Richtig oder Falsch, sondern um ein Sowohl-als-auch-Denken statt einem Entweder-oder-Denken.

Der dialektische Gedanke ist deshalb so elementar, weil er von absoluten und gewohnheitsmäßigen Bildern oder Annahmen wegführt. Dialektisch zu denken und zu handeln lässt frei, großzügig und individuell werden – und das gilt in einer therapeutischen Beziehung beidseitig. Dadurch ergibt sich eine hervorragende Arbeitsgrundlage, denn es existiert nicht die eine Wahrheit. Aus unserer Sicht eine gute Basis für das Arbeiten auf Augenhöhe in der Behandlung.

Marsha M. LINEHAN (1996) beschreibt die Beziehungsgestaltung zwischen Patient und Therapeut mit der schönen Metapher eines »gemeinsamen Tanzes«. Der Therapeut reagiert sehr sensibel auf die Schritte des Patienten, er bringt ihn auch mal leicht aus der Balance, hält jedoch stets eine schützende Hand bereit oder lenkt mit einer Gegenbewegung ein. Der Patient darf nicht gänzlich aus dem Gleichgewicht geraten. Dieses Bild von einem Tanz wird in der Dialektisch-Behavioralen Therapie für den flexiblen Wechsel der Strategien genommen. Für unsere Arbeit mit psychoseerkrankten Menschen nutzen wir diese Metapher auch, um Vertrauen herzustellen, Begleitung zu garantieren, zu schützen, zu unterstützen und anzuregen. Die Entscheidung dazu erfordert ein Umdenken, das ganz sicher nicht immer einfach ist, letztendlich aber befreit und ein großes Spektrum von Möglichkeiten bereithält. Das ist hoffnungsvoll!

Achtsamkeit

Achtsamkeit ist ein fester Bestandteil der Dialektisch-Behavioralen Therapie und gehört zu den Schwerpunktthemen in unserem Konzept. Wegen seiner Wichtigkeit gehen wir an dieser Stelle vertiefend auf diesen Gedanken ein.

Im Lauf der Jahre, in denen wir selbst Achtsamkeit praktizieren, vermitteln und uns immer wieder neu mit ihr auseinandersetzen, sammeln wir stets auch neue Erfahrungen. Es hat sich deutlich gezeigt, dass Achtsamkeit als Haltung sehr hilfreich für den Genesungsweg ist. Sie kann zum »Lebenshelfer« werden, weil sie den Blick auf die gesunden Kräfte schärft. Jon KABAT-ZINN (2013, S. 20f.) sagt treffend dazu, dass man, solange man atme, mehr gesunde als kranke Anteile in sich trage, egal was gerade mit einem nicht stimme. Vieles, was gesund in uns sei, würde häufig entweder nicht beachtet, vernachlässigt oder man nehme es ganz selbstverständlich.

Doch was ist Achtsamkeit? Der Wunsch, der sich zunächst hinter dem Praktizieren von Achtsamkeit verbirgt, ist bei vielen Menschen ganz ähnlich: Gelassenheit, Ruhe, Entspannung erwirken – und das hoffentlich schnell. Diese Haltung ist legitim, motiviert zum Anfangen und erzielt natürlich ein erstes Gefühl dafür.

Achtsamkeit ist jedoch weitaus mehr als eine Methode für Entspannung und Gelassenheit. Sie ist eine Haltung, die Bereitschaft und eine bewusste Entscheidung erfordert. Achtsamkeit bedeutet, im Hier und Jetzt zu sein, möglichst nicht zu bewerten, aber auch zu bemerken, wie viel wir bewerten, und eine akzeptierende Lebenshaltung zu entwickeln. Es geht also um die Begegnung mit sich selbst. Achtsamkeit ist nicht darauf ausgerichtet, angenehm oder unangenehm zu sein. Achtsam zu sein bedeutet auch nicht, sein Leben in eine bestimmte positive Richtung zu bringen. Es bedeutet nur, zu spüren, was gerade ist: die Gefühle, Gedanken, den Atem, die Aufmerksamkeit, Unachtsamkeit, schlechte und gute Ereignisse, Bewertungen, Akzeptanz und Ablehnung von etwas. Es gilt, alles wahrzunehmen – sich selbst, sein Leben, seine Umwelt – und dabei zu entdecken, dass alles sein darf, nichts falsch oder richtig ist, sondern einfach da ist.

Unseres Erachtens ist diese Haltung besonders befreiend für den Genesungsweg, denn sie stellt nicht die Person und das gesamte Leben infrage. Krankheit, Sorgen oder Probleme werden als ein Teil des Ganzen gesehen. Es ist entlastend, zu wissen, dass man in der Achtsamkeit nur das macht, was gerade geht, was in diesem Moment möglich ist – und dass das in Ordnung ist.

Es geht also darum, ein genauer Beobachter zu sein, ohne das Wahrgenommene direkt verändern zu wollen. Andreas KNUF und Matthias HAMMER (2013, S. 54 ff.) sprechen vom sogenannten *Sein-Modus*. Eine Handlung erfolgt geplant, dem Impuls zur Handlung wird Zeit gegeben. Stimmige Aktivitäten können geschehen. Achtsamkeit ist also keine passive Haltung, sondern ermöglicht eine bewusste und aktive Lebensgestaltung. Sie kann dazu beitragen, die eigene Lebensfreude und Lebendigkeit neu aufzuspüren.

Wenn wir Achtsamkeit praktizieren und üben, treten wir in einen friedvollen und heilsamen Raum ein, in dem nichts geleistet wird oder besonders gut gemacht werden muss. Eine Haltung, die wohltuend ist und zur Gesundung beiträgt, denn sie kann helfen, wieder in Gleichgewicht zu kommen. Dies kann auf ganz unterschiedliche

Weise geschehen, beispielsweise indem man versucht, sich nur auf eine Sache zu konzentrieren, bevorzugt auf den Atem. Andere Achtsamkeitspraktiken sind Meditationsformen im Sitzen oder auch in Bewegung, wie Gehmeditation, Yoga oder in der Natur zu sein. Dabei ist es unvermeidlich, Achtsamkeit in seinen Alltag zu holen und dort zu verankern, denn sie muss nicht nur geübt, sondern auch gelebt werden. Hierzu sollten wir mit der Theorie und den Werten der Achtsamkeit vertraut sein.

Im Buch »Die Entdeckung der Achtsamkeit« stellen Andreas KNUF und Matthias HAMMER (2013, S. 47 ff.) fünf Elemente einer achtsamen Haltung vor, die wir an dieser Stelle weitergeben und kurz beschreiben möchten. Sie sind für all diejenigen hilfreich, die Achtsamkeit praktizieren wollen.

Gegenwärtig oder präsent sein: Bei einer achtsamen Haltung geht es darum, im Hier und Jetzt zu sein, teilzunehmen und Unachtsamkeit wahrnehmen zu können.

»Annehmend« sein: Dieser Punkt bezieht sich auf den gegenwärtigen Augenblick, ihn so zu nehmen, wie er ist, ohne ihn zu bewerten.

Mitgefühl aufbringen: Hier ist die Fähigkeit gemeint, sich in die Rolle eines anderen hineinzuversetzen und den Blickwinkel verändern zu können. Wie würde es mir in der Situation gehen?

Einen Sein-Modus wählen: Achtsamkeit bedeutet auch, sich für die Gegenwart, den Moment zu öffnen, das Gegebene zunächst anzunehmen, ohne es direkt verändern zu wollen. Der Tun-Modus ist das Gegenteil vom Sein-Modus und in unserem Alltag stark ausgeprägt. Er zeigt sich in übermäßiger Aktivität und sofortigem Handeln, schnellen Lösungen und dem steten Verfolgen von Zielen. Nicht selten versperrt er so den Blick auf das, was gerade ist.

Offenheit oder »Anfängergeist«: Wie Kinder begegnen wir hier den Dingen und Situationen offen, unbefangen, wertfrei und voller Neugierde. Erwachsene glauben häufig, alles zu kennen oder zu wissen. Sie haben Erwartungen, wie etwas funktionieren oder verlaufen wird. Der Blick wird bei dieser Haltung für die Gegenwart verstellt und damit auch für neue Blickwinkel und Lösungen.

Diese fünf Aspekte stellen die Grundpfeiler der Achtsamkeit dar. Sie dienen der Orientierung und machen deutlich, dass Achtsamkeit in der psychiatrischen Arbeit nur eingebracht werden kann, wenn wir uns als Menschen privat und beruflich für eine achtsame Haltung

entscheiden. Sie kann immer nur als Angebot verstanden werden; eine achtsame Haltung lässt sich weder verordnen noch anordnen (siehe auch KABAT-ZINN 2013).
Wenn wir Klientinnen und Klienten für die Achtsamkeit sensibilisieren oder sogar gewinnen können, ist dies eine große Chance für eine Begegnung auf Augenhöhe. Gemeinsam Achtsamkeit zu praktizieren verbindet und schafft eine gute Basis für die Recoveryreise.

Unser Konzept

Unser Konzept basiert in seinen Grundlagen überwiegend auf der Dialektisch-Behavioralen Therapie und ist dahin gehend modifiziert, dass es sich möglichst eng an den Bedürfnissen und den Umsetzungsmöglichkeiten von psychoseerkrankten Menschen ausrichtet. Ihnen hilft es, langsamer an Themen heranzugehen. Der Zugang sollte kleinschrittiger und »freier« sein als bei Menschen mit einer Borderline-Persönlichkeitsstörung. Daher verzichten wir auf eine festgelegte, in zeitliche Abläufe und an Modulen orientierte Vermittlung oder eine curriculare Unterweisung. Das gemeinsame Erarbeiten auf Augenhöhe steht im Mittelpunkt. Es orientiert sich am Einzelnen und an der jeweiligen Gruppenkonstellation.
Unsere therapeutischen Grundannahmen beruhen auf dem »Interaktiven Skillstraining für Borderline-Patienten« von Martin BOHUS und Martina WOLF (2009, S. 358). Diese Prinzipien sind tragend und unentbehrlich – auch für Menschen mit anderen Störungsbildern. Sie unterstützen den Genesungsweg und sichern die Recoveryreise ab:
- Menschen in einer Krise versuchen, das Beste aus ihrer Situation zu machen.
- Menschen können sich ändern.
- Menschen, die körperlich oder seelisch krank sind, müssen sich mehr anstrengen, härter arbeiten und stärker motiviert sein, um sich zu verändern.
- Menschen haben ihre Schwierigkeiten nicht alle selbst verursacht, aber sie müssen sie selbst bewältigen.
- Manchmal ist das Leben, so wie es gegenwärtig gerade erlebt oder gelebt wird, unerträglich.

- Menschen müssen in manchen Lebensbereichen neues Verhalten erlernen.
- Die Teilnehmenden können in der Gruppe nichts falsch machen und nicht versagen.
- Die Moderierenden sind von dem, was sie in der Gruppe vermitteln, überzeugt und erleben vieles davon in ihrem eigenen Leben als hilfreich und gut.
- Alle Teilnehmende halten sich an die »Schweigepflicht«. Persönliches wird nicht nach draußen getragen.

Ein wichtiges Merkmal unserer Arbeitshilfen ist das gemeinsame Erproben der Themenblätter mit den Teilnehmenden. Rückmeldungen sind ausdrücklich erwünscht und fließen in die Überarbeitung ein. Es geht dabei grundsätzlich um das Verstehen und Annehmen der Inhalte sowie eine gute gemeinsame Auseinandersetzung darüber. Eine wichtige Rolle spielen aber auch Lebensgeschichtliches, ein stärkeres Selbstwertgefühl, mehr Lebensfreude und eine bessere Lebensqualität. Hoffnung ist ein sogenanntes Schlüsselelement auf der Recoveryreise!

Jedes Themenblatt ist nur als Angebot zu verstehen und eine Zugangsmöglichkeit unter vielen. Alles darf verändert und modifiziert werden, denn jeder Mensch und auch jede Gruppe ist verschieden. Zur Vertiefung weiterer therapeutischer Elemente wie der Euthymen Therapie, Imagination und Poesietherapie möchten wir auf unsere beiden vorigen Bücher (BODEN, FELDT 2015 a, b) verweisen. Stärker einbezogen sind in diesem Band Körperübungen, um Leib, Seele und Geist immer wieder in Balance zu bringen.

Auch bei den Themen Abschied, Trauer, Trost, Hoffnung und Neues wagen wenden wir unsere Grundprinzipien an: Flexibilität, Lesen und Schreiben, Sinnlichkeit, Belohnung, Spiritualität, Respekt und Sprachlichkeit. Sie erleichtern es, vertrauensvoll, ebenbürtig und anerkennend miteinander umzugehen und eine angemessene Haltung zu entwickeln. Die Grundprinzipien unterstützen dabei, individuelle Hilfestellungen anzubieten und den Genesungsweg gangbar zu machen.

Flexibilität steht in unseren Gruppenstunden ganz oben. Jeder macht immer das, was ihm gerade möglich ist – nicht mehr, aber auch nicht weniger. Je nach Stimmung wählen wir einzelne Themenblätter aus und passen das Tempo an die Gruppe an.

Lesen und Schreiben als poesietherapeutischer Ansatz hilft gewissermaßen, Krisen zu bewältigen. Im Schreiben verleiht man sich eine Stimme, gibt etwas ab und verarbeitet. Im Lesen findet sich innerer Ausdruck über die Worte eines anderen. Ein Text eignet sich auch, um am Ende der Gruppenstunden ein Thema abzurunden und abzuschließen.

Sinnlichkeit ist ein wichtiges Mittel, wenn wir uns an schwierige Themen heranwagen möchten. Jedes Themenblatt soll positive Impulse wecken. Wir greifen hierbei auf grafische Symbole wie Kerzen oder motivierende Texte als Trostspender zurück. Ein ansprechend gestaltetes Themenblatt macht Freude und erleichtert die Auseinandersetzung mit den Inhalten.

Belohnung und den Einsatz von sogenannten Trostkarten möchten wir an dieser Stelle betonen: Dieses Prinzip ist eine Form der Wertschätzung und des Respekts. Sich mit der eigenen Lebensgeschichte auseinanderzusetzen, den Willen dazu aufrechtzuerhalten, in einer Krise durchzuhalten und etwas für sich zu tun, ist nicht leicht und in höchstem Maße anzuerkennen. Auf den Trostkarten stehen positiv besetzte Begriffe, die der Seele guttun, wie Wandlung, Humor oder Mitgefühl. Sie kann einerseits ein schönes Ritual sein, andererseits hat sie am Ende einer jeden Stunde einen besonders hohen Stellenwert, denn sie sorgt fast beiläufig für Trost.

Spiritualität kann für Menschen, die einen persönlichen Zugang zu ihr haben, hilfreich und unterstützend sein. Sie kann sehr tröstend und hoffnungsfroh sein. Nicht für jeden ist sie zugänglich, wenngleich Spiritualität offen eingesetzt werden kann. Mit einem Gott kann nicht jeder etwas anfangen, mit einer höheren Macht oder der Natur vielleicht schon eher. Die Ablehnung oder Abneigung von Spirituellem muss immer respektiert werden.

Respekt untereinander ist eine Haltung, für die wir in der Gruppe werben und die ganz besonders bei sensiblen Lebensthemen wichtig ist. Deshalb achten wir in den Gruppenstunden stets auf unsere therapeutischen Grundprinzipien.

Sprachlichkeit ist ein alter und doch neuer Aspekt: Sie war uns immer schon wichtig und spielt in unseren früheren Publikationen bereits eine Rolle. Die Wörter sind bedachtsam zu wählen. Das Wort »Krankheit« haben wir durch »Krise« ersetzt, denn wir haben in unserer Arbeit mit Menschen, die an einer psychischen Störung leiden, schnell festgestellt, dass der Blick auf die gesunden Kräfte viel mehr in Bewegung bringt als der Blick auf die pathologischen Symptome. Durch die Sprachwissenschaftlerin Elke PRESTIN und den Pflegewissenschaftler Michael SCHULZ (2011) ist uns der sensible Umgang mit Sprache noch bewusster und deutlicher geworden. Behandlung und Genesung benötigen – ohne Wenn und Aber – eine heilsame Kommunikation und dürfen niemals kränkend sein. Eigentlich selbstverständlich, aber leider nicht immer garantiert.

Recovery

Recovery kann nicht mit einem einzelnen Wort übersetzt werden – ganz schön eigentlich. Sie wird häufig als Reise bezeichnet, die kein Ende hat, sondern sich über das ganze Leben erstreckt. Wer also könnte eine Reise mit nur einem Wort beschreiben und ihr gerecht werden? Es geht bei dem Begriff Recovery in seiner Bedeutung um Besserung, Erholung, Gesundung und Begegnung mit sich und anderen, aber auch um die Wiedergewinnung von Möglichkeiten, das Wiederfinden von Sinnerfüllung und die Zuversicht, trotz herber Verluste Trost, Hoffnung und Mut schöpfen zu können. Zum Ursprung des Konzeptes merkt Andreas KNUF (2016b, S. 36) an, dass die ersten Vertreter von Recovery Betroffene waren, die von Professionellen als chronisch krank eingestuft wurden. Sie fanden sich mit dieser unguten Prognose nicht ab und gesundeten.
In Ländern wie Neuseeland oder Kanada ist der Recoverygedanke zentral in die therapeutische Arbeit eingeflossen, im deutschsprachigen Raum gehen Trialog und Recoverybewegung Hand in Hand. Die Konzepte variieren je nach Schwerpunktsetzung und Einrichtung. Dass es kein einheitliches Konzept gibt, erklärt sich leicht, denn obwohl beispielsweise psychoseerkrankte Menschen ähnliche Erfahrungen machen und sich in der Regel mit den gleichen Lebensthemen auseinandersetzen, sind doch die einzelnen Lebensgeschichten individuell verschieden. Dabei spielen auch der soziale Hintergrund, die Kultur, das Geschlecht, das Alter und die bisherigen Erfahrungen eine große Rolle. Darüber hinaus haben Menschen verschiedene Bedürfnisse, Interessen, Träume, Sehnsüchte und Beweggründe, etwas verändern zu

wollen. Und eben das macht den Genesungsweg für jeden Menschen einzigartig (ZUABONI u. a. 2012, S. 21).
William Anthony fasst den Recoverygedanken gut zusammen (zitiert nach ebd., S. 20):

»Recovery ist ein zutiefst persönlicher, einzigartiger Veränderungsprozess der Haltung, Werte, Gefühle, Ziele, Fertigkeiten und Rollen. Es ist ein Weg, um trotz der durch die psychische Krankheit verursachten Einschränkungen ein befriedigendes, hoffnungsvolles und konstruktives Leben zu leben. Recovery beinhaltet die Entwicklung eines neuen Sinns und einer neuen Aufgabe im Leben, während man gleichzeitig über die katastrophalen Auswirkungen von psychischer Krankheit hinauswächst.«

Der Recoveryreisende lebt im Alltag davon, gehört zu werden, Wertschätzung zu erfahren, an Ressourcen und nicht an Defiziten »gemessen« zu werden, die Regie seines eigenen Lebens führen zu dürfen und dabei den Glauben an sich selbst nicht zu verlieren oder wiederzufinden. Er muss aber auch immer wieder mit Enttäuschungen, Rückschlägen und Misserfolgen umgehen, Trauerarbeit leisten, Trost, Hoffnung und Zuversicht suchen und den Mut für etwas Neues aufbringen. Der Recoveryweg ist kein einfacher und er bedarf einer bewussten Entscheidung, Zeit, Geduld, Mut und vielleicht auch »Tapferkeit«. Er kann nur im eigenen Tempo gegangen werden. Jeder Weg wird ganz persönlich geprägt sein.
Andreas KNUF (2016b, S. 38) formuliert folgende Recoverygrundsätze:
- Gesundung ist auch bei schweren psychischen Erkrankungen möglich.
- Ohne Hoffnung geht es nicht.
- Jeder Gesundungsweg ist anders.
- Gesundung ist kein linearer Prozess.
- Gesundung geschieht, auch wenn Symptome fortbestehen oder Krisen auftreten.
- Krankheit und Gesundung verändern den Menschen.
- Gesundung ist mit, ohne oder trotz professioneller Hilfe möglich.

Einen Menschen auf seinem Genesungsweg zu begleiten, erfordert für die Professionellen ein Umdenken. Sie müssen sich in der zweiten

Reihe sehen, aber sich trotzdem zuverlässig bereithalten und »lebendig« hoffen; auch stellvertretend, wenn ein Mensch in seiner Krise (vorübergehend) nicht mehr hoffen kann. Es geht darum, an Veränderungsmöglichkeiten und Kompetenzen seines Gegenübers zu glauben. Hier unterstützt wiederum ein wertvoller Gedanke aus der Dialektisch-Behavioralen Therapie: Profi und Betroffener befinden sich auf gleicher Ebene, sind ebenbürtig und lernen von- und miteinander. Der Profi vermittelt nur das, woran er selbst glaubt und was ihm in umgekehrter Situation auch guttun würde. So werden Wünsche nach einem ganz normalen Leben wie z.B. Arbeit oder Partnerschaft selbstverständlich und sofort nachvollziehbar.

Fachleute müssen sich also von dem vertrauten, lösungsorientierten Handeln verabschieden und sich für einen anderen Weg öffnen. Dieser wird in großer Selbstbestimmung des erkrankten Menschen gemeinsam gegangen und ist als Prozess zu verstehen: »Wenn Recovery eine Reise ist, dann besteht die Rolle der Psychiatriefachleute darin, während dieser Reise eine gewisse Führung zu übernehmen und Orientierung anzubieten, ohne den Nutzenden, den sie begleiten, die Kontrolle zu entziehen.« (ZUABONI u.a. 2012, S. 29) Wir sitzen sozusagen nicht am Steuer des Lebens, sondern auf dem Beifahrersitz! Diese Form der Selbstbestimmung kann (neu) erlernt und unterstützt werden (siehe auch KNUF 2016a).

Udo BAER und Gabriele FRICK-BAER (2008) sagen hierzu treffend, dass wenn wir anderen Menschen auf gleicher Augenhöhe begegnen möchten, wir uns an den Eigenarten der anderen erfreuen und durch ihr Anderssein angeregt oder auch ermutigt werden. Aus unserer Sicht können sich so neue Blickwinkel und vielleicht auch ein breiteres Spektrum an Möglichkeiten eröffnen. Anpassung und Gleichförmigkeit können zwar Sicherheit und Harmonie vorgaukeln, jedoch gehen zumindest auf Dauer Kreativität und Lebendigkeit verloren.

Eine Verbindung schaffen

Die sogenannten Schlüsselelemente von Recovery, wie Hoffnung, Sinn und Aufgabe, Kontrolle und Wahlmöglichkeiten, Selbstmanagementtechniken, kreativer Umgang mit Risiken, Beziehungen und soziale

Inklusion, können aus unserer Sicht durch DBT-Fertigkeiten und neue Impulse unterstützt und gefördert werden. Zu diesen gehören der dialektische Gedanke, eine validierende Haltung und Inhalte unseres eigenen Konzeptes. Anders ausgedrückt: Bringt man Elemente der Dialektisch-Behavioralen Therapie und unser Konzept zusammen, so lassen sich daraus eine ganze Menge guter Recoveryelemente entwickeln.

In diesem Zusammenhang möchten wir eines der Schlüsselelemente herausgreifen, das mit den Themen dieses Buches besonders verwandt ist: der Sinn bzw. die Sinnsuche. In ihrem Buch »Sinnsuche und Genesung« (BOCK u. a. 2014) überschreiben die Autoren und Herausgeber ihre Einleitung mit den Worten »Dem Selbstverständlichen mehr Raum geben«. Betroffene werden zu Experten ihrer selbst, weil sie den Anspruch haben, ihre eigene Krise mit einer persönlichen Sinnhaftigkeit zu belegen. Sie stellen sich nicht nur die Frage nach dem Warum, sondern auch nach dem Wozu und was der Betroffene daraus lernen kann. In der Psychiatrie muss es mit Unterstützung von Profis um genau solche Fragen gehen.

Bei der Sinnsuche können Betroffene auf hilfreiche Ansätze zurückgreifen, um inneren Zusammenhalt (wieder-)herzustellen, wie z. B. die Salutogenese (ebd., S. 18). Nach Viktor Frankl gibt es drei Kategorien, in denen Sinn gefunden werden kann (ebd., S. 21):

Schöpferische Werte zielen auf Arbeit, Beruf sowie allgemein auf die aktive Gestaltung der Welt ab.

Erlebniswerte oder ästhetische Werte sehen den Sinn im positiven Erleben der Welt: in Beziehungen, Kunst, Liebe oder wenn »Wahrheit« gefunden wird.

Einstellungswerte oder Leidenswerte setzen sich mit Leid, Schuld und Tod auseinander, die menschliche Reifung ermöglichen.

Es hat den Anschein, als würden genau diese »Sehnsüchte« nach Sinnerfüllung besonders chronisch erkrankten Menschen in der Psychiatrie nicht mehr richtig zugestanden oder mit ihnen nicht in Verbindung gebracht werden. Vielleicht hat sich bei vielen Profis auch eine gewisse resignative Haltung breitgemacht und es fällt deshalb so schwer, über Lebenssinn zu sprechen und sich von der Sinnsuche und dem Wiederfinden berühren zu lassen.

Und noch etwas stimmt nachdenklich. Michael SCHULZ (2014, S. 233) sagt: »Die Frage nach dem subjektiven Sinn der Psychose ist […] vor allem im stationären Alltag eher tabuisiert.« Es gilt also, vonseiten der Profis eine entsprechende offene Haltung für diese Themen einzunehmen. Wir müssen uns darüber klar sein, wie überaus wichtig es ist, über solche Lebensinhalte zu sprechen, vorausgesetzt, die Betroffenen wünschen eine Auseinandersetzung.

Abschließend geht es uns noch um den altmodisch gewordenen Begriff der Treue. Profis können sehr viel zum Genesungsprozess beitragen, wenn sie dem Menschen in der Krise treu bleiben. Verlassen wurde er schon (zu) oft. Treue braucht in der psychiatrischen Arbeit mitunter einen kreativen Umgang im Miteinander, um im Kontakt bleiben zu können. Das kann sein: gemeinsam zu schweigen, vielleicht auch nur eine Hand zu halten, zu meditieren, spazieren zu gehen oder zu malen. Beide, sowohl der sich in einer Krise befindende Mensch als auch sein Begleiter, brauchen für diesen Weg viel Kraft.

Praktische Anwendung

In diesem Kapitel möchten wir unseren Leitgedanken vorstellen. Die Stabilisierungsgruppe ist in ihrer Konzeption nicht nur für die Teilnehmenden, sondern auch für die Moderierenden in vielfältiger Hinsicht bereichernd und wirkt auf das eigene Leben ein.

Das Gruppeneinmaleins

Das Miteinander lebt vom dialektischen Gedanken: Vermittelte Inhalte können für Moderierende und Teilnehmende, ohne Unterschied, hilfreich und sinnvoll sein. Die Inhalte betreffen Lebensthemen, die alle Menschen gleichermaßen angehen. Sie dürfen ohne Widersprüche nebeneinanderstehen. Eine psychiatrische Diagnose ist unerheblich. Der teilnehmende Mensch steht im Vordergrund, mit allem, was er mitbringt, was ihn ausmacht und besonders mit seinen gesunden Kräften. Monika STICH (2013) hebt hervor, dass es *den* psychiatrischen Patienten nicht gebe. Jeder bringt etwas ganz Persönliches mit, und das ist immer in Bezug zum Gruppenangebot zu stellen.
Weitere besondere Merkmale sind Zeit und Respekt vor der individuellen Lebensgeschichte. »Lernen braucht Muße«, sagen Barbara LANGMAACK und Michael BRAUNE-KRICKAU (2010, S. 10) und erklären, dass es ein Teil des Lebens sei und seine besonderen Zeiten habe. Neues entsteht, reift, überlebt sich. Lernen und »Verlernen« benötigen Gegengewichte der Ruhe, der Erholung, aber auch das sinnvolle Bewahren von eigenen Werten und Vorstellungen, die den persönlichen Lebenssinn ausmachen.
Uns spricht diese Haltung aus der Seele. Fachleute haben kein Recht, Menschen in Krise, Krankheit oder im Behandlungskontext ihrer Gewohnheiten und Lebenswerte zu »berauben« und ihnen ein Lerntempo vorzugeben. Hinzu kommt ein weiterer wesentlicher Aspekt in der therapeutischen Arbeit, bei der Profis und Betroffene durchaus unterschiedliche Wahrnehmungen und Meinungen haben dürfen. Elke PRESTIN und Michael SCHULZ (2011) sind glühende Verfechter davon,

auf Sprache zu achten. Sie wünschen sich gerade in der psychiatrischen Arbeit eine heilsame Kommunikation. Sprache und Sprachgebrauch dürfen nicht noch zusätzlich verletzen.

Nicht zu unterschätzen ist natürlich auch, dass jede Gruppe nebst guten Themen, Angeboten und Moderierenden von dem Gemeinschaftsgefühl in der Gruppe lebt. Dieses führt zu positiven Effekten und motiviert, weiterzumachen. Es entlastet, wenn wir in einer Gruppe sind und feststellen, mit unseren Problemen nicht alleine zu sein (STICH 2013, S. 136).

Im Gruppeneinmaleins finden Sie allgemeine Hinweise und Tipps, die sich im Lauf der Jahre bewährt haben und insbesondere zur Vermittlung der Lebensthemen Abschied und Trauer, Trost, Hoffnung und Neues wagen hilfreich sind.

Moderierende

Eine Gruppe wird vor allem dann erfolgreich sein, wenn die Moderierenden Spaß an Gruppenarbeit haben. Die Teilnehmenden sind um Stabilität und Verbesserung ihrer Lebensqualität bemüht und tun das ihnen Mögliche dafür. Wenn uns das bewusst ist, können wir ganz anders an die Aufgabe herangehen.

Wertschätzung, Verbindlichkeit und Kontinuität bilden das Fundament. Es bietet sich an, zu zweit zu moderieren, um die Gruppe gut im Blick zu behalten und eine Einzelbegleitung ermöglichen zu können. Die Moderierenden können sich so gegenseitig unterstützen.

Wenn wir eine Gruppe anbieten möchten, kommen wir nicht umhin, uns mit der Thematik des Buches vertraut zu machen und zu prüfen, ob die vorliegenden Lebensthemen unser eigenes Leben berühren. Wir müssen uns fragen, ob wir uns zutrauen, diese Inhalte zu vermitteln. Die Themen des Buches können nur dann anderen zugänglich gemacht werden, wenn wir von deren Sinnhaftigkeit überzeugt sind und sie authentisch und in validierender Haltung weitergeben, das heißt unterschiedliche Ansichten anerkennen und nicht bewerten.

Es ist hilfreich, wenn sich die Moderierenden mit dem Recoverygedanken verbunden fühlen und Erfahrungen mit Achtsamkeit haben. Themenblätter und Übungen, die befremdlich sind oder nicht nachvollziehbar scheinen, können einfach weggelassen oder verändert werden. Authentizität steht an erster Stelle. Daher möchten wir Sie dazu ermuntern, die Themenblätter selbst auszuprobieren, bevor Sie sie in die Gruppe bringen. Gruppenmoderation setzt eine stets würdevolle, respektvolle Begegnung auf Augenhöhe voraus – mit dem Bewusstsein, dass es um Menschen geht, die sich in einer zerbrechlichen Lebensphase befinden. Sie bringen aber in schwierigen Zeiten nicht nur Krankheit und Einschränkungen, sondern auch Ressourcen, Fähigkeiten und eine komplexe Lebensgeschichte mit. Ein häufiger Moderationswechsel ist nicht erstrebenswert, denn Beständigkeit und Zuverlässigkeit schaffen Verbindlichkeit, Vertrauen und Offenheit. Wenn Sie als Moderierende verhindert sein sollten, sorgen Sie für Vertretung und lassen Sie die Gruppe möglichst nicht ausfallen.

An dieser Stelle sei ausdrücklich auf die große Vielfalt an Themen und didaktischen Möglichkeiten in diesem Buch hingewiesen. Das Prinzip der kleinen Schritte gilt aber auch für die Moderierenden. Beginnen Sie ruhig mit wenigem und dem, was Ihnen gut liegt. Seien Sie sensibel für sich selbst und für die Gruppe – so können Sie nichts verkehrt machen!

Teilnehmende und Neueinsteiger

Die Gruppe richtet sich in unserer Klinik an Menschen in (Lebens-)Krisen, gerade auch an Menschen mit psychiatrischen Diagnosen wie Psychosen aus dem schizophrenen Formenkreis, schizoaffektiven Störungen oder Depressionen. Die Teilnehmenden kommen von den Stationen und ambulant. Die Durchmischung dieser beiden Bereiche ist deshalb so effektiv, da die stationären Teilnehmenden durch die bereits stabilisierten Gruppenmitglieder Hoffnung schöpfen. Die ambulanten Teilnehmenden können anderen durch ihre Erfahrung dabei helfen, eine Krise zu bewältigen – und das gibt ein gutes Gefühl. Stationäre Gruppenteilnehmer steigen ein, wenn sie sich dazu in der Lage fühlen. Bei Interesse gibt es individuelle Absprachen, es ist z. B. möglich, nur eine halbe Stunde oder zunächst zuhörend teilzunehmen.

Die Motivation, mitzumachen, kann unterschiedlich sein. Manche äußern selbst Interesse, sie werden auf der Station eingeladen oder ein ambulantes Hilfesystem empfiehlt die Gruppenstunden. Wir informieren und werben um die Teilnahme (siehe Einladungsschreiben ⤓, S. 34), auf keinen Fall aber kann die Gruppe »verordnet« werden. Es darf niemand überredet werden.

Einladungsschreiben

Einladung zur Stabilisierungsgruppe

»*Eine Schnecke möchte einen hohen Berg besteigen. Sie fragt den Zen-Meister um Rat. Dieser antwortet: ›Geh, Schnecke, aber geh langsam.‹*«
ZENGESCHICHTE

Was ist eine Stabilisierungsgruppe? In der Stabilisierungsgruppe geht es darum, eine innere Balance (wieder-) zu finden, um gestärkt und mutig dem Leben zu begegnen. Genauer gesagt bieten wir Angebote zur Stabilisierung auf dem persönlichen Genesungsweg an, der meist von traurigen Ereignissen begleitet wird, da man sich oft auch von persönlichen Lebensentwürfen verabschieden muss. Dieser Weg benötigt Trost und Hoffnung, um eines Tages wieder Neues zu wagen und zu entdecken.

Es geht bei den Themen Abschied und Trauer nicht vorrangig um den Verlust eines Menschen, sondern mehr darum, dass eine Erkrankung zum Verlust von Kraft und vollständiger Gesundheit geführt hat und ursprüngliche Lebenspläne nicht mehr möglich sind. Eine solche Veränderung im Leben gilt es zunächst zu verkraften, zu betrauern und zu durchleben. Sie benötigt aber auch Tröstliches, Hoffnungsschimmer und den Mut, Neues zu wagen und zu erleben, um wieder ein – vielleicht anderes, aber – sinnerfülltes und zufriedenes Leben führen zu können.

In der Gruppe möchten wir Impulse und Anregungen zu wichtigen Lebensthemen geben und uns darüber austauschen. Dies kann auf unterschiedliche Weise geschehen. Wir üben uns in Achtsamkeit, setzen uns gemeinsam mit Themenblättern auseinander, lesen passende Texte und schöpfen anhand von Trostkarten neuen Mut. In der Gruppe können Sie sich auf Wertschätzung, Sensibilität für die Themen, Freundlichkeit und Verbindlichkeit verlassen.

Wir laden Sie ein, sich selbst ein Bild zu machen. Nehmen Sie an einer Probestunde teil und entscheiden Sie in aller Ruhe danach.

Sie sind uns herzlich willkommen!
Ihr Moderatorenteam

Wo & Wann

Raum: ....

Tag: ....

Uhrzeit: ....

Fragen? Dann sprechen Sie uns gerne an: ....

Gruppengröße und Einführung

Eine ambulante Teilnahme erfolgt nach vorheriger Absprache mit den Moderierenden, damit das Verhältnis von ambulanten und stationären Teilnehmenden ausgewogen bleibt. Neueinsteiger bekommen eine schriftliche Einladung mit Informationen (siehe Einladungsschreiben) und eine kurze Einführung. Wir erläutern die Gruppenwerte, den Hintergrund der Achtsamkeitsübungen sowie das aktuelle Thema und geben einen Überblick zum Ablauf der Gruppenstunde. Die Teilnehmenden werden ermuntert, einfach mitzumachen und Fragen zu stellen, wenn etwas unklar ist oder auch befremdlich erscheint. Sinnvoll ist zunächst eine Probestunde, damit sich Interessierte selbst ein Bild machen können.

Wir empfehlen eine Gruppengröße von zwölf Personen. Ambulante Teilnehmende können bei Interesse mit der Zeit Gruppenelemente selbstständig übernehmen, wie z.B. eine Achtsamkeitsübung mitbringen oder anleiten, Trostkarten verteilen oder einen Text vorlesen. Auch Ko-Moderation ist möglich. Wenn eine Gruppe schon lange läuft, kann eine vorbereitete Gruppenstunde an einem verabredeten Ort fest deponiert werden. Die Teilnehmenden können so ein Treffen eigenständig durchführen, falls beide Moderierende zeitgleich und unvorhersehbar verhindert sind.

Ziele

Das Gruppenkonzept hält ein vielfältiges Angebot bereit. Alle Themen, Übungen und Strategien sind als Anregung und als Impuls zu verstehen. Es gibt kein Muss oder Soll – es geht nicht darum, Vorgaben zu machen, sondern darum, zu begleiten. Vorschläge, Ideen und Erfahrungen kann jeder für sich prüfen. Die Gruppenarbeit findet stets auf Augenhöhe statt. Jeder Teilnehmende entscheidet für sich, was für ihn passend ist, was er umsetzt und auch was er mitmacht. Heilsame Kommunikation ist grundlegend, um sich mit den Lebensthemen auseinandersetzen zu können. In der Vermittlung geht es auch um das »Vorleben« der Inhalte, Wertschätzung und darum, die Grenzen des Einzelnen zu achten.

Wenn wir uns mit schwierigen Lebensthemen wie Abschied, Trauer, verlorenen Lebensentwürfen und der Suche nach Trost, Hoffnung und neuen (Lebens-)Möglichkeiten auf dem Genesungsweg beschäftigen, ist zunächst immer eine innere Bereitschaft wesentlich. Es braucht Mut, sich der eigenen Lebensgeschichte zu stellen und »genauer« hinzusehen. Erst im zweiten Schritt rücken hilfreiche oder lindernde Maßnahmen in den Blick, um sich an problematische Themen sensibel und in kleinen Schritten herantasten zu können.

Das Konzept darf nicht starr oder bestimmend sein. Stattdessen ist es wichtig, sich an den Teilnehmenden zu orientieren. Letztendlich ist es die Gruppe selbst, die Themen, Tempo, Flexibilität und Pausen vorgibt.

Rituale und Gruppenwerte

Ein hervorstechendes Merkmal von Regeln ist, dass sie häufig nicht eingehalten werden, denn sie können erzieherisch und einengend wirken. Es gibt unterschiedliche (gesellschaftliche) Regeln, unter anderem auch Gruppenregeln. Ein Regelverstoß führt meist zu einer Art Sanktion. Auch Rituale können bei Verstößen oder Nichteinhaltung Strenge nach sich ziehen. Dies ist besonders in alten Bräuchen, Traditionen und Riten zu finden, häufig in strengreligiösen Gemeinschaften, die wenig eigene Spielräume anbieten (PRESTIN 2015).

Der Begriff »Ritual« wird oft mit festen Gewohnheiten verwechselt. Der Übergang ist fließend, dennoch unterscheidet sich das Ritual von der Gewohnheit dadurch, dass es bewusst gestaltet wird (siehe Kapitel »Vorsorge treffen«, S. 69).

Ein besonderes Merkmal von Ritualen ist – und da setzen wir in der Gruppe an – die hohe Verbindlichkeit und dass sie Halt und Sicherheit geben, wie z.B. ein Gebet, eine Gutenachtgeschichte oder feste Auszeiten. Bei Ritualen handelt es sich nicht um Normen, die von Dritten durchgesetzt werden, sondern um freiwillige, selbst gestaltete Bräuche (PRESTIN 2015). Wir besprechen die Sinnhaftigkeit von Ritualen gemeinsam mit den Teilnehmenden, leben sie und überprüfen sie hin und wieder, um sie – wenn erforderlich – neu anzupassen. Aus unserer Sicht schafft dieses Vorgehen eine gute Basis, um auf Augenhöhe miteinander zu arbeiten.

Die Grundwerte der Gruppe bestehen weiter aus Wertschätzung, Respekt und Anerkennung der individuellen Lebensgeschichte. Jeder macht immer das, was er gerade kann. In der Gruppe kann man nichts falsch machen und die Teilnehmenden können sich stets sicher fühlen (siehe BODEN, FELDT 2015b, S. 42).

Vorbereitungen

Die Teilnehmenden sollten die Gruppenstunden möglichst mit einem positiven Gefühl verlassen. Hierfür ist es wichtig, eine gute Atmosphäre zu schaffen und die Treffen vorzubereiten. Als Moderierende sollten Sie die Räumlichkeiten vorher aufsuchen und schauen, ob alles in Ordnung ist, Materialien bereithalten und nicht in letzter Minute angehetzt kommen.
Die Gruppe findet einmal wöchentlich für 75 Minuten statt. Ein anderer Rhythmus oder eine andere Zeitspanne sind je nach Klinikalltag und Klientel ebenso denkbar. Die Inhalte müssten dann vom Pensum her angepasst werden.
Wir empfehlen folgenden Stundenablauf:
- Begrüßung und kleine Einführung für neue Teilnehmende
- Achtsamkeitsübung
- Themenblatt anbieten
- Text vorlesen
- Trostkarte ziehen

Themenblätter

Die Gruppeninhalte werden möglichst schriftlich erarbeitet. *Erarbeitet*, weil das Ringen um Genesung, Stabilität und neue Sinnerfüllung schwere Arbeit ist. Die Themenblätter haben jedoch nichts mit Schule, Leistungserbringung oder Bewertung zu tun. Sie dienen dazu, eigene Gedanken festzuhalten, und sind als Erinnerungshilfe im späteren Austausch gedacht.
Die Reihenfolge im Buch sorgt für Übersicht und Orientierung, sie ist auf keinen Fall bindend. Wir raten sogar davon ab, sie statisch umzusetzen. Deshalb verzichten wir auch auf eine Nummerierung der Themenblätter.
Bearbeiten Sie die Lebensthemen Abschied und Trauer nicht en bloc! Diese Themen können nur in kleinen Portionen behandelt werden und brauchen stets einen Ausgleich durch Trost, Hoffnung und Neues wagen. Orientiert am Genesungsweg, der niemals geradlinig verläuft,

sondern auf verschiedenen Ebenen hin und her schwingt, sollten auch die Lebensthemen wechseln. Wählen Sie sie so aus, wie es für die Gruppe passend ist, denn dadurch entsteht Balance, Leichtigkeit und Lebendigkeit.
Das Kapitel »Vorsorge treffen« kann als schützender Schirm vorgeschaltet werden. Diesen gilt es über die nicht einfachen Themen auszubreiten, damit Teilnehmende jederzeit auf entsprechende Vorsorgemaßnahmen zurückgreifen können.
Wir lesen alle Themenblätter gemeinsam in der Gruppe. Fragen werden einzeln, in Kleingruppen oder im Plenum schriftlich festgehalten. Im Anschluss tauschen wir uns aus und jeder erhält die Möglichkeit, zu Wort zu kommen. Nähere Hinweise sind in den jeweiligen Anleitungen zu den Themenblättern zu finden.

Hilfreiches oder wie wir es machen

Die Stabilisierungsgruppe funktioniert ohne Vertrag, anders wie es Monika STICH (2013) beschreibt. Es werden Grundwerte besprochen und statt Regeln Rituale eingesetzt. Wir haben schlechte Erfahrungen mit »verordneten« Gruppen gemacht – Interessierte dürfen frei wählen, ob sie sich mit der eigenen Lebensgeschichte auseinandersetzen möchten oder wie weit und wie lange sie sich darauf einlassen.
Wenn sich die Moderierenden aktiv mit eigenen persönlichen Beiträgen einbringen, kann eine offene Atmosphäre entstehen. Gleichzeitig ermuntern wir die Gruppe, am Austausch teilzunehmen. Um auf Augenhöhe miteinander zu arbeiten, ist es unentbehrlich, dass auch wir Fachleute uns »offenbaren«. Als Orientierungshilfe für die eigenen Grenzen empfehlen wir das Motto: Persönlich, diskret, aber nicht intim.
Die Gruppeninhalte stellen stets die gesunden Kräfte und persönlichen Stärken in den Mittelpunkt. Der Blick auf die eigenen Mängel und Defizite kommt natürlich ebenso vor, wobei sich der Mut und die Motivation, etwas verändern zu wollen, besser über die Ressourcen entwickeln lassen. Seien Sie nicht besorgt, wenn es intellektuelle Unterschiede bei den Gruppenmitgliedern gibt! Aus unserer Erfahrung nimmt jeder etwas mit, und zwar genau das, was ihm gerade möglich

ist. Wiederholungen werden wohlwollend aufgenommen, auch gewünscht und häufig von Teilnehmenden ergänzt. Sogenannte Infoblätter machen komplexe Konzepte wie Recovery oder Salutogenese verstehbar und können zur Vorbereitung eingesetzt werden.

Entsteht der Eindruck, die Gruppe sitze »fest«, sei müde, erschöpft oder das Thema gerade schwer, sollten Sie unbedingt erfragen, was benötigt wird, und/oder Vorschläge und Angebote machen. Das können Körperübungen, Atempausen oder ein Notfallkoffer sein. Sie können auch in der Gruppe den Dreiklang, die radikale Akzeptanz oder den dialektischen Gedanken besprechen, sich Mutmachsätze überlegen oder Vorsorgeblätter vornehmen (siehe auch »Stärkende Unterbrechungen«, S. 65). Wichtig ist es jetzt, eine gedankliche Pause zu machen, Unangenehmes erst einmal zur Seite zu schieben oder einen anderen Weg zum Verständnis einzuschlagen. Die Gruppe muss wieder in Balance kommen. Deshalb nicht dem Konzept anhaften!

Themenblätter brauchen ihre eigene Zeit. Je nach Diskussion oder Inhalt können auch mehrere Sitzungen benötigt werden; es geht nicht darum, »fertig« zu werden. Wenn ein Themenblatt in der nächsten Stunde fortgeführt wird, empfiehlt es sich, die Blätter mit Namen zu versehen und einzusammeln, damit sie allesamt in der nächsten Stunde wieder vorliegen. Ist ein Teilnehmender dann nicht mehr dabei, können Sie seinen (persönlichen) Abschluss mit dem Themenblatt nach Ende der Sitzung vorziehen.

Innerhalb einer Gruppenstunde können auch unterschiedliche Themenblätter angeboten werden, hierfür sind mehrere Moderierende hilfreich. Das kann so aussehen, dass z. B. ein Themenblatt zu Hoffnung und eines zu Abschied und Trauer kurz beschrieben werden. Die Teilnehmenden können sich nun entscheiden, welchem Thema sie sich heute gewachsen fühlen oder widmen möchten. In Gruppen werden beide Blätter mithilfe der Moderierenden bearbeitet und anschließend im Plenum vorgestellt. Dafür wird etwas mehr Zeit benötigt. Es gibt keine Hausaufgaben, stattdessen ermuntern wir, Übungen freiwillig zu Hause weiterzuführen.

Das Prinzip der Belohnung lohnt sich! Der zum Abschluss vorgelesene Text, ästhetisch gelayoutet, wird in Kopie an die Teilnehmenden verschenkt. Dieses kleine Geschenk drückt Wertschätzung und Anerkennung für die innere Arbeit aus.

In der Gruppe darf zwischendurch auch vom Thema oder Fachlichem abgewichen werden. Durch Achtsamkeitsübungen ergeben sich häufig sogenannte »freie Themen« wie Jahreszeiten, Tiere, Pflanzen, Landschaften und vieles mehr. Dadurch kann eine angeregte Unterhaltung wachsen, vielleicht sogar eine spätere Recherche. Es lohnt sich, entsprechende Themen zuzulassen, denn sie machen achtsam für das Leben, fördern Lebendigkeit und auch den Austausch, erhöhen die Motivation und schaffen nicht zuletzt ein gutes Gemeinschaftsgefühl.

Und noch eines ist uns wichtig: Eine Gruppenstunde lohnt sich auch dann, wenn zu Beginn vielleicht nur ein bis zwei Teilnehmende da sind. Denn diese haben sich auf den Weg gemacht! Das Arbeiten mit wenigen Teilnehmenden ist einerseits besonders intensiv, andererseits bietet es eine hervorragende Möglichkeit, gemeinsam an den Materialien und Inhalten zu feilen. Damit sich eine Gruppe findet und zusammenwächst, ist Zuverlässigkeit und Verbindlichkeit unerlässlich.

Hinweise zum Umgang mit diesem Buch

Wir haben für die Auseinandersetzung mit den Themen Trauer und Abschied, Trost, Hoffnung und Neues wagen das Kerzensymbol gewählt, steht doch die brennende Kerze mit ihrem warmen, kräftigen Licht in Verbindung mit der Sonne, die die Quelle allen Lebens ist. Kerzen mit Glanz und Wärme spenden Gemütlichkeit und Geborgenheit, mildern mit ihrem dezenten Licht die Sorgen und Aufgeregtheit des Tages ab und werden gerne am Abend als Abschluss des Tages zur guten Nacht entzündet. Sie sind bei sehr vielen Anlässen zu finden, so bei Festen jeglicher Art. Doch sie werden auch zur Besinnung und Meditation, bei Sorgen und aus Freude hervorgeholt.

Kerzen sind ebenso in vielen Religionen und Lebensbräuchen zu entdecken. Ganz unbestritten haben Kerzen eine kraftvolle Wirkung für Trauerprozesse, sind Trost- und Hoffnungsspender und rituell einsetzbar. Kerzen sind, wenn man so will, *Lebensbegleiter*. In diesem Sinne haben wir sie als Symbol gewählt, in der Hoffnung, sie mögen innerlich oder ganz real entzündet werden und ein Lichtblick sein.

Zu jedem Lebensthema gibt es sogenannte Basisblätter. Diese führen in die Inhalte ein und bereiten auf eine vertiefende Auseinandersetzung vor. Sie sind für alle Themen gleich und werden in dem Kapitel »Abschied und Trauer« vorgestellt. Die Basisblätter der restlichen Lebensthemen befinden sich im Downloadmaterial.

Die Themenblätter sind so gestaltet, dass sie von ihrer Intensität und ihrem Umfang im klinischen Kontext und in einer Gruppe bearbeitet werden können, ohne oberflächlich zu wirken. Sie können aber auch eigenständig zur Selbsthilfe und Selbstfürsorge oder für den therapeutischen Einzelkontakt genutzt werden. Etliche Themenblätter sind über Impulse der Teilnehmenden entstanden und von uns entwickelt worden. Wir ermutigen alle Moderierende, Hinweise aus der Gruppe und eigene Ideen – abseits von unseren Themenblättern – zu verfolgen. Es ist die Gruppe, die den Weg weist!

Bei der Bearbeitung der Themen haben wir nicht immer das Rad neu erfunden. Etliche Themen haben wir jedoch wiederbelebt, weil sie – besonders im psychiatrischen Alltag – vergessen, verdrängt und unbeleuchtet sind. Vermeidung wirkt der inneren Heilung entgegen.

Einzelne Elemente wiederholen sich bewusst und werden von unterschiedlichen Seiten aus betrachtet. Das dient zum einen der Vertiefung. Zum anderen lassen sich einige Inhalte mehreren Themenbereichen zuordnen. Beispielsweise können Tröstliches und Hoffnungsvolles ein und dasselbe sein. Bei dem Thema Neues wagen taucht plötzlich das Bedürfnis nach Trost auf oder das Empfinden geht noch mal in Richtung Traurigkeit. Alle Themeninhalte gehören in gewisser Weise zusammen und lassen sich auch im »wirklichen« Leben nicht voneinander trennen. Für die Auseinandersetzung und Bearbeitung ist jedoch eine Teilung in verschiedene Einzelaspekte erforderlich, damit sich die Teilnehmenden Schritt für Schritt an die Inhalte annähern können und sie später wieder als Ganzes zusammenbringen.

Manche Beispiele sind bewusst undramatisch und einfach gewählt, um in der Gruppe ein Empfinden und Gespür für das Thema zu schaffen, aber keine Überforderung herbeizuführen. Das Prinzip der kleinen Schritte und die bewusste Betrachtung kleiner Dinge im Alltag verfolgen wir mit einer großen Ernsthaftigkeit. Klein zu beginnen bedeutet, dass etwas machbar wird, Erfolg haben kann und natürlich auch größer werden darf. Klein zu beginnen bedeutet nicht, keine großen Ziele, Sehnsüchte und Wünsche zu haben.

Für die Dankbarkeit zu sensibilisieren liegt uns sehr am Herzen! Dankbar zu sein für all das, was trotzdem gut läuft und immer noch vorhanden ist. Dankbarkeit kann zu einer heilsamen und versöhnlichen Lebenseinstellung verhelfen.

Grafischer Leitfaden

Unser Buch hält eine Vielzahl an Materialien und Möglichkeiten bereit. Manchmal scheint eine Gruppe festgefahren zu sein. Hier ist es hilfreich, sich noch einmal die verschiedenen Elemente dieses Buches in Erinnerung zu rufen und zu überlegen, was nun passend erscheint und wie die Materialien genutzt werden können. Um Orientierung zu bieten, haben wir einen grafischen Leitfaden (Abb. 1) erstellt, den Sie ebenso in den Downloadmaterialien finden.
Lassen Sie sich von den Materialien inspirieren und gehen Sie ganz frei mit ihnen um. Gemeinsam mit Ihrer Gruppe finden Sie das Richtige.

Grafischer Leitfaden 43

ABBILDUNG 1 Grafischer Leitfaden

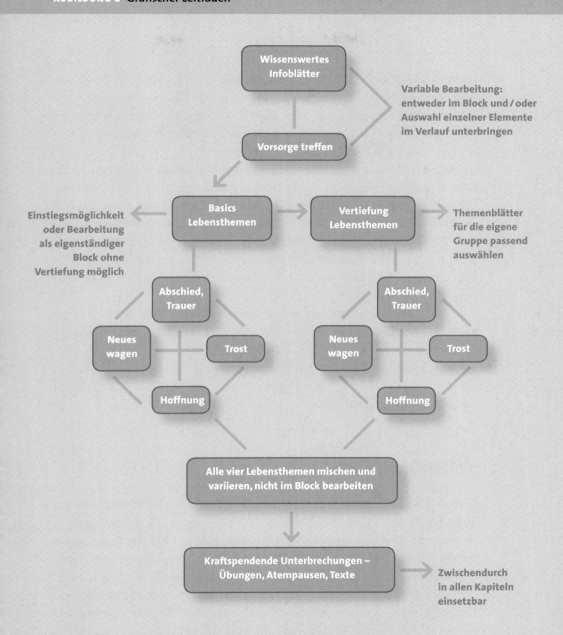

Vorbereitendes

Bevor wir näher auf die vier Lebensthemen eingehen, möchten wir Ihnen hilfreiches Material an die Hand geben, das vorsorglich oder vorbereitend eingesetzt werden kann. Wählen Sie auch hier wieder passende Sachen aus. Sie können einzelne Aspekte im Verlauf unterbringen oder Themen als Block erarbeiten.

Im Kapitel Wissenswertes finden Sie Infoblätter zu wichtigen Konzepten und Begriffen, die uns immer wieder begegnen, sobald wir uns mit den Themen Abschied, Trauer, Trost und Hoffnung auseinandersetzen. Kurzinformationen und Hinweise geben einen Überblick und können Orientierung bieten. Stärkende Unterbrechungen sind je nach Stimmung und Wünschen der Gruppe zu jedem Zeitpunkt einsetzbar und denkbar. Sie dienen dem Innehalten, gleichen Schweres aus und sorgen für neuen Atem.

Alle vier Lebensthemen sind unter den »Schutzschirm« der Vorsorge gestellt. Die Inhalte eignen sich gut als Vorbereitung, um bestimmte Aspekte bereits zu vertiefen. Es können aber auch einzelne Blätter zwischendurch eingesetzt werden, denn es sind hilfreiche Grundlagen, die stets wiederholt werden können. Greifen Sie bei Bedarf einfach auf dieses Kapitel zurück.

Wissenswertes

Unter Wissenswertes finden sich Informationen in verständlicher Sprache zu den Themen Recovery, Empowerment, Resilienz, Salutogenese und Kohärenzgefühl, Peer Counseling und EX-IN. Sie tauchen immer wieder auf, wenn man sich mit dem Genesungsweg im Sinne von Recovery beschäftigt. Hinter diesen Inhalten verbirgt sich Neuorientierung, Eigenverantwortlichkeit, eine gewisse Gegenwehr und Hilfreiches für den persönlichen Genesungsweg. Weiterhin gehen wir kurz auf das Thema Versöhnen und Vergeben ein, dessen Inhalte die Lebensthemen kreuzen können.

Alle Infoblätter stehen auch zum Download bereit. Zunächst einmal haben sie eine aufklärende Funktion und dienen dazu, die Begriffe verstehbar zu machen. Fachleute sind in der Pflicht, sensibel mit den wörtlichen Übersetzungen umzugehen. Menschen in einer schweren (psychischen) Krise dürfen nicht mit Ausdrücken wie Aufstehen, Kämpfen oder Verantwortung übernehmen bedrängt oder gar überfordert werden.

Sich zu Gegenwehr und Neuorientierung zu entschließen geht häufig mit Zweifeln und holprigem Einüben einher, dazu können längere Phasen der Ohnmacht, des Stillstands, des Leids und des inneren Schwankens kommen. Sich an eine veränderte Haltung anzunähern erfordert Zeit, manchmal feinfühlige Unterstützung und wird niemals ein geradliniger Prozess sein.

Es kann verschiedene Gründe geben, weshalb es Menschen in Krisen schwerfällt, sich für ihre Belange einzusetzen. Speziell bei der älteren Generation können lebensgeschichtliche Hintergründe eine Rolle spielen, wie z. B. ein zu großer Respekt vor Autoritätspersonen, der sich in Krisenzeiten häufig erst einmal verstärkt. Vielleicht fallen auch schlechte Erfahrungen ins Gewicht; sie haben sich in früheren Situationen nicht wertgeschätzt, unverstanden, schlecht behandelt oder bevormundet gefühlt und mussten Ungerechtigkeit erdulden.

Für viele Menschen scheint es nicht einfach zu sein, sich gegen den Standpunkt oder die Empfehlung der Profis zu stellen. Sie wissen, dass diese im Grunde unterstützen und helfen wollen. Manchmal fehlt auch einfach die Kraft, seine eigene Meinung zu sagen, geschweige denn zu vertreten. Deshalb ist es so wichtig, behutsam mit Begriffen wie Stärke, Veränderung oder Auflehnen umzugehen. Es gilt immer, eine heilsame Sprache zu finden.

Recovery

Der Recoverygedanke zieht sich konsequent durch das gesamte Buch und hält eine ganz bestimmte Haltung vonseiten der Betroffenen und Profis bereit. Wichtigstes Element im Sinne von Recoverybegleitung ist das Arbeiten auf Augenhöhe: gleichwertig, respektvoll und von Hoffnung geprägt. Es orientiert sich stets an den Bedürfnissen und Vorstellungen des erkrankten Menschen, dessen Erfahrungen und seiner Welt. Die betroffene Person selbst entscheidet, es wird nicht über ihren Kopf hinweg gehandelt.

Recovery ist eine Möglichkeit, den verzweifelten Krankheitsweg in einen zuversichtlichen Genesungsweg zu verwandeln. Sie setzt aber auch Mut, eine bewusste Entscheidung und »harte« Arbeit voraus. Menschen wissen in aller Regel selbst am besten, was für sie gut und richtig ist – sie sind Experten für ihr eigenes Leben. Die Recoveryreise ebnet dazu – mit ganz individueller Hilfe oder auch ohne Unterstützung – den Weg. Manche Menschen brauchen Beistand, Begleitung und suchen jemanden an ihrer Seite, der an sie glaubt, manchmal auch für sie hofft und Risiken mitträgt. Sie brauchen niemanden, der alles besser weiß! Es geht bei Recovery um mehr als um Symptombehandlung.

Wissenswertes

Recovery – ein Genesungsweg

Recovery wird sehr häufig mit einer Reise verglichen, man bricht zu seinem persönlichen Genesungsweg auf. Im Wörterbuch finden sich Übersetzungen wie Genesung, Gesundung, Rückgewinnung, Wiederfinden, Erholung oder Besserung. Eine ehemalige Patientin definiert Recovery als »eine Entwicklung aus den Beschränkungen der Patientinnenrolle hin zu einem selbstbestimmten Leben« (BOCK 2015, S. 146).

Ein Recoveryweg ist nicht unbedingt ein Weg zu vollkommener Heilung und Symptomfreiheit. Es geht darum, mit seiner Erkrankung einen guten Umgang zu finden und seinen Alltag meistern zu können. Somit wird er stets ein sehr individueller Weg sein und für jeden, der ihn geht, anders aussehen. Der Recoverygedanke lebt von dem Bewusstsein, dass sich die Zeit nicht zurückdrehen lässt, es also keine Rückkehr in das Leben vor der Erkrankung gibt. Jedenfalls nicht 1:1.

Vielmehr mündet man in ein neues Leben ein, das trotz Erkrankung und Symptome wieder sinnerfüllt und selbstbestimmt ist. Das eigene Leben wird neu definiert, es braucht eine andere Ausrichtung. Es gilt, das Leben wieder für sich zu entdecken, zu bereichern und möglicherweise Begriffe wie Erfolg mit neuem Inhalt zu füllen. Der Recoveryweg braucht Mut, Geduld, Konsequenz und eine feinfühlige Begleitung. Er kann aber auch ohne professionelle Hilfe gegangen werden.

Recovery schafft Raum für eine Phase der Krise, Verzweiflung, der Trauer und vielleicht der inneren Leere. Trauer bezieht sich dabei auf den Verlust von Lebensentwürfen, Lebenserwartungen und Lebenssehnsüchten. Es ist also eine Zeit, in der schmerzlich gespürt wird, wie sich das Leben durch eine psychische oder auch körperliche Erkrankung verändert hat. Einschneidende Ereignisse können z.B. ein Arbeitsplatzverlust, zerbrochene Beziehungen oder ein Unfall sein. Eine Recoveryreise ist sinnvoll, wenn der Wunsch besteht, dem Leben neu und hoffnungsvoll zu begegnen. Das kann mit einer sinnerfüllenden neuen Aufgabe oder Tätigkeit verknüpft sein.

Der Recoveryreisende möchte sein Leben wieder kontrollieren können und Wahlmöglichkeiten haben. Es geht also um Selbstmanagement, einen kreativen Umgang mit Risiken, gute Beziehungen und darum, sich wieder der Gesellschaft zugehörig zu fühlen. Inklusion meint dabei deutlich mehr, als an psychiatrische Dienste angebunden zu sein. An kulturellen Veranstaltungen oder anderen Freizeitmöglichkeiten teilzunehmen und auch zu gesunden Menschen Beziehungen aufzubauen sind weitere wichtige Aspekte (ZUABONI u.a. 2012).

Vorbereitendes

Um seinen persönlichen Recoveryweg zu gestalten, kann sich der Reisende folgende Fragen stellen:
- Was bedeutet für mich ein selbstbestimmtes Leben?
- Was bedeutet für mich ein sinnerfülltes Leben? Wie kann es trotz Einschränkungen und Symptomen sinnerfüllt sein?
- Wie könnte für mich die Zusammenarbeit mit Fachleuten auf Augenhöhe aussehen? Was wünsche ich mir von Fachleuten?
- Was wünsche ich mir von meinem Umfeld, meinen sozialen Kontakten?
- Welches Ziel verfolge ich auf meinem persönlichen Genesungsweg? Wohin soll mich der Weg führen?

Empowerment, Resilienz, Salutogenese und Kohärenzgefühl

Auch die Begriffe Empowerment, Resilienz, Salutogenese und Kohärenzgefühl können nicht mit einem einzelnen Wort übersetzt werden, da sie in Bezug zu der eigenen Erkrankung zu setzen und einzuordnen sind. In den Infoblättern sind Definitionen und Kurzinformationen zusammengestellt. Wir haben erste Fragen entwickelt, um sich gemeinsam in der Gruppe diesen Begriffen anzunähern und Bewältigungsstrategien, Selbstheilungskräfte sowie gesundheitsfördernde Maßnahmen ableiten zu können.

Wissenswertes

Empowerment – Selbstbestimmung

Empowerment bedeutet wörtlich übersetzt so viel wie Ermächtigung, Befähigung, Stärkung der Eigenmacht, Autonomie und Verantwortung übernehmen. Historisch ist der Begriff besonders in der Bürgerrechtsbewegung um Martin Luther King in den Fünfzigerjahren verankert. Bei dieser wehrten sich afroamerikanische Bürgerinnen und Bürger gegen Unterdrückung und setzten sich für die eigenen Rechte ein.

Die Motive der Bewegung lassen sich auf den psychiatrischen Kontext sehr gut übertragen, denn Empowerment heißt immer, sich für seine Rechte starkzumachen. Dies bestätigen Andreas KNUF und Kollegen (2007, S. 7). Für sie bedeutet Empowerment konkret, dass der psychisch erkrankte Mensch die Möglichkeit der Einflussnahme auf sein eigenes Leben zurückgewinnt. Nur so könne er seine psychische Erkrankung bewältigen. Es geht darum, vermehrt bei der eigenen Behandlung und innerhalb der Behandlungsstrukturen mitbestimmen zu können. Hierzu gehöre es auch, auf politischer Ebene Einfluss zu nehmen.

Auf dem dritten Internationalen Psychiatriekongress zu seelischer Gesundheit und Recovery in Bern äußerte sich Ron COLEMAN (2016), Direktor von Working to Recovery, in seinem Vortrag dahin gehend, dass Ermächtigung nicht gegeben werden könne. Betroffene müssten sie sich selbst nehmen. Er verbindet mit Ermächtigung ganz konkret, aufzustehen oder sich zu erheben und sich aktiv für etwas einzusetzen. Empowerment könne weder verordnet noch von außen erbracht werden. Der betroffene Mensch muss sich aktiv bemühen, sein Leben wieder selbst in die Hand nehmen zu wollen.

Andreas KNUF (2016a) stimmt der Auffassung von Ron Coleman in seinem neuen Buch »Empowerment und Recovery« zu: Nur die Recoveryreisenden selbst könnten das eigentliche Empowerment vollbringen. Er räumt aber ein, dass viele Menschen noch nicht so weit seien. Es sei Aufgabe der Fachleute, Empowermentprozesse zu stärken, um den Boden zu bereiten und letztendlich Selbstbestimmung zu ermöglichen. Diese muss vielleicht ganz neu erlernt, trainiert und verankert werden.

Selbstbestimmung und die Übernahme von Verantwortung gehören also unweigerlich zum persönlichen Genesungsweg und sind bei der Gestaltung des eigenen Lebens nicht wegzudenken.

Dem Recoveryreisenden können folgende Fragen helfen:
- Welche Form der persönlichen Einflussnahme wünsche ich mir für mein eigenes Leben und um meine Erkrankung bewältigen zu können?
- Welche Behandlungsstrukturen empfinde ich für meinen persönlichen Genesungsweg hinderlich oder bevormundend?
- Welche Art der Mitbestimmung und Gestaltung wäre für die Behandlung sowohl ambulant als auch in der Klinik für mich persönlich wichtig?

Wissenswertes

Resilienz – Widerstandskräfte stärken

Bis Mitte der Neunzigerjahre konzentrierte sich die Psychotherapie auf die Schwächen, Mängel und Defizite von Menschen. Seit 1998 werden auch die Stärken genauer erforscht. Vorreiter dieser Bewegung war der amerikanische Psychologe Martin E. P. Seligman (1993), bekannt durch seine Beiträge zur positiven Psychologie. Er fragte sich, wie Menschen Belastungen ertragen können, wie sich Begeisterung entfaltet, wie schmerzhafte Erlebnisse bewältigt und neue Kräfte entwickelt werden können.

Die Forschungsergebnisse zeigen, dass Menschen ganz unterschiedlich mit Belastungen umgehen – für manche ist es einfacher, für andere schwerer. Jeder Mensch scheint über verschieden starke Widerstandskräfte zu verfügen. Der Fachbegriff hierfür ist heute Resilienz.

Im Onlinelexikon für Psychologie und Pädagogik (o.J.) findet sich folgende Definition: »Resilienz bezeichnet die psychische Widerstandsfähigkeit von Menschen, die es ermöglicht, selbst widrigste Lebenssituationen und hohe Belastungen ohne nachhaltige Schäden zu bewältigen.« Menschen mit einer größeren Widerstandskraft sind zunächst einmal genauso betroffen von dem Leid, das ihnen widerfährt. Sie haben jedoch den Vorteil, mit schwierigen Situationen besser zurechtzukommen. Vermutlich können sie leichter auf ihre Ressourcen zurückgreifen oder verfügen über genügend Durchhaltevermögen, um weiterzumachen. Sie sind zuversichtlicher, dass sich ihre Situation oder ihr Zustand wieder verbessern wird.

Aber auch Menschen, deren Widerstandskraft nicht so ausgeprägt ist, können ihre Resilienz fördern.

Wir laden Sie deshalb dazu ein, sich die eigene Widerstandskraft genauer anzusehen. Dazu gehört es, sich bewusst zu machen, welche persönlichen Fähigkeiten schon vorhanden sind und welche noch »schlummern« oder geweckt werden können. Es ist tröstend, zu wissen, dass wir unsere Widerstandskraft stärken können.

Luise Reddemann (2004, S. 130) sagt dazu: »Wenn Sie gerne Ihre Resilienz fördern möchten, so möchte ich Sie ermutigen, dass Sie einen Entschluss fassen, dass es Ihnen gut gehen darf. Solange Sie überzeugt sind, dass Sie nichts Besseres verdient haben, als sich mies zu fühlen, kann sich schwerlich etwas ändern.« – Ein bedeutsamer Gedanke, der die Erkenntnis über eigene Stolpersteine voraussetzt und geradezu auffordert, sich selbst und das Leben *größer* zu denken.

Der Recoveryreisende kann sich folgende Fragen stellen:
- Wie schätze ich selbst meine persönliche Widerstandskraft ein?
- Welche persönlichen Fähigkeiten und Ressourcen sind mir bewusst?
- Wie kann ich meine Widerstandskraft fördern und erweitern?
- Wer oder was könnte mich dabei unterstützen?
- Kann ich mir selbst erlauben, dass es mir gut gehen darf?

Wissenswertes

Salutogenese: Was hält mich gesund?

Salutogenese kann mit Gesundwerdung übersetzt werden. »Salus« (lateinisch) heißt so viel wie Wohlbefinden, »genesis« (griechisch) kann mit Entstehung umschrieben werden. Die Pathogenese beschäftigt sich im Gegenzug mit den Ursachen von Krankheit.

Der amerikanische Medizinsoziologe Aaron ANTONOVSKY (1997) entwickelte in den Siebzigerjahren das Salutogenese-Modell. Dieses orientiert sich an gesundheitsfördernden statt gesundheitsschädlichen Faktoren und bezieht die eigene Lebensgeschichte ein. Das Modell fußt auf der Annahme, dass auch ein erkrankter Mensch stets gesunde Kräfte in sich trage. Gesund und krank schließen einander nicht aus, sondern gehören unweigerlich zusammen. In gesunden Phasen haben Menschen mit weniger kranken Anteilen zu tun und umgekehrt. Das erfordert ein gutes Ausbalancieren und persönliche Beweglichkeit, die trotz wechselnder Intensität, von sich krank oder gesund fühlen, eine innere Ganzheit und persönliche Vollständigkeit zulässt (BZgA 2001). Der Salutogenese-Ansatz will Symptome nicht nur lindern, sondern gleichzeitig gesunde Kräfte stärken und eigene Ressourcen wiederentdecken, fördern und verbessern.

So kann ein Mensch mit Diabetes trotz seiner chronischen Krankheit »ganz normal« wie jeder andere Mensch leben, wenn er seinen Blutzuckerspiegel und seine Ernährung im Auge behält und einen guten Umgang damit findet. Ein Mensch mit chronischer Migräne leidet ebenfalls nicht pausenlos, er wird akute, schmerzhafte Stunden oder Tage erleben, aber es wird immer auch Phasen geben, in denen er beschwerdefrei ist. Auch in schmerzhaften Episoden wird er gesunde Kräfte haben. Er wird sprechen, sich bewegen und hören. Teile des Körpers werden schmerzfrei sein. Wie wir persönlich im Sinne von Salutogenese mit Krisen umgehen, ist sicher sehr unterschiedlich und hängt von unserer Lebensgeschichte und den gemachten Erfahrungen ab. Je nachdem, über welche Fähigkeiten wir verfügen, ist es mehr oder weniger einfach.

In den psychiatrischen Kontext übertragen bietet dieser Ansatz die Chance, eine psychische Erkrankung nicht als statisch, unbeweglich und unheilbar zu erleben. Wir können ein Selbstverständnis entwickeln, dass auch in akuten Phasen gesunde Kräfte vorhanden sind. Es wird sicher Phasen geben, in denen die Symptome stärker im Vordergrund stehen; genauso wird es aber auch Zeiten geben, in denen die gesunden Kräfte deutlich spürbarer sind. Die Pathogenese dagegen bietet keine Möglichkeit der Gesundung, solange nicht alle Symptome verschwunden sind, da sie sich ausschließlich um Symptombehandlung kümmert.

Durch das Salutogenese-Modell können Krankheit und Kranksein ganz anders bewertet werden. Ein chronisch erkrankter Mensch wird nicht ausschließlich als »krank« etikettiert, sondern geschwächt sind nur bestimmte, aktuell betroffene Teile von Körper, Seele und Geist. Das momentane Unvermögen, z. B. am Arbeitsleben teilzunehmen oder aktiv seine Freizeit zu gestalten, sind aus diesem Blickwinkel auf keinen Fall von Dauer. Die betroffene Person pausiert für eine begrenzte Zeit, verlagert ihre Lebensinhalte oder orientiert sich in bestimmten Lebensbereichen neu.

Auch wenn die Erkrankung phasenweise im Mittelpunkt steht, ist es nicht hilfreich, auf das Kranksein beschränkt zu werden. Denn auch wenn Symptome vorhanden sind, gehen der Person nicht alle Fähigkeiten verloren. Sie kann immer einen guten Umgang mit der Erkrankung pflegen und Gesundes ausleben. Jeder erkrankte Mensch kann sein Leben wieder in die Hand nehmen, den Alltag bewältigen und sich gesund fühlen. Gesund und krank bilden eine Einheit und spiegeln den dialektischen Gedanken wider, nach dem jede Medaille zwei Seiten hat; scheinbare Widersprüche dürfen wertfrei nebeneinanderstehen, ohne sich auszuschließen. Durch diese Sichtweise stärken wir unsere Lebensqualität und blicken zuversichtlicher in die Zukunft.

Dem Recoveryreisenden helfen folgende Fragen:
- Was hält Menschen ganz allgemein gesund?
- Was hält mich persönlich gesund?
- Wie können Gesundheitsprozesse gefördert werden?
- Wie kann ich persönlich meine Gesundheitsprozesse fördern?
- Welche Fähig- und Fertigkeiten bringe ich mit?
- Wie gehe ich mit Belastungen um?
- Sind meine gesunden und erkrankten Kräfte im Einklang? Welche gesundheitsfördernde Kraft kann ich meinen gesundheitsschädigenden Kräften gegenüberstellen?

Wissenswertes

Kohärenzgefühl – im Einklang sein

Das sogenannte Kohärenzgefühl ist ein wichtiger Bestandteil des Salutogenese-Modells von Aaron Antonovsky (1997). Kohärenz kommt aus dem Lateinischen und kann mit Zusammenhang oder auch Sinnzusammenhang übersetzt werden.

Untersuchungen schwer traumatisierter Menschen (ebd.) zeigen, dass wir über unterschiedlich starke Bewältigungsstrategien verfügen. Manche meistern ihr Leben trotz großer Belastungen und Krisen besser als andere. Den Grund dafür sieht Aaron Antonovsky im Kohärenzgefühl. Einige Menschen empfinden trotz alledem eine gewisse Stimmigkeit mit den Ereignissen und sind mit sich und der Welt im Einklang.

Heiner Keupp (2008) versteht unter dem Kohärenzgefühl die Annahme, dass niemand einem festgelegten Schicksal unterworfen sei, sondern immer Einfluss nehmen könne. Es ist entlastend und auch beruhigend, dass wir, egal was gerade geschieht oder wie schwer eine Krise ist, unser Leben selbst gestalten und die Erschütterung abwenden oder bewältigen können. Dies geschieht sicher nicht sofort und geradlinig, aber mit hoher Wahrscheinlichkeit wird es einen Zeitpunkt geben, wo wieder (individuell) Einfluss genommen werden kann. Sinnzusammenhänge dürfen sich entwickeln, damit Trost, Hoffnung und Zuversicht entstehen können.

Das persönliche Kohärenzgefühl zeichnet sich durch drei Merkmale aus (ebd.):

Verstehbarkeit: Die eigene Welt ist verstehbar, stimmig und geordnet. Anforderungen und Belastungen des Lebens sind fassbar, nachvollziehbar und einleuchtend. Aufgaben oder Herausforderungen werden als zum Leben dazugehörig anerkannt.

Handhabbarkeit: Mit den Herausforderungen und den Lebensaufgaben wird ein guter Umgang gefunden. Um die Schwierigkeiten zu lösen, kann ich vorhandene Fertigkeiten einsetzen.

Sinnhaftigkeit: Meine Anstrengungen sind sinnvoll und es ist lohnenswert, sich für die anstehenden Herausforderungen zu engagieren. Mit dieser Einstellung ist es einfacher, das Erlebte anzunehmen und davon auszugehen, dass Krisen zu (jedem) Leben dazugehören.

Luise Reddemann (2004) empfiehlt, gesundheitsstärkende Gedanken zu pflegen, um gesund zu werden und zu bleiben. Wir müssen uns bewusst werden, dass es neben der Erkrankung und Krise stets auch die gesunden Kräfte wie die vorhandenen Fähigkeiten gibt. In jedem Menschen finden sich gleichzeitig – wenn auch in unterschiedlicher Gewichtung – beide Kräfte. Krankheit und Gesundheit sind keine statisch festgelegten Zustände.

Der Recoveryreisende kann sich folgende Fragen stellen:
- Welche Dinge, die in meinem Alltagsleben passieren, sind schwer zu verstehen?
- Kann ich ausreichend Einfluss auf mein Leben nehmen?
- Kann ich Lösungen für Probleme sehen, die andere Menschen als hoffnungslos empfinden?
- Welche gesunden und stabilisierenden Gedanken habe ich?
- Wie kann ich meine gesunden Gedanken pflegen?
- Was gibt meinem Leben Sinn?
- Wie kann der Verstand meinem Herzen zu Hilfe kommen, um eine Krise zu überwinden?

Peerberatung und EX-IN

Menschen, die vergleichbare Erfahrungen mit einer Erkrankung oder seelischen Erschütterung durchlebt und durchlitten haben, können Menschen in ähnlichen Krisen hilfreich zur Seite stehen. Diese Art der Unterstützung bietet eine Fülle an neuen Möglichkeiten. Die Bezeichnung der relativ jungen Berufsgruppe reicht von Peers über Genesungsbegleiter und Experten aus Erfahrung bis hin zu Betroffenenvertretern.

Drei Genesungsbegleiterinnen des Evangelischen Krankenhauses Bethel haben für unser Buch eine kurze Beschreibung zu Peer Counseling und EX-IN verfasst. Sie zeigen, wie Menschen mit eigener Psychiatrieerfahrung begleitend und beratend tätig sein können. Außerdem steht ein Infoblatt mit Literaturempfehlungen zum Thema zum Download bereit.

Wissenswertes

Peer Counseling am Beispiel des Projektes »Zeit für Gespräche«

Vier Frauen des Vereins Psychiatrie-Erfahrener Bielefeld e.V. (VPE) besuchten im Jahre 2007 eine Kurzfortbildung zu Peer Counseling mit den Inhalten: Geschichtliches, Krisenverarbeitung und motivierende Gesprächsführung. Der Begriff »Peer Counseling« stammt aus der weltweiten Independent-Living-Bewegung behinderter Menschen, die für Selbsthilfe, Selbstbestimmung und Eigenverantwortung eintreten. »Peer« bedeutet Gleiche und »Counseling« heißt beraten.

Im Anschluss an die Fortbildung entwickelten wir die Idee, Gespräche für Betroffene und auch deren Angehörige in der psychiatrischen Klinik Gilead IV in Bielefeld-Bethel anzubieten. Die Klinik des Evangelischen Krankenhauses unterstützte diese Idee und stellte uns einen Raum für die Beratungsarbeit zur Verfügung. Unserer Erfahrung nach tut es gut, mit Menschen zu sprechen, die selbst psychische Krisen und Psychiatrieaufenthalte erlebt, diese aber bereits mehr oder weniger verarbeitet haben. Wir wollten unsere häufig auch sehr leidvollen Erfahrungen in etwas Sinnstiftendes umwandeln, Hoffnung spenden und den Blick in die Zukunft richten: »Es bleibt nicht so, wie es ist.« Ein weiterer Beweggrund war, dass die Zeit der professionellen Mitarbeitenden für Gespräche oft knapp bemessen ist.

Seit Dezember 2007 bieten wir nun das Peer Counseling »Zeit für Gespräche« an. Dazu informierten wir vorab durch Plakate und einen Flyer. Letzterer findet sich auch auf der Homepage des Vereins Psychiatrie Erfahrener (www.vpe-bielefeld.de/dateien/pdf_flyer/vpe-peer-flyer.pdf).

Die Sprechstunden führen wir zu zweit durch; sie fanden zunächst zweimal monatlich statt. Seit 2013 haben wir unser Angebot auf einmal wöchentlich erweitert.

Die begleitende Beratung umfasst dabei folgende Themen:
- Umgang mit der Erkrankung
- Vergangenheitsbewältigung
- Trauerarbeit aufgrund des Verlustes bisheriger Lebenskonzepte
- Suizidalität
- Medikamentenkonsum
- Schuld und Vergebung
- Gestaltung von Beziehungen
- Berufliche Rehabilitation
- Freizeitgestaltung

So gut wie alle Psychiatriethemen und Lebensthemen kommen vor, manchmal genügt den Betroffenen auch »Small Talk«. Wir achten in den Gesprächen besonders darauf, ob jemand mit Stigmatisierung oder Selbststigmatisierung zu kämpfen hat. Hier beziehen wir uns auf den Recoveryansatz, der die Wiedergewinnung von einem sinnerfüllten Leben und Gesundung hervorhebt, auch wenn die ursprüngliche

Gesundheit nicht mehr gänzlich zurückkehrt. Hoffnung, Ermutigung und Zuversicht sind wichtige Schlüsselelemente.

Unser Angebot ist ausdrücklich als Ergänzung zur professionellen Hilfe zu verstehen. Einmal im Monat nimmt das Beratungsteam an einer Supervision unter Leitung einer Diplom-Psychologin teil, die wir als unbedingt notwendig erachten. Unser Team setzt sich zurzeit aus neun psychiatrieerfahrenen Personen (vier Frauen und fünf Männern) zusammen. Die meisten von uns haben eine abgeschlossene EX-IN-Ausbildung. Im Mai 2014 wurde unser Projekt mit dem Bielefeld-Preis ausgezeichnet – wir freuen uns sehr darüber.

Martin Gutl fasst die Peerarbeit sehr schön zusammen, indem er alle scheinbaren Widersprüche und Gegensätze zum Menschsein und zum Leben dazugehörig sieht (nach SIELAFF 2016): Selbst ratlos zu sein schließe nicht aus, andere zu beraten. Selbst gebrochen zu sein behindere nicht, anderen einen Halt zu geben. Selbst Angst zu haben blockiere nicht darin, Vertrauen für andere ausstrahlen zu können.

Vera Bierwirth und Anita Sporleder, Bielefeld

Wissenswertes

EX-IN-Schulung

EX-IN steht für »Experienced Involvement« und kann mit Erfahrenen-Beteiligung oder Selbsteinbringung übersetzt werden. Das EX-IN-Programm findet überwiegend in psychiatrischen Kliniken statt und ist in mehreren Ländern Europas wie Finnland, Norwegen und England verbreitet. Auch in den USA ist der Ansatz bekannt. In Deutschland hat sich die Bewegung im Jahr 2006 / 2007 durchgesetzt.
EX-IN ist eine Schulung, in der zwölf Module durchlaufen werden. Sie erstrecken sich über ein Jahr und finden einmal pro Monat statt.
Die Basismodule beinhalten folgende Themen:
- Gesundheitsfördernde Haltungen (Salutogenese)
- Empowerment
- Erfahrung und Teilhabe
- Genesung, Wiedererstarken (Recovery)
- Trialog

Die Aufbaumodule umfassen:
- Fürsprache
- Selbsterforschung
- Ganzheitliche Bestandsaufnahme (Assessment)
- Beraten & Begleiten
- Krisenintervention
- Lehren & Lernen

Außerdem müssen für die EX-IN-Schulung zwei Praktika absolviert werden. Größtenteils finden sie im stationären psychiatrischen Bereich entsprechender Kliniken statt. Es gibt aber auch die Möglichkeit der betreuten Wohngemeinschaft oder Tagesklinik.
Aufnahmekriterium ist grundsätzlich, psychiatrieerfahren zu sein. Dazu sollte die Fähigkeit zur Selbstreflexion und die vorherige Teilnahme an einer Selbsthilfegruppe vorhanden sein. Eine gewisse Stabilität von etwa eineinhalb Jahren wird ebenfalls vorausgesetzt. Aus meiner Sicht gehören auch Einfühlungsvermögen und eine gesunde Art und Weise, sich abzugrenzen, dazu. Gerade für die spätere Arbeit in einer Klinik oder in anderen psychiatrischen Arbeitsfeldern empfinde ich dies als besonders wichtig und wertvoll.
Finanzierungsmöglichkeiten müssen individuell besprochen werden, es gibt Unterstützung aus verschiedenen Pools.

Lizzie Schweika, Bielefeld

Fachbegriffe auf einen Blick

Schon Kurt Tucholsky (1890–1935) sagte: »Etwa die Hälfte aller Fremdwörter kann man vermeiden; man soll's auch tun.« Hier stimmen wir zu. Wir haben im Lauf der Jahre festgestellt, wie wichtig es ist, mit den Teilnehmenden wesentliche feststehende Begriffe im Vorfeld zu definieren und einzuordnen. Nur so können sie verstehbar und lebbar werden. Wenn wir sie mit Leben füllen, hinter ihnen stehen und sie uns zunutze machen, können wir zu Expertinnen und Experten unseres eigenen Lebens werden.

Daher sind die komplexen Begriffe noch einmal in aller Kürze zusammengestellt. Eine prägnante Kurzübersicht bietet Orientierung und kann zur Vorbereitung ausgeteilt werden.

Wissenswertes

In Kürze – Fachbegriffe und Fremdwörter zusammengefasst

Recovery bedeutet wörtlich übersetzt Genesung, Gesundung, Rückgewinnung, Wiederfinden, Erholung und Besserung.

Empowerment meint Selbstbestimmung, Verantwortung zu übernehmen, von Wahlmöglichkeiten auszugehen und sich für seine Rechte einzusetzen.

Resilienz ist die psychische Widerstandskraft; sie ist bei jedem Menschen unterschiedlich stark ausgeprägt, aber sie kann gefördert, wiedergewonnen und gestärkt werden.

Pathogenese bedeutet wörtlich übersetzt Entstehung von Krankheit und Behandlung der Symptome.

Salutogenese ist die Entstehung von Gesundheit. Das Augenmerk richtet sich auf die gesunden Kräfte und bezieht die persönliche Lebensgeschichte mit ein. Was hält mich gesund und wie kann ich gesund bleiben?

Kohärenz meint den Sinnzusammenhang.

Kohärenzgefühl stellt sich ein, wenn wir uns mit unserem Umfeld und den Ereignissen im Einklang befinden und ein Gefühl der Stimmigkeit erleben. Es zeichnet sich durch drei Merkmale aus:

Verstehbarkeit: Ich kann nachvollziehen, was gerade um mich herum passiert.

Handhabbarkeit: Ich sehe Anforderungen als Herausforderungen, finde einen Umgang mit dem, was gerade passiert, und setze meine eigenen Fähigkeiten dafür ein.

Sinnhaftigkeit: Ich gehe davon aus, dass alles, was gerade passiert, zum Leben dazugehört. Es kann jedem passieren und es lohnt sich, nach einem Sinn im Leben zu suchen.

Stigma kann mit Narbe oder Wundmal übersetzt werden.

Stigmatisierung bedeutet, dass Menschen oder Gruppen wegen ihres Andersseins negativ bewertet, ausgegrenzt oder »abgestempelt« werden.

Selbststigmatisierung stellt sich ein, wenn wir die Vorurteile der Gesellschaft übernehmen und uns selbst verachten.

Diskriminierung bedeutet so viel wie Entwürdigung, Herabsetzung, Erniedrigung oder Nichtachtung.

Inklusion kommt aus dem Lateinischen »includere« und heißt wörtlich übersetzt einbeziehen; es geht um das Dazugehören, um die gesellschaftliche Teilhabe.

EX-IN ist die Kurzform für Experienced Involvement und kann mit Einbeziehung von Psychiatrieerfahrenen umschrieben werden. Die EX-IN-Ausbildung reflektiert das Erfahrungswissen und liefert hilfreiche Methoden und Kenntnisse.

Peer Counseling bezeichnet die Beratung durch Menschen, die gleiche Erfahrungen gemacht haben.

Versöhnen und Vergeben

Einen Themenbereich haben wir bewusst ausgespart: Versöhnung und Vergebung. Dieses nicht nur schwierige, sondern auch sehr persönliche Thema erscheint uns zu komplex und ist aus unserer Sicht eher für die Einzeltherapie geeignet. Wohlwissend aber, dass die Begriffe auftauchen können, haben wir mit den Gruppenteilnehmenden hilfreiche Hinweise gesammelt. Es handelt sich um Anregungen, wie ein behutsamer Umgang mit Versöhnung und Vergebung möglich ist und wer oder was unterstützen kann.

Wissenswertes

Versöhnen und Vergeben

Versöhnung ist nicht immer leicht, die Vergebung noch schwerer. Beides ist nur dann möglich, wenn zwei Menschen sich wieder vertragen möchten und beide etwas dafür tun. Man reicht sich quasi die Hand. Manchmal ist dies aber nicht möglich, weil der andere gar nicht mehr da oder nicht an einer Versöhnung interessiert ist. Dann geht es um das innere Vergeben. Dies hat den Vorteil, dass der andere dazu nicht zwingend benötigt wird.

Nach Anselm GRÜN (2011) ist es wichtig, sich mit seiner eigenen Lebensgeschichte auszusöhnen und sich selbst und sein bisheriges Leben zu bejahen – das schließt auch Menschen mit ein, denen man begegnet ist. Wem das schwerfällt oder wer es nicht schafft, verbraucht enorm viel Energie, um sein Inneres zu verbergen und nicht zu zeigen, wer man wirklich ist. Wer es jedoch schafft, sich mit sich selbst zu versöhnen, rückt von Selbstentwertung ab und kann Frieden schließen.

Wenn wir mit uns selbst im Reinen sind, können wir auch mit unserem Gegenüber versöhnlicher sein. Versöhnen oder gar Vergeben ist je nachdem, was vorgefallen ist, ein Auf und Ab, ein Hadern und Zweifeln, ein Kampf und ein Leidensweg.

Aber dieser Weg lohnt sich, denn er führt zu Offenheit, Echtheit, innerer Ruhe und Lebenszufriedenheit.

Wenn die Themen Versöhnen und Vergeben aufkommen und wichtig werden, sind folgende Punkte zu bedenken:

- Versöhnen und Vergeben sind als Grundlage für menschliches Leben unerlässlich, und einer muss anfangen!
- Sich mit den Themen auseinanderzusetzen ist wichtig, sie zu verdrängen ist nicht hilfreich und verhindert das innere Heilwerden.
- Versöhnen und Vergeben sind beides längere Prozesse, denen auch Wut, Unversöhnlichkeit und Bitterkeit vorausgehen können.
- Es kann unterstützend sein, sich bei diesem Prozess begleiten zu lassen, z. B. durch Freunde, Literatur, Therapeuten oder den Glauben.
- Versöhnen und Vergeben heißt nicht unbedingt, dass sofort wieder Vertrauen zwischen zwei Menschen entsteht, auch das braucht Zeit.
- Beschäftigt man sich »zu lange« mit Unversöhnlichem, bindet das wertvolle Kräfte und belastet dauerhaft.
- Unversöhnlich bleiben kann zu Bitterkeit führen. Es ist empfehlenswert, sich seine Haltung bewusst zu machen: Will ich ein »bitteres« oder ein »befreites« Leben führen?
- Ist der Versuch immer wieder gescheitert, sich mit einem anderen zu versöhnen, kann man sich selbst sagen, dass man alles versucht hat, was einem möglich war. Der nächste Schritt wäre dann, eine Form zu finden, mit sich und der Situation Frieden zu schließen.

- Manchmal hilft es, wenn man versteht, warum der andere sich so verhalten hat – auch wenn es verletzend war. Menschen, die mit sich selbst in Unfrieden sind oder sich selbst nichts gönnen, gestehen auch anderen Menschen häufig nichts Gutes zu.
- In Zeiten von Verletztheit sollte man auf eine gute Selbstfürsorge achten und sich gegen weitere Verletzungen absichern (siehe Themenblatt »Verletzungen entgegenwirken« aus »Abschied und Trauer«).
- Manchmal macht eine Wiedergutmachung Versöhnung und Vergebung leichter.
- Die Bemühung um Versöhnung und Vergebung hat eine große Wirkung auf den eigenen Seelenfrieden!

Stärkende Unterbrechungen

*» Wir müssen von Zeit zu Zeit eine Rast einlegen und warten,
bis unsere Seelen uns wieder eingeholt haben.«*
Indianische Weisheit

Wir alle neigen dazu, über unsere persönlichen Grenzen hinauszugehen. Pausen oder Momente, in denen wir innehalten, werden eher als überflüssig und vielleicht sogar als Schwäche angesehen. Wir drehen uns im sogenannten Hamsterrad, bemerken dies aber häufig nicht. Gerade wenn wir emotional sehr angespannt sind, »vergessen« wir etwas ganz Wichtiges: Wir haben einen Körper, eine Seele und einen Geist, die uns hilfreich unterstützen können. Doch sie müssen dafür beachtet und gut versorgt werden, um in Balance zu bleiben.
Stärkende Unterbrechungen haben sich im Lauf des Gruppengeschehens als überaus wichtig herauskristallisiert. Sie können nach einem anstrengenden Themenblatt oder Themenblock und auch als Verschnaufpause mittendrin eingesetzt werden. Unsere Sammlung beinhaltet Übungen für Körper, Seele und Geist, sogenannte Atempausen sowie Texte und Gedichte. Sie haben sich über die Jahre bewährt und eignen sich gut, um »anzuhalten« und neue Kraft zu tanken. Je nach Stimmung, Mangel, Sehnsucht und Thema werden sie unterstützend eingesetzt oder auch mehrmals wiederholt.
Gehen Sie mit unserer Sammlung ganz frei und individuell um. Welcher Ausgleich wird in diesem Moment benötigt? Wählen Sie je nach Gruppenwünschen und Befindlichkeit eine passende Übung aus. Nach konzentrierter, thematischer Arbeit kann es wohltuend sein, den Körper zu beleben. Nach traurigen Themen möchten wir vielleicht gedanklich in eine positive, »leichtere« Welt abtauchen. Dann tun Imaginationsübungen der Seele gut.
Alle stärkenden Unterbrechungen können kostenlos unter www.psychiatrie-verlag.de/buecher/detail/book-detail/trost-und-hoffnung-fuer-den-genesungsweg.html heruntergeladen werden. Wir möchten Sie ausdrücklich ermuntern, eigene Materialien zu ergänzen und sie im Gruppengeschehen einzusetzen. Legen Sie sich eine schöne Mappe an.

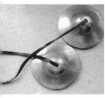

Übungen für Körper, Seele und Geist

In unserer Sammlung befinden sich ganz unterschiedliche Körper-, Imaginations- und Stilleübungen sowie Meditationen, mit denen wir sehr gute Erfahrungen gemacht haben. Wir sind um eine möglichst große Vielfalt bemüht, um für verschiedenste Situationen gerüstet zu sein.

Darüber hinaus gibt es fünf besondere Körperübungen, in denen Stillstand und Bewegung bewusst erlebt werden. Sie können zu einem veränderten Blickwinkel führen und den Horizont erweitern. Diese Übungen können auch einzeln angeboten, gekürzt, verlängert, ergänzt oder gemischt werden – je nachdem, was die Gruppe gerade braucht. Sie eignen sich besonders für draußen oder für einen größeren Raum wie eine Sporthalle. Geben Sie den Teilnehmenden anschließend Zeit für Notizen; so können sie das Erlebte in Worte fassen und die Unterschiede noch deutlicher wahrnehmen.

Die Übungen für Körper, Seele und Geist stehen ganz im Zeichen der Achtsamkeit. Sie dienen dem Innehalten, der Ruhe und Erholung sowie der Bewegung und Aktivierung und können »Balsam« für die Seele sein. Manchmal ist es einfacher, Achtsamkeit mithilfe körperlicher Bewegung zu praktizieren. Durch aktives Tun fällt es unserem Geist leichter, sich auf eine Sache zu konzentrieren und dabeizubleiben. Dies setzt jedoch immer voraus, dass wir uns bewusst entscheiden, diese Übung achtsam durchzuführen.

Es gibt also keine starren Vorgaben, wie die stärkenden Unterbrechungen einzusetzen sind. Moderierenden empfehlen wir, zwei bis drei Übungen parat zu haben; vielleicht eine imaginäre Übung, eine Körperübung und eine Aktivierungsübung. Wichtig ist es, dass Sie diese gut und sicher vermitteln können. Es kommt nicht darauf an, viele Übungen einzusetzen, sondern darauf, etwas zur Hand zu haben, um bei Bedarf spontan eine Auszeit nehmen oder für ein Gegengewicht zu Schwerem sorgen zu können. Generell ist ein kürzeres und häufiges Üben effektiver als ein langes, aber seltenes Praktizieren.

Atempausen

Die sogenannten Atempausen dienen ebenfalls der Unterbrechung, sie können am Stück oder über mehrere Stunden hinweg durchgeführt werden. Es empfiehlt sich durchaus auch, einzelne Elemente als

Pausen während einer Gruppenstunde einzuschieben, um damit das »Durchatmen« nicht zu vergessen.
Die im Folgenden beschriebenen Atempausen unterstützen und vertiefen die vier Lebensthemen.

(Inneres) Pilgern

Menschen pilgern aus unterschiedlichen Gründen, z. B. aus religiösen Motiven oder weil sie sich eine Aus- oder Besinnungszeit nehmen wollen. Pilgern ist immer ein Weg, um zu sich selbst zu finden, und bleibt somit individuell.
Wenn es zurzeit nicht möglich ist, eine Pilgerreise zu unternehmen, auch nicht, einen kleinen Pilgerweg in der Nähe aufzusuchen – dann könnte das innere Pilgern eine gute Alternative sein. Inneres Pilgern geschieht in Gedanken, es braucht aber auch den Wunsch, in sich zu gehen, und kann im Alltag in den eigenen vier Wänden stattfinden.
Durch das Pilgern können wir einen inneren Weg anders beschreiben: Wir können Herausforderungen annehmen, etwas Neues versuchen oder vielleicht auch wagen, andere Erfahrungen machen und unsere persönlichen Grenzen kennenlernen. Der (innere) Pilgerweg bietet Gelegenheiten, aus dem Hamsterrad des Alltags auszusteigen, langsamer und ruhiger zu werden und Sinneseindrücke oder die Natur – real oder durch innere Bilder – zu erleben.

Spaziergang

Die Atempause »Spaziergang« will den Blick für die Natur schärfen. Sie lädt zum Eintauchen in die Vielfalt des sinnlichen Erlebens ein, indem man sich selbst in Bewegung setzt – sei es, dass man nur im Geiste spazieren geht.
Sich mit seinem Körper in Bewegung zu setzen, seine Füße zu spüren, frische Luft zu atmen, Naturgeräusche wahrzunehmen, Naturgemälde zu bestaunen – um nur einiges aufzuzählen –, ist jedoch um einiges intensiver; man fühlt sich eher getröstet, hoffnungsvoll, frei und beruhigt.

Stille

Diese Atempause zeigt, wie wohltuend und erholsam die Stille sein kann, ohne von ihr erdrückt oder geängstigt zu werden. Manche Menschen erleben die Stille bedrohlich, fühlen sich in ihr einsam oder verloren und können sie nur schlecht aushalten. Es ist daher wichtig, mit dieser Unterbrechung sensibel umzugehen und zu schauen, welche Themenblätter oder Übungen gerade möglich sind.
Vielleicht ist es leichter, in der Stille z.B. zu malen oder schweigend aktiv zu sein, als sie »einfach« zu erleben. Stille ist eine Möglichkeit, Kraft zu tanken und sich selbst zu begegnen. Sie stärkt intensives und achtsames Erleben. Wir können aber auch in der Stille traurig werden, ebenso wie die Stille Trost und Hoffnung spüren lässt oder Gedanken des Aufbruchs hervorruft.

Texte

Texte können eine weitere stärkende Unterbrechung sein. Dazu wird eine kurze Passage oder Geschichte vorgelesen, jeder liest sie still für sich oder sie wird reihum gelesen. Anschließend ist ausreichend Zeit, um über die Geschichte nachzudenken und ihr nachzuspüren, aber auch, um sich Notizen zu machen und sich in der Gruppe auszutauschen. Auf diese Weise setzen wir uns stärker mit den Inhalten auseinander und nähern uns vielleicht mehr dem aktuellen Thema an. Ein Text kann weiterhin eine Gruppenstunde abrunden und ein guter Abschluss sein (siehe auch Gruppeneinmaleins, S. 31).
Im Downloadmaterial haben wir Ihnen einige Texte zu den Themen Abschied und Trauer, Trost, Hoffnung und Neues wagen zusammengestellt, sozusagen als Starthilfe. Wir ermuntern Sie, mit der Gruppe selbst auf die Suche nach passenden Geschichten zu gehen. Legen Sie sich eine eigene persönliche Textsammlung an.

Vorsorge treffen

»Ich kann nicht voraussehen, aber ich kann zu etwas den Grund legen. Denn die Zukunft baut man.«
Antoine de Saint-Exupéry

Vorsorge treffen kann mit Vorbeugung oder Verhütung umschrieben werden. Konkret bedeutet es, vorab einen guten Boden zu bereiten, etwas abzufedern und sich für einen nicht einfachen Weg zu stärken. Übertragen auf die Stabilisierungsgruppe ist es wichtig, sich zu öffnen und sich Zeit zu geben. Vor allem die Themen Abschied und Trauer sind vorsichtig und in kleinen Portionen vorzunehmen, um nicht aus dem Gleichgewicht zu geraten. Wir müssen erkennen und einschätzen, wo wir dünnhäutig sind, und dies auch berücksichtigen.

Hier geht es nicht um Sorgenfreiheit; wir können aber in gewisser Weise vorausschauend denken und Maßnahmen ergreifen, die die eigenen Nöte abmildern. So können wir uns auch mit Schicksalsschlägen auseinandersetzen.

Die Vorsorgeblätter bilden sozusagen den Anfang und können innerlich festigen und auf die Themen vorbereiten. Sie können aber auch bei Bedarf – es müssen nicht immer alle Blätter sein – zwischengeschaltet oder wiederholt werden. Dann dienen sie als stärkende Unterbrechung, als Notfall- und erneute Vorsorgemaßnahme.

Anleitungen – 11 Vorsorgeblätter

Kerze und Sammlung

Dieses Blatt wird als Einstieg genommen und vermittelt ein Gefühl für das Thema »Vorsorge treffen«. Es bietet den Teilnehmenden Raum für ein Brainstorming: Was bedeutet es, sich selbst zu behüten oder sich auch behüten zu lassen? Es werden freie Assoziationen gesammelt – ungeordnet, ohne Bewertung und spontan. Moderierende können so die Stimmung der Gruppe einschätzen. Auch regt es meist zu einem offenen Austausch an.

Warum es gut ist, für uns im Voraus zu sorgen

Das nächste Blatt informiert über die Selbstfürsorge und soll dafür sensibilisieren, dass Menschen nicht völlig ungeschützt mit den Zumutungen ihres Lebens zurechtkommen müssen. Sie können ihr dünnes Fell mit Überlegung und Bewusstheit schützen, ohne sich völlig zu verschließen. Über die Aufgabenstellung erarbeiten die Teilnehmenden konkrete vorsorgliche Maßnahmen, die für jeden so individuell und wirksam wie möglich überlegt werden sollen (siehe zur Vertiefung: BODEN, FELDT 2015a, S. 61–68).

Gruppennotfallkoffer – sich behütet fühlen

Ein Notfallkoffer ist für die Seele in Not. In Krisen spüren wir meist einen großen inneren Druck. Wenn die Anspannung überhandnimmt, können Dinge Abhilfe schaffen, die starke sensorische Reize auslösen. Im Koffer befinden sich Hilfreiches, Tröstliches und Hoffnungsvolles, wie Aromaduftöle, Engel, schöne Steine oder Bonbons.

Der Gruppennotfallkoffer besteht in der Stabilisierungsgruppe aus realen Gegenständen; natürlich kann auch Imaginäres hineingelegt werden. Er wird mit den Teilnehmenden ausführlich besprochen und genau gepackt. So ist sichergestellt, dass jeder etwas findet. Wenn jemand Neues zur Gruppe hinzukommt, sollte auch er fündig werden. Falls für ihn nichts dabei ist, kann ein Gegenstand – zunächst auch imaginär – hinzugefügt werden. Das fehlende Teil wird dann durch die Moderierenden oder Teilnehmenden bis zur nächsten Stunde besorgt.

Es ist wichtig, den Notfallkoffer bei allen Themenkomplexen mitzuhaben, auch wenn er in manchen Stunden nicht benötigt wird. Für einen kleinen Koffer oder eine Box sorgen am besten die Moderierenden, Sie können hier z. B. in der ergotherapeutischen Abteilung nachfragen (für den eigenen Notfallkoffer siehe BODEN, FELDT 2015b, S. 161, 191 ff.).

Merkmale der Achtsamkeit

Dieses Themenblatt führt in die Achtsamkeit ein und kann immer wieder als Orientierungshilfe herangezogen werden. Je nach Vorerfahrung der Teilnehmenden dient es zur Wissensvermittlung oder auch als Diskussionsgrundlage. Speziell bei der Achtsamkeit ist es ganz besonders wichtig, eine bejahende Haltung einzunehmen. Für manche Teilnehmende ist es vielleicht in dieser Intensität schwierig oder sie haben im Moment keinen Zugang dazu. Das ist in Ordnung, denn Achtsamkeit kann immer nur als Angebot verstanden werden.

Nach einem kleinen Merkzettel folgt eine konkrete Achtsamkeitsübung. So können die Teilnehmenden üben und prüfen, ob das Angebot für sie passend ist.

Achtsam auf dem Genesungsweg

Das nächste Blatt vertieft das vorherige. Es lässt persönliche Erfahrungen einfließen und lädt dazu ein, sich passende Übungen, Zeiten und Orte zu überlegen, um die Achtsamkeit zu trainieren und beizubehalten (siehe BODEN, FELDT 2015b, S. 66 ff.).

Eine hilfreiche Hand

In schweren Zeiten braucht man eine hilfreiche Hand. Dieses Themenblatt will vermitteln, dass sich jeder selbst eine solche Hand reichen kann. Noch mit genügend Abstand zu den Lebensthemen und innerer Kraft soll über eigene Fähigkeiten und Ressourcen nachgedacht werden, damit sie in Krisenzeiten abrufbar sind. Sie werden schriftlich festgehalten, sodass sie nicht abhandenkommen. Es ist also hilfreich, dieses Blatt in Sichtweite aufzubewahren, um schnell darauf zurückgreifen zu können.

Grundlagen der Selbstfürsorge

Worauf kommt es bei selbstfürsorglichem Verhalten an? Es ist ungünstig, mit Selbstfürsorge erst dann zu beginnen, wenn die seelische Krise bereits sehr ausgeprägt ist – wir sollten vorab sichere Maßnahmen für uns kennen. Selbstfürsorge stärkt Ressourcen, schützt vor Überlastung, sensibilisiert für ein gutes Selbstmitgefühl und eröffnet neue Sichtweisen. Sie muss so individuell wie möglich entwickelt und angepasst werden: Für sich selbst zu sorgen sieht z. B. während eines Klinikaufenthaltes anders aus als zu Hause.

Mutmachsätze

Gemeinsam mit den Teilnehmenden erarbeiten wir Mutmachsätze. Wir sprechen mit ihnen über ihre eigenen Gedanken und Gefühle und wie ausschlaggebend diese sind. Wenn negative oder entmutigende Gedanken nicht gestoppt oder durchbrochen werden, fühlt man sich auch entsprechend. Gegensätzliches kann schwer durchdringen. Mutmachsätze befreien – sie werden häufig mit einem energischen Tonfall und einem Lächeln im Gesicht vorgetragen.

Da diese Aufgabe für manche Teilnehmende schwierig sein kann, empfehlen wir den gedanklichen Weg über die sogenannten Glaubenssätze. Diese können zu Mutmachsätzen umgeformt werden. Wer also mit der ersten Aufgabenstellung nicht zurechtkommt, kann es über die zweite probieren.

Mit Ritualen leben

Dieses Blatt erklärt, welche Bedeutung Rituale haben und worauf es bei ihnen ankommt. Meistens haben wir bereits gute, immer wiederkehrende Rituale im Leben, die wir uns speziell in Krisen und schwierigen Lebensphasen zunutze machen können. Für die vier Themenbereiche des Buches werden mithilfe der Aufgabenstellung Rituale gefunden, belebt oder erneuert. Sie geben Sicherheit und sind im Alltag zu verankern.

Je schwerer die Lebenssituation ist, desto wichtiger sind wirksame Rituale, die automatisch abgerufen werden können. Oft reicht die eigene Kraft in Krisenzeiten nicht mehr dazu aus, entsprechende Maßnahmen zu entwickeln. Dann ist es bedeutsam, dass die Rituale bereits erprobt sind und als hilfreich empfunden werden.

Dreiklang: »Erkennen – Akzeptieren – Verändern«

Über den Dreiklang »Erkennen – Akzeptieren – Verändern« können wir uns an schwierige Lebensthemen herantasten. Er bietet Orientierung und hilft, herauszufinden, was gerade los ist. Wir können uns für eine Lebenskrise öffnen und für die Kreuzwege des Lebens eine Weiche stellen. Das Thema Akzeptanz ist meist das widerwilligste – doch es lohnt sich, sich hiermit auseinanderzusetzen!

Akzeptanz erfolgt nach Martin BOHUS und Martina WOLF (2009, S. 82) in drei Schritten:

- »Das, was passiert ist, ist passiert und es war entsetzlich.« – Dies ist die Basis der Akzeptanz, der erste Schritt.
- »Das, was passiert ist, war entsetzlich und ich unternehme etwas dagegen, damit ich nicht darunter leide.« – Dies ist der zweite Schritt.
- »Das, was passiert ist, war entsetzlich und ich leide darunter und kann nichts dagegen tun, das gehört zu mir.« – Dies ist radikale Akzeptanz.

Nehmen Sie sich für den Dreiklang genügend Zeit (auch mehrere Gruppenstunden) und gehen Sie besonders feinfühlig vor. Seine Vermittlung kann sonst missverständlich, oberflächlich oder kränkend wirken. Mit dem Dreiklang realisieren wir eben auch, dass manches im Leben zunächst oder auch unwiederbringlich vorbei ist. Einiges ist ganz anders als vorher. Das anzunehmen braucht Mut, Kraft und Unterstützung vonseiten der Profis.

Die Aufgabenstellung konkretisiert den Dreiklang und hilft, ihn (persönlich) zu verinnerlichen (s. auch BODEN, FELDT 2015 b, S. 157 f., 170 ff.).

Lesestunde – sich in Texten wiederfinden

Dieses Blatt gibt eine Geschichte von Inge WUTHE (2016) über Abschied, Trauer und Hoffnung wieder. Etwas wie in Kindertagen vorgelesen oder erzählt zu bekommen, kann sehr beruhigend wirken. Geschichten und Texte können anderen aus der Seele sprechen. Gerade wenn die eigene Stimme verstummt ist, kann dies erlösend, klärend, berührend, hoffnungsvoll oder auch inspirierend sein und neue Hinweise geben.

Die Arbeit mit Texten eignet sich auch für alle anderen Themenbereiche, sie führt sanfter und behutsamer in die Inhalte ein. Man nähert sich mehr über das Herz als über den Verstand. Wir regen die Teilnehmenden an, sich selbst Gedanken zu machen, welche Bücher und Texte sie entsprechend wohltuend empfinden. Vielleicht möchte jemand in der nächsten Stunde ein für ihn bedeutendes Buch mitbringen, der Gruppe kurz davon erzählen und eine Lieblingspassage vorlesen. Es lohnt sich, genügend Zeit zu investieren, damit Mitgebrachtes vorgestellt werden kann. Wir ermuntern und motivieren, im Alltag auf gute Texte zu achten und auf sie zurückzugreifen.

Vorsorge treffen

Kerze und Sammlung

Notieren Sie alle Gedanken, Gefühle, Erinnerungen, Ideen und Assoziationen, die Ihnen zu »sich behüten« oder »sich behüten lassen« einfallen.

Vorsorge treffen

Warum es gut ist, für uns im Voraus zu sorgen

Ein Heilungsprozess gelingt meist dann gut, wenn wir allem Geschehenen Raum geben: dem Traurigsein, der allmählichen Besserung, den leidvollen sowie den freudigen Zeiten. Diese Haltung nimmt die buddhistische Lehrerin Pema CHÖDRÖN (2001) in ihrem Buch »Wenn alles zusammenbricht« ein und sie erscheint uns für den Genesungsweg überaus wichtig.

Vorsorge treffen bedeutet nicht Sorgenfreiheit, sondern kann mit Vorbeugung oder Verhütung umschrieben werden. Es geht darum, vorausschauend zu denken und sich für einen nicht einfachen Weg zu stärken, um die eigenen Nöte abzufedern. Hierzu gehört es auch, herauszufinden, wo wir dünnhäutig sind, um es berücksichtigen zu können. Wir sollten uns an die eigenen Lebensbrüche in kleinen Schritten herantasten, denn sie rufen starke Gefühle hervor – es braucht Zeit, um sich immer wieder in Balance zu bringen und für uns selbst gut zu sorgen.

Sich von Vorstellungen zu verabschieden, diese zu betrauern und Lebensentwürfe loszulassen sind keine einfachen Themen. Aber auch das Gefühl, (zunächst) untröstlich zu sein und (später) zu bemerken, dass man dringend Trost braucht, ist belastend. Hoffnung zu haben ist (überlebens-)wichtig, nur manchmal löst das Bewusstwerden, dass auch die Hoffnung ein wankelmütiger Begleiter sein kann, ein trauriges Gefühl aus. Auch Neues zu wagen kann ein Kraftakt sein – es erfordert Mut und birgt nicht selten ein gewisses Risiko. Was ist also hilfreich, wenn wir uns mit diesen schwierigen Themen auseinandersetzen wollen und starke Gefühle auftauchen?

Zuallererst können wir für uns selbst achtsam sein. Wir können überlegen, ob es der richtige Moment ist und ob wir genügend Kraft haben, uns diesen Themen zu stellen. Steuern Sie, wenn möglich, wie intensiv Sie sich den Themen nähern, und muten Sie sich nur das zu, was Ihnen augenblicklich möglich ist. Achten Sie auch auf Ihr Bauchgefühl und vertrauen Sie auf Ihre innere Weisheit. Meistens können wir uns gut auf uns selbst verlassen. Mithilfe unseres Verstandes können wir die innere Balance auspendeln. Nehmen Sie sich dafür ausreichend Zeit.

Seien Sie ebenso für die negativen oder traurigen Dinge achtsam, um sie benennen, ordnen, vielleicht sogar begrenzen und klären zu können. Vielleicht können Sie sich so innerlich von ihnen distanzieren und aktiv handeln. Haben Sie Mitgefühl mit sich selbst.

Gemeinsam lesen und besprechen.

Was schafft inneren Ausgleich? Welche Stressbewältigungsstrategien kennen Sie? Erstellen Sie eine Liste.
Beispiele: einen Spaziergang machen, mit jemandem sprechen oder sich erinnern, wen oder was man im Leben ganz sicher hat.

Vorsorge treffen

Gruppennotfallkoffer – sich behütet fühlen

Was ist ein Notfallkoffer?
Ein Notfallkoffer ist ein Koffer für die Seele in schwierigen Zeiten. In einem materiellen Notfallkoffer können sich Dinge wie ein Foto, ein Handschmeichler oder ein Talisman befinden. Sie helfen, sich abzulenken, Stress abzubauen und sich zu trösten. Ein imaginärer Koffer ist innerlich verankert und kann eine Atemübung, ein Gebet oder eine Imaginationsübung bereithalten.

Packen des Gruppennotfallkoffers
Einige von Ihnen haben vielleicht Ihren ganz persönlichen Notfallkoffer. Bei den Themen Abschied und Trauer, Trost, Hoffnung und Neues wagen ist es hilfreich, auch in der Gruppe einen Koffer zur Hand zu haben.
Lassen Sie uns gemeinsam eine Liste am Flipchart erstellen, was in unseren Koffer gehört. So ist für jeden etwas Passendes dabei. Welche Dinge sind für Sie hilfreich? Es können materielle, aber auch imaginäre Sachen sein, z. B. eine Meditation, eine Übung wie »Der sichere innere Ort« oder ein Gedankenstopp. Letztere verschriftlichen wir und legen sie als Karteikarten in den Koffer, damit sie erinnert werden.
Überlegen wir nun, welche Dinge besorgt werden müssen. Wer kann etwas leihen oder als Geschenk beilegen? Den Gruppennotfallkoffer packen wir zusammen in der nächsten Stunde und probieren ihn gemeinsam aus. Von da an steht er in jeder Stunde bereit. Wenn jemand eine »Begleitung« für die Stunde braucht oder sich zwischendurch absichern will, kann er einfach hineingreifen.
Der Gruppennotfallkoffer wird unser »Auffangnetz« sein, wie es die Akrobaten in der Manege haben, während sie über ein Seil balancieren.

✎
....

....

....

....

✷ Denken Sie auch an Ihren persönlichen Notfallkoffer. Vielleicht ist es an der Zeit, ihn zu überprüfen und neu zu packen. Wer noch keinen hat, könnte diesen jetzt für sich anlegen.

Vorsorge treffen

Merkmale der Achtsamkeit

Was ist Achtsamkeit?

Achtsam zu sein bedeutet, Dinge mit Anfängergeist ganz neu und mit frischem Blick zu betrachten. Wir müssen uns von der Annahme lösen, schon alles zu wissen und zu kennen. Achtsamkeit ist frei von Zielen, Erwartungen und Fortschritten. Diese Haltung gibt Kraft, zentriert, schafft Klarheit, ist wertfrei, mitfühlend und anerkennend.

In seinem Buch »Gesund durch Meditation« führt Jon KABAT-ZINN (2013) aus, dass es in der Meditation und Achtsamkeit keineswegs um den Versuch gehe, woanders hinzugelangen und dort eine besondere Erfahrung zu machen. Stattdessen sei gemeint, innerlich zuzustimmen, an welchem Punkt wir uns momentan befinden, wie wir und die anderen gerade sind. Achtsamkeit ist also die Bewusstheit für das, was der gegenwärtige Augenblick konkret bietet oder einfach ausdrückt. Es bedeutet, absichtsvoll im Hier und Jetzt zu sein.

Illios KOTSOU (2013) erklärt Achtsamkeit anhand der Fotografie und zwar in der Funktion des Selbstauslösers. Der Selbstauslöser verschafft dem Fotografierenden etwa zehn Sekunden Zeit, um seinen Platz auf dem Foto einzunehmen – eine kurze Zeitverzögerung kann sehr hilfreich bei Entscheidungen oder bei Reaktionen auf etwas sein. Weiter führt er aus, dass gerade die Zeitverzögerung einen achtsamen und bewussten Moment möglich mache. Wir halten inne, beobachten, ohne zu bewerten, und können so bewusster handeln.

Was brauchen wir für Achtsamkeit?

Um achtsam sein zu können, ist eine offene Haltung wichtig. Wir müssen bereit sein, uns Zeit zu nehmen, um innezuhalten und diese Haltung zu üben, regelmäßig zu praktizieren und aktiv zu erleben. Es benötigt eine gute Portion Mut, nicht nur das Positive, sondern auch das Unangenehme zu beobachten und wahrzunehmen. Weiterhin brauchen wir unseren Atem und einen Ort, an dem wir zur Ruhe kommen können.

Was kann Achtsamkeit bewirken?

Wenn wir achtsam sind, können wir wertfrei annehmen, was gerade ist. Manchmal müssen wir auch akzeptieren, dass uns das Annehmen eben nicht gelingt. Achtsamkeit gibt Lebensfreude und schafft Möglichkeiten, Einfluss zu nehmen (und zu handeln), indem wir bewusster wahrnehmen und Dinge benennen. Situationen und Lebensumstände können so eher verstanden werden. Auch fördert sie einen anderen Umgang mit unseren Gedanken: Sie durchbricht das kräftezehrende Gedankenkreisen, das häufig zu nichts führt. Unangenehme Gedanken können in eine milde, hilfreiche und sich selbst annehmende Richtung gelenkt werden – ich muss nicht perfekt sein, ich bin in Ordnung, so, wie ich gerade bin.

Wie geht Achtsamkeit?

Es gibt verschiedene Möglichkeiten, Achtsamkeit zu praktizieren. Es können Methoden sein, bei denen ein bestimmter Ablauf eingehalten wird. Hierzu zählen Meditation, Atemübungen oder das Sitzen in der Stille. Doch auch das achtsame Ausführen von Bewegungen wie beim Yoga oder Qigong ist möglich. Teezeremonien oder Kalligrafie (Schreibkunst) sind ebenfalls denkbar.

Wo geht Achtsamkeit?

Achtsam können wir überall sein, sofern wir eine bewusste Entscheidung treffen. Wir können einen ungestörten Ort aufsuchen, auf einem Sofakissen sitzen, in der Küche Gemüse putzen und vieles mehr. Unsere Atmung und unsere fünf Sinne haben wir immer und überall bei uns.

Wie oft sollten wir Achtsamkeit praktizieren?

Am besten üben wir uns täglich in Achtsamkeit und ritualisieren die vorgesehenen Zeiten. Es ist effektiver, mit kleinen Zeitsequenzen zu beginnen und diese dann regelmäßig für das Üben zu nutzen, um die Achtsamkeit in den Alltag zu verankern.

Gemeinsam lesen und besprechen.

Lassen Sie uns nun eine Übung machen, um Achtsamkeit zu erfahren und zu erleben. Notieren Sie anschließend Ihre Gedanken und tauschen Sie sich aus.

Übung In die Stille gehen

Wir laden Sie zu einer Achtsamkeitsübung ein, in der es darum geht, in der Stille alle gegenwärtigen Geräusche wahrzunehmen.

Nehmen Sie eine bequeme Sitzhaltung ein.

Die Schultern bleiben entspannt und locker.

Die Hände liegen leicht auf den Oberschenkeln oder Sie legen Ihre rechte Hand in Ihre linke.

Beide Füße stehen fest auf dem Boden, um den Bodenkontakt nicht zu verlieren.

Wenn Sie mögen, schließen Sie die Augen. Wenn das gerade nicht möglich ist, senken Sie Ihren Blick oder suchen Sie einen Punkt im Raum, wo Ihre Augen ruhen können.

Werden Sie abgelenkt, dann nehmen Sie die Ablenkung wohlwollend wahr und kehren Sie wieder zur Übung zurück.

Nehmen Sie zunächst drei tiefe Atemzüge, um sich für die Übung zu sammeln. (...)

Gehen Sie für zwei Minuten in die Stille und nehmen Sie alle Geräusche wahr. (...)

Nehmen Sie abschließend einen tiefen Atemzug und kommen Sie dann mit Ihrer Aufmerksamkeit zurück in diesen Raum.

Vorsorge treffen

Achtsam auf dem Genesungsweg

Solange wir atmen, haben wir mehr gesunde als kranke Kräfte in uns, egal, was mit uns gerade nicht stimmt – davon ist Jon KABAT-ZINN (2013) überzeugt. Vieles, was in uns gesund ist, wird zu wenig beachtet, vernachlässigt oder als selbstverständlich genommen. Achtsamkeit ist nicht nur in gesunden, sondern auch in schwirigen Zeiten wichtig, denn sie unterstützt den dialektischen Gedanken: Widersprüchliches kann nebeneinanderstehen; Positives kann sich entwickeln und Problematisches darf sein.

Achtsamkeit ist immer eine Begegnung mit uns selbst, für die wir uns bewusst öffnen können. Es handelt sich um keine Technik oder Methode, die wir erlernen, sondern um eine innere Haltung, zu der wir uns entscheiden können. Achtsamkeit erweckt in uns den inneren Beobachter, der uns Denkprozesse, starke Gefühle und schwierige Situationen genau und vielleicht auch einmal wertfrei betrachten lässt. All dies schafft inneren Abstand und mindert somit den sofortigen Handlungsdruck. Auch schützt es vor impulsivem Handeln. Stattdessen können wir Dinge geschehen lassen und schauen, was passiert. Wir können aktiv und lebendig die jeweilige Situation und das eigene Leben gestalten.

Achtsamkeit fördert auch den Dreiklang »Erkennen – Akzeptieren – Verändern«: Im ersten Schritt erkennen wir, was gerade ist. Wir akzeptieren im zweiten Schritt die Realität und nehmen eine annehmende Haltung ein. Im dritten Schritt können wir so etwas verändern. Eine achtsame Haltung kann für alle Lebensthemen hilfreich sein.

Überlegen Sie in Kleingruppen, welche Erfahrungen Sie mit Achtsamkeit haben.

Wie kann Achtsamkeit Sie auf Ihrem Genesungsweg unterstützen?

Ist es Ihnen möglich, Achtsamkeit in Ihren Alltag einzuplanen? Welche Alltagsaktivität können Sie in der nächsten Woche regelmäßig achtsam tun? Sie können auch eine Meditations- oder Achtsamkeitsübung ausführen. Dafür ist es hilfreich, einen Ort, eine Tageszeit und den genauen Zeitraum festzulegen.

Vorsorge treffen

Eine hilfreiche Hand

Gerade in schwierigen Zeiten kann das Selbstwertgefühl schwinden oder gar abhandenkommen. Da ist es hilfreich, sich seiner eigenen Fähigkeiten bewusst zu sein und auf sich selbst aufzupassen. Eine Maßnahme der Selbstfürsorge ist, alle Fähigkeiten und Ressourcen schwarz auf weiß auf dem Papier vor sich zu haben.

Legen Sie eine Hand auf ein Din-A4-Papier und zeichnen Sie mit einem Stift die Konturen Ihrer Hand nach. In jedem Finger steckt etwas Wertvolles:
- Notieren Sie im kleinen Finger, wen oder was Sie mögen.
- In den Ringfinger schreiben Sie all das auf, was Sie besonders gut können.
- Im Mittelfinger vermerken Sie das, was Sie beruhigt.
- Im Zeigefinger notieren Sie alles, was Ihnen Mut macht.
- Und im Daumen steht, wem oder auf was Sie vertrauen.

Welche Wirkung hat Ihre hilfreiche Hand auf Sie?

Was kann noch an Hilfreichem ergänzt werden?

Hängen Sie das Papier an einen Ort, den Sie leicht sehen können, wie über Ihren Schreibtisch. Lassen Sie Ihre hilfreiche Hand nicht in einer Mappe verschwinden.

Vorsorge treffen

Grundlagen der Selbstfürsorge

*»Für keinen ist es zu früh und für keinen zu spät,
sich um die Gesundheit der Seele zu kümmern.«*
EPIKUR

Rainer LUTZ (2007) versteht unter Selbstfürsorge, dass eine Person mit sich selbst so umgeht, wie es ein guter Freund oder jemand, der es gut mit ihr meint, tun würde. Sie kennt ihre persönlichen Bedürfnisse und ist mit sich selbst im Einklang. Wenn wir uns wohlfühlen, gehen wir gleich auch viel positiver mit anderen Menschen um.
Natürlich ist es ein schönes Gefühl, wenn andere für uns sorgen – und das darf ja auch so bleiben. Richtig verlässlich ist aber nur, wenn wir unser Wohlgefühl selbst in die Hand nehmen, weil bekanntlich nicht immer jemand da ist, der uns umsorgt. Es gilt also, selbst vorzubauen.
Diesen Part der Selbstfürsorge verlieren wir nicht selten aus den Augen, besonders wenn wir emotional belastet sind und es dringend nötig wäre. Deshalb ist es wichtig, sich zwischendurch immer wieder kleine Freiräume zu verschaffen, um zu spüren oder auch zu überprüfen, ob es an der Zeit ist, »den eigenen Brunnen« wieder aufzufüllen. Wenn wir die Grundpfeiler einer guten Selbstfürsorge kennen, verbessert sich unsere innere Balance. Entsprechende Maßnahmen müssen manchmal regelrecht eingeübt werden und sind immens wichtig, um den Wechselfällen des Lebens leichter begegnen zu können.
Gute Grundlagen für die eigene Selbstfürsorge sind nach Rainer LUTZ (2007):

Pausen, kleine Auszeiten und Rückzug

Machen Sie immer wieder kleine Pausen. Verschnaufen Sie nicht erst, wenn Sie bereits völlig erschöpft sind. Bauen Sie Ruhephasen in Ihren Alltag ein, bevor Sie ermüdet sind. Nehmen Sie den Beginn und das Ende einer Pause wahr, seien Sie sich aber auch der Ruhe, der Entspannung und des Abschaltens bewusst. Dies gilt ebenso für den Feierabend und die freien Wochenenden.

Rituale

Achten Sie auf Rituale. Selbstfürsorge zu ritualisieren macht Sinn, damit sie ein fester Bestandteil im Alltag ist. Denn gute und passende Rituale erleichtern das Leben, sie beruhigen und geben Sicherheit. Wir können so eher ein selbstbestimmtes Leben führen und eine stabilere Identität aufbauen.
Gute Rituale können negativen Gedanken und Gefühlen entgegengesetzt werden. Sie helfen, dem Leben eine gute Form zu geben und sich selbst etwas Gutes zu tun.

Körperwahrnehmung

Seien Sie Ihrem Körper zuliebe achtsam. Achten Sie auf Körperpflege, verwöhnen Sie sich z.B. mit einem schönen Duschgel. Achten Sie auf ausreichend Bewegung – fahren Sie Rad und nicht Auto, laufen Sie Treppen, statt den Aufzug zu nehmen. Achten Sie auch auf eine gute Ernährung und essen Sie regelmäßig. Achten Sie darauf, genügend zu trinken, denn erfahrungsgemäß trinken wir zu wenig. Achten Sie auf ausreichend Schlaf – beenden Sie den Tag mit einem kurzen Zubettgehritual, wie eine heiße Milch zu trinken. Achten Sie auf Genuss, wobei Genießen nicht nebenher funktioniert, sondern bewusst geschehen oder fest eingeplant werden sollte. Sagen Sie Ihrem Körper hin und wieder ein »Dankeschön«.

In Krisenzeiten ist es wichtig, den Körper nicht zusätzlich zu schwächen und die innere Verwundbarkeit zu verringern. Körperliches Wohlbefinden kann die Seele ungemein unterstützen.

Innere Haltung

Geben Sie sich und Ihrem Leben eine Chance. Erinnern Sie sich gerade in anstrengenden Zeiten, dass auch wieder gute folgen. Denken Sie daran, dass jede Medaille zwei Seiten hat – es gibt nicht nur eine Lösung und eine Sichtweise. Fragen Sie sich, wie die andere Seite der Medaille aussehen kann. Kann die aktuelle Situation nicht doch auch etwas Positives haben oder sinnvoll sein? Seien Sie offen und bereit für die Veränderbarkeit des Lebens, auch wenn Sie sich momentan in einer schwierigen Phase befinden. Übersehen Sie nicht die vielen kleinen guten Dinge, die uns täglich widerfahren.

Gesunde Balance

Achten Sie auf einen gesunden Wechsel von Anspannung und Entspannung, von Verzicht und Genuss, von Belastung und Entlastung, von innerer Abwehr und Annehmen dessen, was gerade ist. Denken Sie daran, dass Sie auch in Zeiten der Schwäche stets über eine gewisse Stärke verfügen.

Vorsorge treffen

Die Zeit und Energie, die Sie in persönliche Vorsorgemaßnahmen investieren, wird sich positiv auf Ihr Wohlbefinden von Körper, Seele und Geist auswirken. Überforderungen lassen sich zwar nicht immer abwehren, aber zumindest abmildern. Eine gute Selbstfürsorge balanciert aus und kräftigt uns, um die Herausforderungen des Lebens zu meistern.

Gemeinsam lesen und besprechen. Markieren Sie alle Aussagen, die Sie ansprechen.

Beantworten Sie für sich folgende Fragen:
- Wie ist mein persönlicher Umgang mit Pausen?
- Mit welchen Ritualen lebe ich ganz bewusst?
- Was tue ich für meinen Körper?
- Wie ist meine innere Haltung zu den kleinen und großen Veränderungen im Leben?

Vorsorge treffen

- Was hilft mir, in guter Balance zu sein?
- Gibt es so etwas wie Vorsorge in meinem Alltag?
- Welche Vorsorgemaßnahme müssten Sie verstärken oder grundsätzlich in Ihren Alltag aufnehmen?

✎

✳ Lesen Sie auch die Vorsorgeblätter zu Achtsamkeit und Ritualen.

Marie Boden, Doris Feldt **Trost und Hoffnung für den Genesungsweg** Downloadmaterial © **Psychiatrie Verlag** Köln 2017

Vorsorge treffen

Mutmachsätze

Es ist keine Frage, sondern eine Tatsache: Für das Leben braucht man Mut. Aber Mut ist nicht jedem gegeben und kann in bestimmten Lebensphasen ziemlich einbrechen. Margot Kässmann (2011) beschreibt in ihrem Buch »Sehnsucht nach Leben«, dass wir uns alle danach sehnen, unser Leben zu ändern. Wir wollen Lebensmut entwickeln und den Mut haben, aufzufallen und nicht nur angepasst oder ergeben zu sein. Mut zu haben kann beflügeln, wir fühlen uns frei, sind mit uns zufrieden und unabhängiger vom Urteil anderer.

Aber wie verhelfen wir dem Mut auf die Sprünge? Zunächst einmal müssen wir das Richtige denken. Die eigene Befindlichkeit hängt stark davon ab, welche Gedanken wir haben und welchen Raum wir ihnen geben. Mutig zu denken ist ein guter Anfang. Positives wird von unserem Gehirn fast gleichermaßen umgesetzt.

Wir müssen den Mut vielleicht erst in unserer Vorstellung verinnerlichen, bevor er sich auch in Verhaltensweisen zeigen kann.

Überlegen Sie sich ganz persönliche Mutmachsätze und schreiben Sie dabei in der Ich-Form: »Ich schaffe das!«, »Ich bin liebenswert!«. Hängen Sie die Mutmachsätze an eine Stelle, die leicht zu sehen ist, wie an Ihren Kleiderschrank.

Wenn Ihnen kein persönlicher Mutmachsatz einfallen will, können Sie anders an die Aufgabe herangehen: Notieren Sie negative Glaubenssätze, die Sie in sich tragen. Formulieren Sie sie im zweiten Schritt positiv um.

Beispiele: Du kapierst einfach nichts! → Vielleicht verstehe ich nicht alles und ich bin mir sicher, dass ich nicht alles weiß. Dennoch gibt es genügend Dinge, mit denen ich mich gut auskenne. Und wenn mich etwas interessiert, weiß ich, wie ich mich kundig machen kann.

Du bist schlampig! → Manche Dinge sind mir nicht wichtig, da nehme ich es nicht so genau. Dinge, die mir wichtig erscheinen, mache ich ordentlich.

Vorsorge treffen

Mit Ritualen leben

Der Begriff Ritual stammt von dem lateinischen Wort »Ritus« ab – ein feierlich religiöser Brauch. Heute sind Rituale nicht zwingend an eine Religion gebunden, trotzdem gibt es immer mehr das Bedürfnis, mit ihnen im Alltag zu leben. Denn sie erleichtern das Leben, indem sie Sicherheit geben, verlässlich sind, Vertrauen schaffen, wenn sie individuell auf den Einzelnen abgestimmt sind.

Es gibt viele Rituale im Alltag, die ganz persönliche Freiräume schaffen und zu einer besonderen Zeit werden, wie z. B. der Kaffee am Morgen oder der Sonntagsspaziergang. Merkmale wie Wiederholbarkeit, persönliche Sinnerfüllung, emotionale Beteiligung und eine hohe Aufmerksamkeit zeichnen Rituale aus.

Umgangssprachlich werden feste Gewohnheiten heute auch als Rituale bezeichnet. Martina DEGONDA (2012, S. 24) sagt hierzu:

»Der Übergang zwischen Gewohnheit und Ritual ist fließend und doch gibt es einen wichtigen Unterschied: Gewohnheiten geschehen meist unbewusst, während ein Ritual einen klaren Anfang, einen festgelegten Ablauf und ein klares Ende hat. Rituale verlangen eine bestimmte innere Einstellung, eine Haltung von Achtsamkeit, Konzentration und wenn möglich ein offenes Herz.«

Gute Gewohnheiten können sich jedoch zu bewussten Ritualen entwickeln. Ein typisches Beispiel ist das »Einschlafritual« kleiner Kinder mit der Gutenachtgeschichte. Auch die Gewohnheit, jedes Jahr zum Geburtstag oder in Kirchen eine Kerze anzuzünden, kann ein Halt gebendes Ritual sein. Es handelt sich dabei nicht um Normen, die notfalls von Dritten durchgesetzt werden, sondern um freiwillige, selbst gestaltete Bräuche im Alltag.

Nach dem Hirnforscher Gerald Hüther (VONHOFF 2014) haben individuelle Rituale eine große Wirkung. Sie dienen vor allem dazu, Stress, Ängste oder Unruhe abzubauen, und beruhigen die Nervenzellen im Gehirn. Daher empfiehlt er, Rituale möglichst individuell und ganz bewusst als Stressbewältigungsstrategien einzusetzen und sie gezielt im Tagesablauf zu verankern. Rituale lenken den Blick nach innen, regen die eigene Kreativität an und dürfen Spaß machen.

Gemeinsam lesen und besprechen.

Woran denken Sie beim Begriff Rituale?

Was fällt Ihnen zu Gewohnheiten ein?

Haben Sie bereits Rituale in Ihrem Alltag verankert?

Rituale haben nicht nur im Alltag ihre Bedeutung. Sie können auch in Umbruch- und Aufbruchszeiten unterstützen. Sie erleichtern den Übergang, man kann Kraft schöpfen und Ideen sammeln. Jeder, der seine persönlichen, wohltuenden und hilfreichen Rituale kennt, kann in schwierigen Zeiten auf sie zurückgreifen.

Welche persönlichen Abschieds- und Trauerrituale kennen Sie?
Beispiel: Ich richte einen Hausaltar ein, um Schweres dort abzulegen, eine Kerze anzuzünden, vielleicht für einen Moment bewusst die Augen zu schließen und innezuhalten.

Welche persönlichen Trostrituale kennen Sie?
Beispiel: Ich nehme mir einen Tee, setze mich aufs Sofa und höre Bachkantaten.

Welche persönlichen Hoffnungsrituale kennen Sie?
Beispiel: Ich mache einen kurzen Spaziergang und schaue mir bewusst die Jahreszeit an – nach jedem Winter folgt das Frühjahr.

Welche persönlichen, Mut machende, für Neues öffnende Rituale kennen Sie?
Beispiel: Ich nehme mein Tagebuch, bunte Stifte und versuche, mich Tag für Tag erst einmal schreibend einer neuen Sache anzunähern.

Welches Ritual ist im Moment das passende für Sie und welches würden Sie gerne mal neu ausprobieren?

✱ Rituale sind immer wiederkehrende Vorgehensweisen, die so lange beibehalten werden, wie sie passen und hilfreich sind. Rituale brauchen nicht immer neu überlegt zu werden; sie hin und wieder zu überprüfen und anzupassen, ist jedoch sinnvoll.

Vorsorge treffen

Dreiklang: »Erkennen – Akzeptieren – Verändern«

»Wir können den Wind nicht ändern, aber wir können die Segel richtig setzen.«
ARISTOTELES

Wann hilft der Dreiklang?
Der Dreiklang »Erkennen – Akzeptieren – Verändern« ist in schwierigen Lebensphasen ein hilfreiches Instrument und vereinfacht die Herangehensweise an problematische Themen. Dabei ist es wichtig, die eigene Sichtweise und Haltung zu überprüfen.
Wenn wir uns auf unserem Genesungsweg mit den Themen Abschied und Trauer, Trost, Hoffnung und Neues wagen auseinandersetzen, umschließt dies den ganzen Lebensweg: den vor der Erkrankung und Krise, den währenddessen und den zukünftigen. Dieser sollte hoffentlich wieder annehmbar, befriedigend, sinnerfüllt und mit Lebensfreude bereichert sein.
Im Sinne von Recovery verläuft der Weg aber nicht unbedingt dahin, wo wir einmal beruflich, gesundheitlich oder sozial gestanden haben, sondern es könnte sich ein Leben abzeichnen, das an das alte nicht mehr direkt anknüpft. Diese einschneidende Veränderung im Leben eines Menschen kann in Verzweiflung und Hoffnungslosigkeit führen.
Der Dreiklang ist immer dann ein gutes Werkzeug, wenn wir festsitzen oder keine Idee haben, wie wir mit den »schlimmen« Gefühlen und Erlebnissen umgehen können.

Wie wird der Dreiklang angewandt?
Erkennen
Hier geht es darum, sich selbst und die Situation wahrzunehmen, man könnte sagen, um den Mut, die eigenen Schwierigkeiten unter die Lupe zu nehmen.
Es ist wichtig, die innere Befindlichkeit in Worte zu fassen und sie zu benennen. Erkennen bedeutet auch, seine Gefühle zu sortieren und einzuordnen. Dabei hilft eine achtsame Haltung! Eine andere Herangehensweise ist es, sich selbst Fragen zu stellen oder sich befragen zu lassen: Wann ist etwas geschehen? Wie ist es dazu gekommen? Wo war es? Wer war wichtig oder daran beteiligt? Was kam dann?
Sobald wir uns dessen bewusst sind, lösen sich eigene Verdrängungsmechanismen auf, und das kann erst einmal aufwühlen. Vielleicht nimmt es auch den Mut, sodass es gut ist, dafür wirksame Gegengewichte zu kennen.

Akzeptieren und annehmen
Diese Haltung des Akzeptierens ist auf keinen Fall zu verwechseln mit sich abzufinden, klein beizugeben oder gar gutzuheißen! Sie beinhaltet vielmehr, Gegebenheiten oder Gefühle so anzunehmen, wie sie in diesem Augenblick gerade

sind – sie sind gegenwärtig nicht zu ändern. Dieses Annehmen führt dazu, frei und offen für einen nächsten Schritt zu werden, z. B. etwas auszuprobieren oder eine Veränderung zu wagen. Gelingt der Schritt des vollständigen Annehmens nicht, werden wertvolle Kräfte und Energien in die Gegen- und Abwehr gesteckt, ohne dass sich die Lebenssituation verbessert.

Akzeptanz ist keine starre Haltung, sondern sie ist erstaunlicherweise die Voraussetzung für Veränderung und ermöglicht, sich wieder für sein Leben einsetzen zu können. Besonders bei endgültigen und unabänderlichen Tatsachen, wie z. B. den Verlust eines Menschen oder des Arbeitsplatzes, bedeutet radikale Akzeptanz, dass der alte Zustand nicht mehr zurück in mein Leben kommt. Das ist schwer auszuhalten, es bedeutet aber nicht, dass auf dem Genesungsweg keine guten Möglichkeiten mehr entwickelt werden können.

Verändern
Die Veränderung ist das Ergebnis von Erkennen und Akzeptieren. Nun können wir uns vorstellen, weiterzugehen und uns weiterzuentwickeln. In kleinen Schritten kann begonnen werden. Über diese Schritte und Erfolge können wir dann größere Herausforderungen annehmen und bewältigen. Natürlich sind Veränderungsprozesse nie geradlinig, sondern als Prozess zu verstehen. Das kann auch bedeuten, zwei Schritte vor und einen zurück zu machen oder zwischendurch Phasen des Stillstandes zu erleben.

Gemeinsam lesen und besprechen.

Erkennen üben: Welches sind Ihre guten Eigenschaften und Ressourcen?
Wenn Ihnen aktuell nichts einfällt, denken Sie an frühere Zeiten.
Beispiele: Sport, Schreiben.

Tatsachen akzeptieren lernen: Was muss jeder Mensch im Leben akzeptieren?
Beispiele: Ebbe und Flut, im Herbst fallen die Blätter von den Bäumen, Älterwerden.

Veränderungswünsche wahrnehmen: Wenn Sie die Möglichkeit dazu hätten, was würden Sie auf der Stelle verändern?
Beispiele: woanders leben, einen anderen Arbeitsplatz haben.

Fällt Ihnen eine Situation aus Ihrer Vergangenheit ein, in der der Dreiklang bewusst zum Einsatz kam und geholfen hat?

✳ Der gelungene Dreiklang führt vom Entweder-oder-Denken zum Sowohl-als-auch-Denken und lässt mehr Möglichkeiten zu, auch wenn diese auf den ersten Blick widersprüchlich erscheinen. Er betont nicht den Mangel, sondern die Möglichkeiten und Ressourcen eines Menschen.

Vorsorge treffen

Lesestunde – sich in Texten wiederfinden

Die Märchenerzählerin und Gestalttherapeutin Inge Wuthe (2016) erzählt eine sehr berührende Geschichte über die Traurigkeit, sie nennt sie: Das Märchen von der traurigen Traurigkeit.

Eine alte Frau – jung geblieben, mit leichtfüßigem Gang, unbekümmert und mit einem Lächeln auf dem Gesicht – trifft auf ihrem Weg ein Wesen, das zusammengesackt, grau und erbärmlich wirkend am Wegesrand sitzt. Die alte Frau nimmt freundlich Kontakt auf und fragt das Wesen nach seinem Namen. Mit leiser Stimme stellt es sich als »Traurigkeit« vor.

Die alte Frau ist sehr erfreut, die Traurigkeit zu treffen – sie kennt sie von vielen Wegstrecken ihres Lebens. Das Wesen überrascht die ihm entgegengebrachte Freundlichkeit; es hat fest damit gerechnet, dass die alte Frau vor ihr flüchtet. Eine Flucht sei doch sinnlos, sagt diese und nennt das traurige Wesen sogar »meine Liebe«.

Nun will die alte Frau wissen, warum die Traurigkeit so verzweifelt ist. Sie erfährt, dass sich das Wesen sehr einsam fühlt, da es von niemandem gemocht wird.

Und mehr noch, die Menschen würden so tun, als gäbe es überhaupt keine Traurigkeit, und würden sie lieber mit falscher Heiterkeit überspielen. Sie bekämen Magenschmerzen und Herzleiden, weil Traurigkeit nicht vorkommen dürfe. Es sei verboten, Tränen fließen zu lassen, sie würden sie lieber mit Rauschmitteln betäuben. Diejenigen, die ihre Traurigkeit offen zeigen, würden als Schwächlinge bezeichnet – die alte Frau versteht sofort, wovon die Rede ist.

Das traurige Wesen fühlt sich missverstanden. Denn es will den Menschen ja helfen. Es ist ihnen in ihrem Leid ganz nah, damit ihre Tränen fließen können, die Schmerzen gelindert werden und Verwundetes heilen kann. Daraufhin umarmt die alte Frau die Traurigkeit zärtlich, tröstet sie und sichert ihr zu, sie zu begleiten, bis das Wesen wieder zu Kräften gekommen ist. Entlastet und erleichtert fragt das traurige Wesen nun nach dem Namen der alten Frau. Diese lächelt jugendlich und stellte sich als die »Hoffnung« vor!

Das Märchen von Inge Wuthe macht auf poetische Weise deutlich, wie wenig Beachtung die Traurigkeit in unserem Alltag findet, stattdessen wird sie unterdrückt oder gar als Schwäche gewertet. Die Geschichte veranschaulicht bildhaft, dass die Traurigkeit ein vernachlässigtes Gefühl ist und über keinen rechten Platz in unserer modernen Gesellschaft verfügt. Dabei ist es so wichtig, ihr Raum zu geben. Trost und Hoffnung sind wertvolle Begleiter, um die Trauer zu mildern, neuen Mut zu schöpfen und sich später auf Neues einlassen zu können.

Vorbereitendes

Was hat Sie an der Erzählung besonders berührt? Markieren Sie Worte, Sätze und Aussagen. Das Originalmärchen finden Sie im Internet unter: www.inge-wuthe.de/traurigetraurigkeit.htm.

Tauschen Sie sich nun über die Erzählung aus.

Überlegen Sie, welche hilfreichen und tröstenden Texte, Zitate, Bücher für Sie ganz persönlich wichtig sind.
Beispiele: die Bibel, »Zeiten der Achtsamkeit« von Thich Nhat Hanh (2008), »Eine Reise von 1.000 Meilen beginnt mit dem ersten Schritt« von Luise Reddemann (2004).

Die vier Lebensthemen

Die vier Lebensthemen Abschied, Trost, Hoffnung und Neues wagen sind eng miteinander verwoben. Instabile Lebenslagen und Trauer über nicht gelebte Lebensentwürfe können den Weg zu neuer Sinnfindung verstellen und machen den Zugriff auf die eigenen Ressourcen schwierig. Das Leben erscheint hoffnungs- und trostlos.

In allen Kapiteln finden Sie unterschiedliche kreative und inspirierende Maßnahmen, um Selbstvertrauen und Selbstheilungskräfte zu stärken und dem Leben eine neue Richtung zu geben. Die Themenblätter sind in ganz verschiedenen Settings einsetzbar; sie eignen sich für die Gruppen- und Einzelarbeit, aber auch für die Selbsthilfe und Selbstfürsorge. Zu jedem Lebensthema finden Sie in den Downloadmaterialien ein beispielhaft ausgefülltes Themenblatt von einer EX-INlerin, einer Gruppenteilnehmerin, einer Peer und einer Genesungsbegleiterin. Außerdem haben wir uns als Autorinnen je ein Blatt vorgenommen.

Abschied und Trauer

Bei dem Thema Abschied und Trauer beziehen wir uns nicht auf die in der Literatur angeführten Trauerphasen, wie die vier Trauerphasen von Verena KAST (2013b) oder die sieben von Jorge BUCAY (2015). Vielleicht ließen sich schwierige Lebensbrüche auch in die klassischen Modelle einordnen, um so zu einer inhaltlichen Auseinandersetzung zu kommen. Wir haben uns aber bewusst dagegen entschieden, da es uns weniger um Phasen oder eine zeitliche Einordnung geht.

Vielmehr möchten wir für das Thema sensibilisieren, um sich Lebenskrisen schrittweise annähern zu können. Für den Genesungsweg darf es keine Zeitvorgaben geben. Das hat auch etwas mit der ganz persönlichen Gefühlswelt zu tun. Barbara DOBRICK (2015, S. 72) drückt es so aus:

»[...] hier besteht die Gefahr, dass Trauerphänomene angesehen werden wie Naturgesetze. Gefühle sind jedoch unordentlich; sie *sind widersprüchlich, und selbst wenn sie einander auszuschließen scheinen, können sie nahezu gleichzeitig auftauchen. Sie halten sich nicht an Beurteilungen wie richtig und falsch.«*

Gerade in akuten Phasen einer psychischen Erkrankung kann die Gefühlswelt ein einziges Chaos sein. Daraus ergeben sich oft massive Probleme innerhalb der Familie, am Arbeitsplatz oder auch hinsichtlich der Wohnsituation. Hier darf der Faktor Zeit nicht einschränken oder einengen.

Impulse aus EX-IN-Sicht
Bärbel Maistrak

»*Loslassen heißt, etwas niederlegen zu können, ohne es als Niederlage betrachten zu müssen.*«
Henriette Wilhelmine Hanke

Wenn es um Abschied und Trauer geht, nehmen wir zunächst einmal an, dass es sich um den Verlust eines Menschen handelt. Wir verbinden diese Themen schnell mit Tod. Es gibt jedoch auch andere schmerzliche Lebensereignisse, bei denen sich das ersehnte Lebenskonzept nicht (mehr) umsetzen lässt und große Traurigkeit aufkommt. Dazu gehören für mich der Verlust von Beruf, Partnerschaft, Kindern oder auch Freundschaften. In meinen schlechtesten Zeiten war mein Leben dermaßen beschnitten, dass ich mich ausgebremst und ausgestoßen fühlte. Ich war unglücklich und verzweifelt, denn ich hatte im Vergleich zu anderen den Eindruck, im Leben hintenanzustehen, zu verlieren und kapitulieren zu müssen – ja, regelrecht im Dunkeln zu tappen. An Trost und Hoffnung war da nicht zu denken.
Hier begann für mich eine sehr schwierige Aufgabe: Abschied und Trauer mussten verarbeitet, Gewohntes und Liebgewonnenes erst einmal losgelassen werden, damit sich überhaupt irgendwann etwas Neues entwickeln ließ. Für mich persönlich ist es nach wie vor ein großer Einschnitt, mein eigenes Lebenskonzept verloren zu haben. Immer noch verarbeite und durchlebe ich dies schmerzlich, gebe mir aber ausreichend Zeit, um einen guten Umgang damit zu finden. Zu trauern und ein neues, stimmiges Lebenskonzept zu erschaffen

erfordern Geduld und Hingabe. Eine akzeptierende Haltung ist für mich besonders wichtig, die zum Glück nicht bedeutet, »es gutheißen zu müssen«. So ist mir ein Weg nach vorne möglich.

Mein Genesungsweg ist für mich immer noch ein Prozess. Es geht darum: vorwärts zu gehen und rückwärts zu verstehen – auch und gerade bei den Themen Abschied und Trauer! Meine Lebenskonzepte und Lebensphilosophie sind nicht komplett verloren gegangen; vieles aus meiner Vergangenheit ist immer noch vorhanden und ebenso für meinen neuen Weg passend. Es macht Mut und Hoffnung, dass es auch wieder Auswege gibt.

Für mich war es also extrem wichtig, mich intensiv mit meiner Vergangenheit auseinanderzusetzen und zu erkennen, dass es auch gute Zeitfenster gab. So konnte ich meinem Leben gegenüber eine versöhnliche Haltung entwickeln. Widersprüchliches stand plötzlich wohltuend nebeneinander, bei aller Verzweiflung fühlte ich auch die Freude, die Stärke und den inneren sowie äußeren Fortschritt. Das Negative behielt nicht das letzte Wort und so konnte ich allmählich erfahren, dass Trauer, Abschied und Loslassen immer etwas leichter wurden: Ein an die Situation angepasster Lebensentwurf entstand.

Anleitungen – 7 Basisblätter

Kerze und Sammlung

Zunächst geben wir Raum für ein Brainstorming zum Thema Trauer, Traurigsein und Abschiednehmen. Jeder gibt spontan und ungeordnet seine Assoziationen wieder, ohne sie zu bewerten. Die Teilnehmenden, aber auch die Moderierenden bekommen ein Gefühl für die Inhalte, deren Dichte und die Befindlichkeit, die dieses Thema auslöst.

Abschied und Trauer auf dem Genesungsweg

Dieses Blatt vertieft den Einstieg in das Thema. Lesen Sie den Vorspann gemeinsam und besprechen Sie ihn in der Gruppe. Es ist wichtig, darauf hinzuweisen, dass jeder Mensch in Krankheit oder Krise Zeit und Energie für diese Phase braucht, sie berechtigt und notwendig ist. Sprechen Sie behutsam das Thema Veränderung an und achten Sie darauf, dass keine Lebenswünsche, -werte und -sehnsüchte verloren gehen müssen.

Je nach Teilnehmenden können beide Fragestellungen alleine oder im Plenum bearbeitet werden. Es kann bei diesem Themenblatt auch sinnvoll sein, sich erst die Fragen vorzunehmen und danach den Vorspann zum Thema zu lesen und zu besprechen.

Gut, zu wissen

Hier widmen wir uns der Vorsorge und Selbstfürsorge. Gerade in Lebenskrisen ist es wichtig, sich selbst gut zu kennen. Was hilft und was nicht? Wer oder was kann in schweren Zeiten unterstützen? Dabei gilt es, zu bedenken, dass man sich selbst der beste und vor allem der zuverlässigste Begleiter sein kann. Dies sollte jeder für sich erarbeiten. Ermutigen Sie die Teilnehmenden, einige Maßnahmen und Ideen zu notieren. Das Themenblatt kann in Momenten, in denen wir innerlich leer sind, genutzt werden und dient als Absicherung und Impulsgeber.

Wörter: Eine heilsame Kommunikation

Dieses Blatt gibt dem Traurigen eine eigene Stimme und erlöst möglicherweise die innere Sprachlosigkeit. Eine Fortsetzung könnte das Tagebuchschreiben sein; manchmal muss aber erst ein Anfang gemacht werden, indem man schlagkräftige Wörter sucht.

Einen Brief schreiben

Wenn wir Wörter für unsere Situation finden, können wir das Schwere loswerden und anfangen, das eigene Leid zu benennen und dabei so ausführlich wie gerade möglich zu werden. Ein Brief kann mitteilen, fragen, klagen oder hoffen und ist nicht abschließend zu sehen. Es ist ein Anfang, für den es vielleicht eine Fortsetzung gibt. Nehmen Sie für den Brief das vorbereitete Briefpapier aus den Downloadmaterialien.

Achtsames Schreiben: Eine stille Unterhaltung

Dieses Blatt wird in der Gruppe oder zu zweit eingesetzt. Teilnehmende empfinden es als ausgesprochen wohltuend und ernsthaft. Die Worte während des achtsamen Schreibens sind still, aufmerksam, überlegt und nicht hektisch, sie sind zurückhaltender durch die Momente des Innehaltens. Die Unterhaltung ist gleichberechtigt. Nehmen Sie für diese Übung ein Extrablatt.

Handzettel für Abschiednehmen und Loslassen

Ein extrem schwieriges Thema benötigt oft Mut, Unterstützung, Entlastung, Selbstfürsorge und Individualität. Dieser Handzettel soll innerlich absichern, um sich dem Loslassen stellen zu können. Jeder geht unterschiedlich an ein Thema heran und hat einen ganz persönlichen Zugang. Sprechen Sie dieses Themenblatt ruhig in der Gruppe durch – es kann entlastend sein und regt vielleicht zu neuen Ideen an. Achten Sie aber darauf, dass jeder ganz eigene Maßnahmen für sich entwickelt.

Abschied und Trauer

Kerze und Sammlung

Notieren Sie alle Gedanken, Gefühle, Erinnerungen und Assoziationen, die Ihnen zu den Begriffen Abschiednehmen, Trauer, Traurigsein und Loslassen einfallen.

Abschied und Trauer

Abschied und Trauer auf dem Genesungsweg

Wenn ein Lebensweg in Krankheit und Krise umschlägt und dieser Zustand anhält – sich sozusagen breitmacht im Leben –, neigen wir häufig dazu, unbedingt so weitermachen zu wollen wie bisher. Die eigenen Lebenspläne zu unterbrechen oder uns womöglich davon zu verabschieden, erscheint uns zu schmerzlich. In einer Krise ergeben sich jedoch Irritationen und Veränderungen, die sich auf ganz unterschiedliche Bereiche beziehen und auswirken können, wie auf die Arbeit, das Familienleben und andere Beziehungen, die Gesundheit und die eigene Lebenszufriedenheit. Hält die Gegenwehr an, stellt sich mit der Zeit ein Gefühl der Erschöpfung, Resignation und sinnlosen Traurigkeit ein. Zu hoch angelegte Maßstäbe oder ein starres Festhalten um jeden Preis mündet in Frustration und Bitterkeit.

Daher ist es überaus heilsam, sich auch an schwierige Themen heranzutasten. Bevor wir Alternativen entwickeln, Veränderungen im Leben akzeptieren oder Verluste hinnehmen und loslassen können, muss der Traurigkeit darüber Raum gegeben werden. Für Kathrin Kiss-Elder (2003) ist die Traurigkeit auch ein Weg zu persönlichem Wachstum. Es kann dabei um die Trauer gehen, andere hinter sich lassen zu müssen oder Lebenschancen verpasst zu haben, um so den eigenen Handlungsspielraum zu erweitern.

Schauen Sie sich Ihre eigene Lebensgeschichte an, mit allem, was an Gefühlen da ist: Wut, Enttäuschung, Ängste, aber auch Sehnsüchte, Wünsche und das persönlich Lebenswichtige, das es vielleicht umzudefinieren, aber nicht gänzlich aufzugeben gilt.

Warum könnte es für Sie wichtig sein, sich mit Trauer und Abschiednehmen zu beschäftigen?
Beispiele: um weinen zu können, um nicht zu erstarren.

Haben Sie bereits hilfreiche Erfahrungen mit Abschied und Trauer gemacht?

Welche hilfreichen Gegengewichte sind notwendig, um während des Trauerprozesses in Balance zu bleiben?

Abschied und Trauer

Gut, zu wissen

In belastenden Zeiten ist es gut, zu wissen:

Was ist hilfreich, wenn Sie traurig sind? Was, wenn Sie sich verabschieden müssen?

Wen möchten Sie in traurigen Zeiten an Ihrer Seite haben, wer kann Sie begleiten?

Was kann Sie in traurigen Zeiten aufmuntern?

Wer oder was blockiert Ihre Traurigkeit oder Ihr Abschiednehmen?

Wie würden Sie einen Menschen in seiner Trauer oder in seiner Traurigkeit begleiten?

Abschied und Trauer

Wörter: Eine heilsame Kommunikation

Geben Sie Ihrer Traurigkeit und dem Abschiednehmen »eine Stimme«. Halten Sie einen Moment inne und sammeln Sie Wörter, die Traurigkeit und Abschiednehmen ausdrücken, denn auch »Schweres« muss in Worte gefasst werden.

Abschied und Trauer

Einen Brief schreiben

Wenn Sie sich traurig fühlen und Abschied nehmen müssen, kann es tröstend sein, einen offenen Brief zu schreiben. Das Schreiben macht unabhängig, denn Menschen sind nicht immer genau dann da, wenn wir sie zur Unterstützung benötigen. Schreiben entlastet und ein Brief kann uns mit jemandem verbinden.

Richten Sie Ihre Worte in Form eines Briefes an:
- sich selbst,
- eine Freundin oder einen Freund,
- das Leben,
- jemanden, der nicht mehr da ist,
- Gott oder eine höhere Macht.

Legen Sie zunächst eine Liste an. Sie hilft, sich bewusst zu werden, was gerade stört, ärgert oder traurig macht – und kann eine gute Grundlage für einen Brief sein.

Schreiben Sie nun Ihren Brief auf dem dafür vorgesehenen Briefpapier.

※ Ein Brief kann der Anfang Ihrer Gedanken sein.

»Das Ende eines Briefes ist wie der Aufbruch bei einem Besuch. Man zieht den Mantel an, steht im Flur und hat noch so viel zu sagen.«
ANNE KUHN

Abschied und Trauer

Achtsames Schreiben: Eine stille Unterhaltung

Manchmal ist es hilfreich, sich schreibend, aber schweigend zu unterhalten. Die Chance ist größer, einander zuzuhören, sich aussprechen zu lassen und Ideen oder Gedanken des anderen in Ruhe zu verfolgen.

Bitte beachten Sie Folgendes:
- Es ist eine Stille-Übung.
- Es schreibt immer nur ein Teilnehmender.
- Sie können auf das Geschriebene reagieren, antworten, einen Gedanken ergänzen.
- Sie können auch einen neuen Aspekt einbringen.
- Seien Sie achtsam füreinander.

Nehmen Sie sich 10 bis 15 Minuten Zeit, sich schweigend über das Thema Trauer, Traurigsein und Abschiednehmen zu unterhalten. Verwenden Sie dafür ein Extrablatt.

Nehmen Sie sich anschließend fünf Minuten Zeit für die Auswertung: Was war angenehm? Was war schwierig? Was war vielleicht neu an der stillen Unterhaltung? Gibt es etwas, worüber Sie sich jetzt in der Gruppe austauschen wollen?

Wer möchte, kann Textpassagen vorlesen.

Abschied und Trauer

Handzettel für Abschiednehmen und Loslassen

Bitte bedenken Sie:
- Abschiednehmen und Loslassen sind immer schwer.
- Machen Sie sich keine Vorwürfe, wenn es (noch) nicht gelingt.
- Abschiednehmen und Loslassen sind oft sehr traurig.
- Abschiednehmen und Loslassen gehen immer mit Verunsicherung einher.
- Abschiednehmen und Loslassen können quälende Leeregefühle auslösen.
- Lassen Sie sich helfen – niemand kann alles alleine bewältigen. Überlegen Sie, wer Sie unterstützen kann.
- Gönnen Sie sich immer wieder Ruhe- uns Auszeiten Ihrer traurigen Gefühle und Gedanken:
    - Lenken Sie sich ab.
    - Auch in schweren Zeiten dürfen Sie lachen und fröhlich sein.
    - Erlauben Sie sich kleine Freuden.
    - Lassen Sie Ihre Gedanken ruhen.
- Steuern Sie Ihre Gedanken in eine positive Richtung:
    - Denken Sie an Ihre Ressourcen: an Ihre private und berufliche Rolle wie Ihre Mutter- oder Krankenschwesternrolle, Ihr Durchhaltevermögen, Ihre Entschlossenheit, Ihre Lebenskompetenz, Ihr Glaube an sich selbst und Ihre Unterstützung für andere (SLADE 2009).
    - Denken Sie daran, wofür Sie trotzdem dankbar sind.
    - Denken Sie an Ihren Lebenssinn.
    - Denken Sie daran, sich selbst anzunehmen: Seien Sie gütig mit sich selbst, ganz besonders jetzt, in schweren Zeiten.
- Überlegen Sie, was Sie in gewissen Phasen unterstützen kann. Ist es Spiritualität, die Natur, Arbeit, Kreativität oder Humor? Haben Sie Träume und Ziele, für die es sich zu kämpfen lohnt? (SLADE 2009)
- Abschiednehmen und Verluste gehören stets zum Leben, zu jedem Leben!

Lesen und besprechen.

Markieren Sie, welche Hinweise für Sie besonders bedeutsam sind. Möglicherweise fallen Ihnen zu den Stichwörtern ganz persönliche Beispiele ein, die Sie notieren können.

Eigene Hinweise und Gedanken:

✳ Diesen Handzettel gibt es nur für das Thema Abschied und Trauer. Es kann sinnvoll sein, einen entsprechenden Handzettel für die anderen Themenbereiche mit der Gruppe zu erarbeiten.

Marie Boden, Doris Feldt   **Trost und Hoffnung für den Genesungsweg**   Downloadmaterial   © **Psychiatrie Verlag** Köln 2017

Anleitungen – 21 vertiefende Themenblätter

Trauer ist keine Krankheit

Wenn wir traurig sind, fühlen wir uns schlecht. Bei diesem Blatt geht es nicht darum, dieses Empfinden infrage zu stellen. Wir möchten aber dafür sensibilisieren, dass Traurigkeit keine Krankheit, sondern ein ganz normaler Zustand ist. Da der Trauerprozess sehr schmerzhaft ist und mit körperlichem Unwohlsein einhergehen kann, sollte – fürs Durchhalten – unbedingt über heilsame Maßnahmen nachgedacht werden.

Lebensbrüche gehören zum Leben

Manche Veränderungen im Leben wirken sich negativ auf unsere Gesundheit, Leistungsfähigkeit, finanzielle Situation, Wünsche oder Träume aus. Dieses Blatt nimmt mögliche Einschränkungen unter die Lupe. Es geht um Aufgebenmüssen und um das damit einhergehende Gefühl, das Lebensglück würde einem verwehrt.
Ein Input regt den Austausch an: Lebensbrüche zu akzeptieren und milde mit ihnen umzugehen ist ein Prozess, den es – oft mühselig – zu durchlaufen gilt, bis wir innerlich soweit sind, lösungsorientiert zu denken und zu handeln. Die aufgeführten Beispiele sollen ein *zartes* Gefühl für Hilfsmaßnahmen geben.

Alltägliche Verluste

Dieses Blatt wagt sich an den Gedanken, das Abschiednehmen zu üben. Jeden Tag lösen wir uns von Menschen, Dingen oder Vorstellungen. Die Kunst ist es, sich die (vielen) Abschiede bewusst zu machen, um für große und schwierige Verluste über ein gewisses Handwerkszeug zu verfügen.

Jede Veränderung benötigt einen eigenen Abschied

Jede Veränderung ist gleichzeitig ein Abschied von etwas, denn es geht dabei immer um Loslassen und Neubeginn. Die Lebensbereiche, in denen sich Veränderungen abspielen können, sind breit gefächert – auch die guten Veränderungen brauchen Kraft und Zeit und gehen mit unterschiedlichsten Gefühlen einher.

»Richtiger« Abschied

Dieses Blatt sensibilisiert für Abschiede und wählt gedanklich den Weg über gegenteiliges Erleben. Wenn wir uns im Vorfeld auf Abschiede vorbereiten, können wir Veränderungen besser »abfedern«. Wichtig ist es, Schritt für Schritt entsprechende schwierige Situationen zu durchdenken, um sie so kalkulierbarer und handhabbarer zu machen. Wir können selbstfürsorglich und vorausschauend mit Abschieden umgehen und spüren, dass sich diese Arbeit lohnt. Die Beispiele sind bewusst einfach und undramatisch gehalten, um überhaupt ein Gefühl für Abschiede zu bekommen.

Weinen und Tränen

Weinen ist ein Zeichen für nicht unterdrückte Gefühle. Wenn Gefühle erlebt oder ausgelebt werden, braucht man manchmal einen »doppelten Boden«: Menschen oder Dinge, die absichern und gute Begleiter sind. Selbstfürsorge darf nicht vergessen werden! Wenn wir vorsorgliche Maßnahmen treffen, können wir starke Gefühle beruhigt aufkommen lassen.

Tränenkrüglein

Tränen sind kostbar und sollten unbedingt beachtet werden. Sie sind ein (tiefer) innerer Ausdruck und können für die Heilung entscheidend sein. Unsere Botschaft heißt: seinen Tränen freien Lauf lassen, sich seine Tränen genau anschauen und sie trocknen.

Klagebuch

Dieses Blatt bietet die Möglichkeit zur Klage – und das ruhig in klaren und deutlichen Worten. Klagen ist nicht verwerflich, nicht geheim, braucht aber in unserer heutigen Zeit eine innere Erlaubnis. Alles in Worte Gefasste ist offen. Benennen heißt auch wahrnehmen, anerkennen und dem Ganzen »einen Namen geben«. Wählen Sie, falls das Schreiben noch schwerfällt, eine andere Form des Ausdrucks – malen Sie z.B. ein Bild oder fertigen Sie eine Collage an.

Zeit für eine Rückschau

Das Loslassen und das Verarbeiten von krisenhaften Zuständen bedeutet nicht, alles aus seinem Leben zu verbannen, was mit dieser Zeit oder diesen Umständen zu tun hatte. Erinnerungen sind wertvoll und prägend: Alles, was im Leben passiert ist, gehört zu uns. Von schönen Erinnerungen kann man zehren.
Dieses Themenblatt hat eine EX-INlerin exemplarisch ausgefüllt ⬇.

»Schöne« Traurigkeit

Dieses Blatt beleuchtet die Schönheit der Traurigkeit. Alle Menschen brauchen die Traurigkeit und lieben sie auch in einer gewissen Weise. Sie geht dem Loslassen voraus und kann »kultiviert« werden.

Verletzungen entgegenwirken

Hier verweisen wir wieder auf die Selbstfürsorge. In krisenhaften Zeiten und wenn wir dünnhäutig sind, ist es wichtig, das Verletzungsrisiko zu minimieren oder zu vermeiden. Es geht darum, eigene und fremde Kränkungen abzuwehren und eine entsprechende innere Haltung dazu einzunehmen.

Angsthasen

Dieses Blatt erinnert an den Angsthasen in uns. Angst haben wir vor der Ungewissheit, vor Kummer und Schmerz. Sie lähmt und führt in die Vermeidung. Es ist nicht verwerflich, Angst zu haben – sie lässt sich aber auch überwinden. Wenn wir unseren Angst- und Kampfhasen malen, nähern wir uns dem Thema über unsere Kindheit an; zu dieser Zeit war Angsthaben noch etwas völlig Normales. So verleihen wir dem Gefühl eine gewisse Leichtigkeit, Spielerisches oder Kreatives. Halten Sie Buntstifte und leere Blätter zum Malen bereit!

Sprachlos sein a & b

Anhand einer Geschichte wird ein Weg aus Stummheit und Identitätslosigkeit erzählt. Sprachlosigkeit kann Ausdruck einer Krise sein und für eine gewisse Zeit als Schutz dienen. Es ist wichtig, zu wissen, wie die Sprachlosigkeit wieder aufgelöst werden kann, um nicht an ihr zu »ersticken«.

Innere Leere kann einen Sinn haben

Dieses Blatt befasst sich mit den guten Seiten der Leere und wird dabei praktisch: Es bietet zwei verschiedene Arten des Erlebens an und leitet direkt von der Leere zum (Be-)Füllen über. Die Botschaft heißt auch: Leere hat einen Sinn, kann sehr entlastend sein und kann persönlich wieder aufgefüllt werden, um ein positives Lebensgefühl zu erfahren.

Stillstehen dürfen

Stillzustehen kann sinnvoll und lebensnotwendig sein, wenn die Kräfte eigentlich schon verbraucht sind. Stillstand ist nicht für immer und bereitet etwas Wesentliches vor – auch wenn das nicht gleich so erscheinen mag. Er muss nicht beängstigend sein!

Kinkerlitzchen

Hier geht es um ein sehr quälendes Gefühl: die Bedeutungslosigkeit. Manchmal empfinden wir uns als bedeutungslos, es sollte aber nicht bei dem Gefühl bleiben. Mehr noch, kein Mensch ist bedeutungslos oder wertlos. Um dies zu erarbeiten, schauen wir uns ähnliche Wörter an. Auch diese weisen keine wirkliche Bedeutungslosigkeit auf. Gemeinsam gehen wir das Gefühl an und überlegen, was wir der Bedeutungslosigkeit entgegensetzen können.

Der Kopf ist voll

Dieses Blatt will von schweren Gedanken (vorübergehend) befreien und ein belastendes Durcheinander im Kopf sortieren. Es enthält dafür einen ganz konkreten Vorschlag, wie wir unsere Gedanken ordnen und systematisieren können. Aufschreiben ist immer eine hilfreiche Form, sich einen Überblick zu verschaffen!

Loslassen und zur Ruhe kommen a & b

Die Übung des ersten Blattes hilft, Schwieriges abzugeben und zur Ruhe zu kommen. Ein festes Ritual kann sinnvoll sein.
Blatt b verschriftlicht die Inhalte der Übung auf Blatt a. Welche Dinge wollen wir loslassen, abgeben oder vorübergehend beiseiteschieben? Aufgeschriebenes geht – so oder so – weniger schnell verloren.

Ein neuer Ort für Erinnerungen

Irgendwann ist es an der Zeit, etwas zu verändern, um nicht das Gefühl zu haben, in einem Antiquariat zu leben. Es gilt, den »ungesunden« Stillstand aufzugeben. Es ist wichtig, sich für Veränderungen seine persönliche Zeit zu nehmen, sie aber nicht zu verpassen.
Besprechen Sie mit den Teilnehmenden, ob sie das Blatt allein, zu zweit oder in einer Kleingruppe bearbeiten wollen. Es kann sinnvoll sein, zunächst mit der Gruppe eigene Beispiele zu sammeln. Für manche Teilnehmenden ist der Gedanke, dieses Thema alleine zu bearbeiten, mit Angst verbunden – denn loszulassen kann schmerzhaft sein.

Wie lange darf getrauert werden?

Dieses Blatt bricht eine Lanze für Zeit und Gelegenheit des Trauerns. Es gibt keine allgemeingültigen Anlässe, Regeln oder Anweisungen. Trauer ist individuell und sollte nicht von anderen »beschnitten« werden. Sie kann lediglich von außen begleitet und unterstützt werden, damit der Trauerprozess – zur rechten Zeit – abgeschlossen werden kann.

Zweimal zehn Gebote für die Traurigkeit

Wie können wir mit Trauer umgehen? Was ist dem eigenen Befinden in solchen Zeiten zuträglich und was eher nicht? Dieses Blatt gibt Empfehlungen, Angebote und Anregungen – nicht mehr und nicht weniger. Jeder Mensch kann seine ganz eigenen Gebote haben. Sie sollten möglichst flexibel und nicht starr gehalten werden.

Abschied und Trauer

Trauer ist keine Krankheit

Wenn wir uns von einem Lebensentwurf verabschieden müssen, traurig sind und Tränen fließen, fühlen wir uns manchmal regelrecht krank: Wir schlafen schlecht, sind müde, gereizt, fühlen uns matt und niedergeschlagen, erschöpft und körperlich schwach. Auch wenn es sich so anfühlt – Trauer ist keine Krankheit. Wir befinden uns in einer Lebensphase, in der wir loslassen müssen, in der vielleicht erst einmal Leere entsteht, in der wir nicht wissen, wie es weitergehen soll und wohin uns das Leben führt.

Der argentinische Psychiater Jorge BUCAY (2015) sieht die Trauer in einen Prozess eingebunden, um einen Verlust überwinden zu können. Gelebte Trauer sorgt für Weiterentwicklung, inneres Wachstum und Gesundheit. Deshalb ist es überaus wichtig, die Trauerphasen zu beachten, zu würdigen und anzunehmen, so schwer es bisweilen auch fällt. Wir können abschließen und reifen, heil werden und Platz für Neues schaffen.

Welche körperlichen Beschwerden oder Schmerzen bemerken Sie in Trauerphasen?

Wie können Sie sich dann selbst unterstützen und »pflegen«?

Denken Sie an eine konkrete Situation. Was ist Heiles und Neues entstanden, nachdem Sie die Trauerphase überwunden hatten?

✎ ....

....

....

....

....

....

✳ Trauer benötigt ihre eigene Zeit. Es ist in Ordnung, die Trauer auch für eine Weile zur Seite zu schieben. Es ist jedoch wichtig, zu ihr zurückzufinden und ihr dann Ausdruck zu verleihen.

Abschied und Trauer

Lebensbrüche gehören zum Leben

In der Literatur ist viel zu Lebensbrüchen in Bezug auf den Tod von geliebten Menschen zu finden. Es gibt aber auch andere schmerzliche und schwer zu bewältigende Lebensereignisse. Ein Einschnitt kann z. B. auch durch eine chronische Erkrankung, einen Unfall oder einen Umzug entstehen. Diese Lebensbrüche finden weniger Beachtung, gleichwohl sie ebenso bewältigt, verarbeitet und losgelassen werden müssen. Sie bringen Veränderungen mit – wir müssen uns von unserem ursprünglichen Lebensentwurf verabschieden. Liebgewonnenes, Vertrautes und gewisse Wahlmöglichkeiten im Leben müssen erst einmal losgelassen werden, um sich später vielleicht neu zu entwickeln. Das bringt einen Prozess des Trauerns in Gang.

Verluste, die besonders bedrückend sind, können manchmal als Ende des Lebensglücks empfunden werden. Egal wie tief oder groß der Einschnitt in das eigene Lebenskonzept ist, er bedeutet Loslassen, Einengung, Einschränkung, tiefe Traurigkeit, Hoffnungslosigkeit, vielleicht auch Verzweiflung und Mutlosigkeit.

Abschiednehmen benötigt immer Zeit, Raum und Geduld. Wir müssen diese Phase durchleben, einen guten Umgang mit ihr finden und sie bewältigen, um einen neuen Lebensentwurf zu entwickeln, der an die Situation angepasst ist. Denken Sie daran: Scheinbare Widersprüche dürfen nebeneinanderstehen, z. B. Selbstkontrolle und Loslassen oder Verzicht und Genuss.

Gemeinsam lesen und besprechen. Markieren Sie wichtige Sätze.

Mit welchen Veränderungen hatten Sie in Ihrem Leben schon zu tun? Denken Sie dabei nicht nur an krankheitsbedingte Veränderungen, sondern z. B. auch an den Wechsel einer Arbeitsstelle. Welche Einschränkungen und Veränderungen haben sich daraus ergeben?

Wie fällt es Ihnen leichter, Einschränkungen anzunehmen?
Beispiele: Die Freundin lebt nicht mehr in Bielefeld. → Vereinbaren Sie, alle zwei Tage miteinander zu telefonieren.
Die neue Wohnung hat keinen Balkon mehr. → Nutzen Sie den kleinen Park in der Nähe.

 Einschränkungen können sich auch wieder verändern.

Abschied und Trauer

Alltägliche Verluste

Es kann sehr hilfreich sein, sich die kleinen alltäglichen Verluste und Abschiede genauer anzusehen, um die großen Abschiede und Trauerzeiten besser verstehen und annehmen zu können, vielleicht sogar einen leichteren und geübten Umgang mit ihnen zu finden.

Der argentinische Psychotherapeut Jorge BUCAY (2015, S. 50) sagt dazu: »Ob es mir gefällt oder nicht, irgendwann muss ich von jeder Person, von allen Dingen, Situationen, Lebensabschnitten oder Vorstellungen Abschied nehmen. Früher oder später, aber unweigerlich.« Das hört sich erst einmal schlimm an, denn wir neigen eher dazu, alles festhalten zu wollen.

Jeder kennt aber in der Rückschau auf sein Leben das Loslassen, Abschiede und Veränderungen. Wir haben vielleicht eine Ausbildung gemacht, waren Lehrling, dann Geselle und plötzlich tragen wir Verantwortung. Wir mussten uns von den Mitauszubildenden, den Berufsschullehrern, der Schule und vielleicht auch von dem Betrieb verabschieden. Oder wir sind nun in den mittleren Jahren, bemerken erste Anzeichen von Altersbeschwerden und wie die Kraft der Jugend weniger wird. Schlussendlich müssen wir uns von jedem Tag verabschieden, der zur Nacht wird.

Jorge BUCAY (2015) bestätigt dies, indem er darauf verweist, dass stets Dinge aufgegeben werden müssen und im Gestern zurückbleiben. Alles, was wir zurücklassen, muss verarbeitet werden. Und das gilt sowohl für die unangenehmen als auch für die angenehmen Dinge im Leben. Geben Sie sich daher für Abschied, Trauern und Loslassen genügend Zeit!

Schauen Sie in Ruhe zurück: Welche Lebensphasen und Lebensübergänge gab es in Ihrem Leben? Denken Sie dabei an Schul- und Ausbildungszeiten, an Umzüge oder Trennungen.

Gab es Abschiede, die Ihnen leichter fielen oder besonders schwer waren?

Welche Gefühle waren besonders stark im Moment des Abschiedes? Wie konnten Sie gut mit ihnen umgehen?

Häufig fühlen wir uns im Abschiednehmen ungeübt – halten Sie einen Moment inne und schauen Sie sich einen normalen Tagesablauf an. Wie oft nehmen Sie am Tag Abschied von etwas? Achten Sie hier vor allem auf die kleinen und ganz kleinen Abschiede.

Wie können Sie sich abends von einem Tag verabschieden? Gibt es Unterschiede zwischen guten, schlechten und durchschnittlichen Tagen?

Was könnten Sie durch die kleinen Abschiede, Verluste und Trennungen im Alltag für die Bewältigung der größeren Abschiede lernen?

Abschied und Trauer

Jede Veränderung benötigt einen eigenen Abschied

Hinter jeder Veränderung verbirgt sich ein Verlust, der stets verarbeitet werden sollte, um Fortschritt zu ermöglichen. Jorge Bucay (2015) rollt das Feld von hinten auf: Immer wenn etwas Neues kommt, wird das Vorherige verdrängt – egal, ob es sich um Verlust oder Weiterentwicklung, Verbesserung oder Einschränkung, Verschlechterung oder Genesung handelt. Oder umgekehrt: Wenn etwas vorbei ist, dann macht es Platz für das, was kommt. Einige seiner Beispiele sind uns sehr vertraut (ebd., S. 224 f.):

- Veränderungen von Zielen und Zukunftsplänen
- Veränderungen des persönlichen Einkommens und des Lebensstandards
- Veränderung der Wohnsituationen
- Veränderungen bei der Arbeit
- Veränderung von Beziehungen
- Veränderung des Gesundheitszustands
- Veränderung von ideologischen, religiösen oder philosophischen Überzeugungen

All diese Prozesse dürfen nicht unterschätzt werden. Jede Veränderung – sei sie positiv oder negativ – bedeutet, Abschied zu nehmen. Deshalb kann auch an dieser Stelle eine Auseinandersetzung hilfreich sein.

Ergänzen Sie die Liste durch Ihre ganz persönlichen Veränderungen oder markieren Sie das, was für Sie passend ist.

Welche Veränderungen in Ihrem Leben haben sich positiv ausgewirkt? Woran haben Sie bemerkt, dass Sie dennoch Zeit und Kraft brauchten, die Veränderungen zu verarbeiten?

Welche Veränderungen haben sich negativ ausgewirkt? Was war trotzdem befreiend und entlastend?

Abschied und Trauer

»Richtiger« Abschied

Manche Menschen vermeiden Abschiede. Sie wollen keine traurigen Gefühle spüren und geben dem Verabschieden keinen Raum, keine Zeit und keinen Ausdruck – sie machen es, wie man so schön sagt, »kurz und schmerzlos«. Abschiednehmen und Loslassen müssen aber verarbeitet und verkraftet werden. Es ist manchmal ein längerer Prozess und braucht ausreichend Augenmerk, um in guter Weise überstanden und abgeschlossen zu werden (BAER, FRICK-BAER 2010).

Empfangen ist immer einfacher als Loslassen. Ideen, wie wir etwas entgegennehmen oder jemanden willkommen heißen können, lassen sich leichter entwickeln. Abschiednehmen dagegen ist schwerer, da wir häufig nicht nur gefordert sind, Menschen loszulassen, sondern uns auch von Vorstellungen, Vorhaben und anderen Dingen frei machen müssen.

Wie würden Sie einem Menschen einen schönen Empfang bereiten oder einer wichtigen Sache einen würdigen Rahmen geben?
Beispiele: Kuchen backen, den Tisch festlich decken, ein schönes Kleidungsstück tragen.

Wie können Sie einen Menschen verabschieden, der für einige Zeit wegfährt?
Beispiele: zum Bahnhof bringen, ein kleines Geschenk in den Koffer schmuggeln.

Wie würden Sie sich von Vorhaben oder Vorstellungen, die zurzeit nicht realisierbar sind, verabschieden? Wie können Sie sie loslassen?
Beispiele: einen Reiseführer verschenken, weil die Reise nicht klappt; eine Geburtstagsfeier, die im Garten stattfinden soll, auch für die Wohnung planen.

Was könnte ungünstig daran sein, wenn Sie sich keine Zeit nehmen oder keine Ausdrucksform für das Verabschieden finden?
Beispiele: Es entstehen keine neuen Kontakte; es entwickeln sich keine neuen Aktivitäten.

Abschied und Trauer

Weinen und Tränen

»Tränen reinigen das Herz.«
F. M. DOSTOJEWSKI

Manche Menschen können nicht mehr weinen und erleben dies als großen Verlust. Weinen löst Anspannung, berührt uns und andere, lässt die Dinge wieder fließen. In der Poesie werden Tränen manchmal als Perlen bezeichnet; sie sind etwas sehr Kostbares. Das griechische Wort »Katharsis« steht für die innere Reinigung, die auch durch das Weinen vollzogen werden kann.

In ihrem Buch »Auf der Suche nach den Regenbogentränen« erzählen Jorgos CANACAKIS und Annette BASSFELD-SCHEPERS (1994) ein wunderbares Märchen für Erwachsene und Kinder, in dem es um unterdrückte Gefühle geht. Es tue so gut, wenn die Tränen übers Gesicht laufen dürfen. Man könne dabei geradezu Erleichterung verspüren. Es sei ausgesprochen unangenehm, sein Leben in einer »Gefriertruhe« zu verbringen, in der alles kalt und steif geworden ist. Damit die Tränen fließen könnten, Traurigsein leichter falle und die Versteinerung aufhören könne, gibt es das »Trauerviech« – ein Stofftier, das weich, hilfsbereit und tröstend zur Hilfe kommt.

Um einen solch schwierigen Prozess zu überstehen, ist es also wichtig, gute *Begleiter* zu haben – seien es Menschen, Tiere, Kuscheltiere oder Symbole!

Notieren Sie alle Gedanken, Gefühle, Erinnerungen und Assoziationen, die Ihnen zu Weinen und Tränen einfallen.

Hatten Sie als Kind ein »Zottelwesen«, ein Kuscheltier oder Haustier, dem Sie alles sagen, dem Sie auch Ihre traurigen Momente anvertrauen konnten? Vielleicht gab es auch einen besonderen Menschen an Ihrer Seite?

Wer oder was bewahrt Sie davor, dass Ihre Gefühle und Tränen einfrieren?
Wie können Sie Tränen, die zu erfrieren drohen, »auftauen«?
Beispiele: Kirche; Musik; ein Ort, an dem man sich sicher fühlt; Freundin oder Therapeutin.

 An seine Traurigkeit kann jeder Mensch herankommen. Tränen können nicht immer fließen, setzen Sie sich nicht unter Druck.

Abschied und Trauer

Tränenkrüglein

»Sammle meine Tränen in deinen Krug.«
DIE BIBEL, PSALM 56, VERS 9

Tränen teilen uns etwas mit, sind eine Reaktion auf etwas und ein Ausdruck unserer Seele. Es ist wichtig, seine Tränen zu beachten und sie sich bewusst zu machen, damit sie fließen können. Wenn wir unsere Tränen in Worte fassen können, haben sie eine heilsame Wirkung und können trocknen.
Ein Tränenkrüglein fängt die »schweren« Tränen auf. Inspiriert von dem gleichnamigen Gedicht von Rainer Maria Rilke sammelte eine Klientin von Udo BAER und Gabriele FRICK-BAER (2010) ihre Tränen und schrieb sie auf kleine Zettel. Ein kleiner Zettel für jede Träne – ein Wort oder ein kurzer Satz reicht aus, um ihr Aufmerksamkeit zu schenken.
Überlegen Sie selbst, ob Sie Ihre Tränen in einem Krug, einer schönen Schachtel oder einem Briefumschlag aufbewahren möchten. So haben sie einen festen Platz und können wirken und zur Ruhe kommen.

Nehmen Sie sich einen Augenblick Zeit und notieren Sie alle Gedanken, Gefühle und Assoziationen, die Ihnen zu dem Wort »Tränenkrüglein« einfallen.

Gibt es aktuell Tränen, die Sie dort hineinlegen möchten? Welche sind es?
Es können auch innere Tränen sein, die (noch) nicht fließen können.

Vielleicht gibt es auch ältere Lebensträne, die noch in Ihnen stecken und beachtet werden möchten. Legen Sie auch diese in Ihr Tränenkrüglein.

Wie fühlt es sich an, die Tränen gesammelt zu haben?

✳ Manche Menschen können nicht mehr weinen und doch weint etwas in ihnen. Astrid LINDGREN (1982, S. 117) schreibt in ihrem Kinderbuch »Ronja Räubertochter« einen schönen Satz: »Sie vergoss keine Träne. Aber in ihr weinte es, so traurig war sie.« Besser lässt sich innere Traurigkeit nicht beschreiben.

Abschied und Trauer

Klagebuch

»Alles, was man in Worte fassen kann, können wir hinter uns lassen.«
SOKRATES

Der Ausdruck »Jeremiade« stammt ursprünglich aus dem biblischen Buch der Klagelieder und kann mit Wehklage übersetzt werden. Die Klagemauer in Jerusalem ist ein Ort, an dem Menschen abgeben, was sie selbst nicht mehr tragen können. Sie lehnen sich an die Steine an und verleihen ihrer Verzweiflung Ausdruck: Es werden Zettel mit Gebeten, Wünschen und Danksagungen in den Ritzen der Mauer hinterlassen. Ein solcher Ort kann wichtig werden, wenn wir den Eindruck haben, nicht ge- oder erhört zu werden. Er kann Teil von guter Selbstfürsorge sein und ist nicht zu verwechseln mit ständiger Unzufriedenheit und Nörgelei.

In unserer heutigen Zeit findet das Klagen aber oft keinen Raum – es wird abgewertet und wenig gewürdigt. Dennoch gehören das Klagen, Jammern und die Tränen mit zum Leben und besonders zum Prozess des Abschiednehmens und Trauerns. Wenn wir klagen, setzen wir uns ernsthaft mit den eigenen Nöten und Sorgen auseinander, in der Hoffnung, alles möge sich wieder zum Guten wenden. Klagen hilft, das Leid tragen zu können. Denn was wir in Worte fassen können, können wir benutzen – es kann angeschaut, angenommen und am Ende vielleicht auch losgelassen werden.

Erlauben Sie sich, zu klagen. Nehmen Sie sich Raum für schmerzliche, belastende Gedanken, möglicherweise für Tränen, für Ärger und Wut, Verzweiflung oder Hilflosigkeit. Vielleicht sind es nur Wortfetzen; schreiben Sie sie einfach auf ein Stück Papier, kritzeln oder malen Sie, wiederholen Sie sich, so oft es nötig ist – alles ist erlaubt. Sie können ein Klagebuch anlegen oder die Zettel sammeln und in einen Umschlag oder eine Kiste legen. So haben Ihre Sorgen einen festen Platz.

Gemeinsam lesen und besprechen.

Nehmen Sie die beiden Zettel und probieren Sie es aus:

Abschied und Trauer

Zeit für eine Rückschau

Abschiednehmen oder Loslassen heißt nicht, keine Erinnerungen zu haben. Es darf in guter Erinnerung bleiben, was gut war, von Bedeutung war oder was uns vielleicht sogar maßgeblich geprägt hat. Auch wenn das Leben im Wandel ist, Veränderungen unumgänglich sind oder gar im Augenblick Stillstand herrscht, hat uns unsere Vergangenheit geprägt; sie hat uns mit Ressourcen und Lebenserfahrung ausgestattet. In traurigen Zeiten können die guten Erinnerungen trösten.

Sammeln Sie gute Wörter aus Ihrer Vergangenheit.
Beispiele: Mopsi, Wupperweg 22, Vergissmeinnicht.

Erinnern Sie sich an schöne Begebenheiten und beschreiben Sie diese.
Beispiele: Fahrradfahren auf Langeoog, die erste eigene Wohnung, Liebesbriefe.

Haben Sie Andenken an schöne Zeiten und Momente? Welche sind es?
Beispiele: eine kleine Ganesha-Statue von Eleni, ein Ehering, ein Stein von der Opalküste.

Haben Sie einen besonderen Ort für Ihre Lebenssouvenirs?
Beispiele: eine besondere Schublade, ein Tagebuch, ein kleiner Tisch im Wohnzimmer.

※ Ein Ort für Lebenssouvenirs kann eine Möglichkeit sein, sich versöhnlich mit der Vergangenheit zu beschäftigen.

Abschied und Trauer

»Schöne« Traurigkeit

Wir alle wehren uns gegen vermeintlich schlechte Gefühle – wer möchte schon gerne traurig sein? Doch alle Gefühle, auch die unangenehmen wie Angst oder Ärger, haben einen Sinn, eine wichtige Bedeutung und eine Funktion in unserem Leben (siehe auch BODEN, FELDT 2015a). Solange sie uns nicht in eine dauerhafte schlechte oder verzweifelte Stimmung versetzen, helfen sie, innerlich heil zu werden.

Speziell die Traurigkeit im Menschen, die Melancholie, manchmal auch ein Gefühl von Mitgefühl oder Selbstmitgefühl gehören in die innere Mitte jeder Seele, sind sozusagen die Heimat jeder Seele. Denkt man an traurige Lieder oder Filme, so erschließt sich die Traurigkeit als Ventil, als Ruheort und geschützter Raum. Dort haben das Weinen und die Sehnsucht ihren Platz, aber auch das langsame Loslassen und die innere Regeneration.

Kennen Sie traurige Lieder, die Sie als angenehm empfinden?

Kennen Sie traurige Filme, die Ihnen guttun?

Kennen Sie andere Dinge, Orte, Situationen, in denen Sie Ihre Traurigkeit wohltuend erleben können?

Wie fühlt sich wohltuende Traurigkeit an?

Abschied und Trauer

Verletzungen entgegenwirken

In schwierigen Lebenszeiten oder Krisen sind Menschen verletzlicher und dünnhäutiger als sonst. Dies gilt auch für Zeiten, in denen wir erkrankt sind. Und genau in solchen Zeiten funktioniert die Selbstfürsorge oft schlechter – wir gehen nicht gut mit uns selbst um. Man kränkt sich obendrein noch selbst oder erfährt Verletzungen durch andere, vor denen man sich hätte schützen können. Versuchen Sie, sich von den eigenen Selbstentwertungen oder -vorwürfen und von den möglichen Lieblosigkeiten der anderen zu »verabschieden«.

Welche negativen Sätze tragen Sie in sich?
Beispiele: Klar, dass das immer mir passieren muss; andere sind einfach stärker als ich.

Bitte formulieren Sie diese Sätze positiv um.
Beispiele: So was kann im Leben passieren und nicht nur mir, sondern auch anderen; ich habe auch viele Stärken, wie gut singen und zuhören, aber manches fällt mir – wie jedem Menschen – einfach schwer.

Kennen Sie negative Sätze von anderen, die z. B. während eines Klinikaufenthaltes oder in einer Krise gefallen sind? Notieren Sie diese.
Beispiele: Das wird aber so mit Ihnen nichts mehr; wenn Sie auf niemanden hören wollen, müssen Sie eben die Verantwortung alleine tragen.

Formulieren Sie diese Sätze positiv um oder setzen Sie sich (gedanklich) zur Wehr.
Beispiele: Ich weiß, dass ich gerade eine schlechte Phase habe, ich bin jedoch zuversichtlich, dass es mit mir wieder aufwärtsgehen wird; ich möchte nicht, dass Sie mich so unter Druck setzen, ich wäre an einem Austausch auf Augenhöhe interessiert.

Heißen Sie Positives willkommen: Zählen Sie auf, was Sie gut können, was Sie mögen oder genießen. Denken Sie dabei auch an gesunde Zeiten, falls Sie den Eindruck haben, es sei so manches im Moment verdeckt.

Abschied und Trauer

Angsthasen

Sicher kennen Sie die Bezeichnung »Angsthase« aus der Kindheit. So wurden wir nicht gerne betitelt, weil dahintersteckte, sich etwas nicht zu trauen. Doch es gehört zum Leben, manchmal ein Angsthase zu sein. Wir sind alle manchmal Angsthasen, besonders wenn Veränderungen anstehen – wir fürchten uns vor den kleinen und größeren Missgeschicken im Leben.

Abschiednehmen und Loslassen gehen immer mit einer Veränderung einher; Unsicherheit, Furcht und Angst begleiten diesen Prozess – denn das Alte ist nicht mehr und das Neue ist vielleicht noch nicht in Sicht oder wir wissen noch nicht, wie es sich anfühlt. Und am liebsten würden wir alles so belassen, wie es ist! Wir müssten dann die Angst nicht mehr überwinden, keine inneren und äußeren Bedenken mehr haben und nicht gegen Risiken ankämpfen.

Wenn Menschen sich verändern wollen, müssen sie nicht nur ihre eigene Angst bezwingen, sondern häufig auch die der Menschen in ihrem (näheren) Umfeld. Das kann so aussehen, dass wir den Job wechseln, weil wir neue Herausforderungen suchen. Eltern oder Freunde reagieren eher besorgt und warnen uns, kein Risiko einzugehen. So wird die eigene Ängstlichkeit durch die anderen verstärkt.

Angst abzulegen schafft Lebendigkeit! Udo BAER und Gabriele FRICK-BAER (2009, S. 152) sprechen in diesem Zusammenhang auch von dem *Angsthasen* in uns, der sich aber zu einem hilfreichen *Kampfhasen* entwickeln oder verändern kann. Sie empfehlen, beide Hasen einmal zu malen, sie also zu verbildlichen.

Malen Sie als Erstes Ihren (inneren) Angsthasen. Was macht Ihren Angsthasen aus und was braucht dieser möglicherweise an Schutz und Unterstützung?

Wie sieht ihr Kampfhase aus oder wie könnte er aussehen? Wobei ist er Ihnen behilflich?

Überlegen Sie, wie sich die Angst- und Kampfhasen anfreunden oder unterstützen können.

Abschied und Trauer

Sprachlos sein a

Sprachlosigkeit ist sehr eindrücklich. Im Buch »Die Moselreise« erzählt der deutsche Schriftsteller Hanns-Josef Ortheil (2012), wie es ihm als Kind »ohne Sprache« ergangen ist. Grob skizziert er darin, wie er als Volksschüler unerträgliche Qualen leidet, da er weder das Schreiben noch das Sprechen lernt. Sein Vater nimmt ihn daraufhin von der Schule, beide ziehen für eine Zeit aufs Land und leben dort auf dem Bauernhof der Familie. Sie halten sich viel in der Natur auf.

Auf Spaziergängen und Wanderungen lernt er – der verstummte Junge – ganz langsam zeichnen und schreiben, indem er täglich notiert, was er gehört und erfahren hat. So entstehen sehr persönliche Eindrücke, die der Junge mit Fotos und Texten ergänzt: sogenannte Lese- und Lebensbücher oder auch Archive des Lebens.

Durch das intensive Aufschreiben, Notieren und Skizzieren kann er seiner großen Angst begegnen, nämlich der Sorge, seine Sprache wieder zu verlieren und in eine stumme, zeitlose Welt zurückzukehren. Das Schreiben verhindert dies und bezeugt vielmehr, dass die Zeit existiert: Das Erfahrene und Gewesene wird von dem Jungen bewusst wahrgenommen und erinnert. Er blickt in seine Aufzeichnungen und erlebt immer wieder seine eigene Geschichte. Das Schreiben ist Rettung und Lebenserhaltung zugleich!

Tauschen Sie sich über die Sprachlosigkeit des stummen Jungen aus.

Nehmen Sie ein Blatt Papier. Gestalten Sie es mit Wörtern, Sätzen, Sprüchen, Kritzeleien, Zeichnungen und Symbolen so, dass es den heutigen Tag beschreibt. Was ist gewesen? Was wurde beobachtet und wahrgenommen? Was wollen Sie erinnern und nicht vergessen? Es darf hier um all die Kleinigkeiten im Alltag gehen – das Kleine wird zu etwas Besonderem und zu einer ganz persönlichen Seite Ihres Lebens.

Abschied und Trauer

Sprachlos sein b

Es gibt Zeiten, in denen uns die Worte fehlen. Wir ziehen uns innerlich zurück, haben nichts mehr zu sagen und das Gefühl, der Kopf ist leer, und verstummen. Das kann durch unterschiedliche Dinge passieren: weil wir einfach erschöpft sind, weil wir schockiert sind, weil die Worte für das Geschehene fehlen oder weil Tränen alles ausdrücken, was wir zu »sagen« haben. Es kann wohltuend und kraftsparend sein, nicht zu sprechen. Es ist wichtig, sich eine gewisse Sprachlosigkeit zu erlauben.

Auf Dauer oder über einen (zu) langen Zeitraum hinweg ist die Sprachlosigkeit aber erdrückend. Sie schmerzt und macht unfrei und unzufrieden oder verhindert gar die Verarbeitung von schlimmen Ereignissen.

Wann sind Sie sprachlos? Welche Situationen und Momente lassen Sie verstummen?

Was hilft gegen Sprachlosigkeit?

Wer wird für Sie persönlich wichtig, wenn Sie sprachlos sind?

Wer oder was kann Sie unterstützen?

Könnte es auch positiv sein, für eine Weile sprachlos zu sein?

Weshalb ist es so wichtig, wieder zur Sprache zurückzukehren?

Abschied und Trauer

Innere Leere kann einen Sinn haben

Innere Leere ist zunächst einmal beängstigend – es sind keine Ideen da, der Kopf ist leer, es ist kein Gefühl spürbar. Sie kann sich aber auch als wichtig und elementar erweisen, weil sie Raum für Neues gibt.

Jorge Bucay (2015) wählt in diesem Zusammenhang das Bild einer vollen Tasse, die nutzlos ist, weil sie keinen Inhalt mehr aufnehmen könne. Das Leeren hat immer auch mit Verzicht, Verlust und Loslassen zu tun. Denn wenn ich etwas leere, dann gebe ich etwas ab. Sein Leben erfahre jedes Mal eine Bereicherung, wenn er seine Tasse fülle, aber auch, wenn er sie leere. Denn wenn er seine Tasse leere, könne er sie neu füllen.

Inneres Wachstum braucht also beides: die Leere und die Fülle. Wenn ich einen Verlust erfahre – ganz gleich, ob freiwillig oder durch ein einschneidendes Erlebnis –, ist es notwendig, die Leere zuzulassen, vielleicht auch auszuhalten, damit sich Neues entwickeln kann. Der Zustand der inneren Leere kann also auch anders betrachtet werden. Leere ermöglicht inneren Schutz, wir können ausruhen und ausspannen, wenn sie als Pause oder Auszeit gesehen wird. So kann man wieder seinen persönlichen roten Faden aufgreifen oder neue Ideen entwickeln.

Die folgenden Übungen können hilfreich sein, die Leere von ihrer positiven Seite zu erleben.

Schauen
Nehmen Sie sich zwei Minuten Zeit und schauen Sie auf ein leeres Blatt Papier. Was fühlen und denken Sie?

Malen
Nehmen Sie sich drei Minuten Zeit und lassen Sie ein leeres Blatt auf sich wirken; vielleicht erinnern Sie sich an die »leere Tasse«. Malen, zeichnen, kritzeln Sie auf das Blatt, füllen Sie es mit Formen, Linien und Farben – vielleicht entsteht ein Bild, vielleicht sprechen die Farben und Formen für sich. Lassen Sie zu, dass etwas *Leeres* gefüllt werden kann und ein schweigsames Bild auch etwas zu sagen hat.

Schreiben
Kennen Sie aus der Schule die Situation, vor einem leeren Blatt zu sitzen und es fiel Ihnen einfach nichts zu einer Aufgabenstellung oder einem Thema ein? Sehen Sie das leere Blatt jetzt als Möglichkeit, Ihr eigenes Thema zu finden. Schauen Sie, was in diesem Augenblick in Ihnen ist, was in Worte gefasst werden will. Nehmen Sie sich dafür drei Minuten Zeit. Notieren Sie nun Ihre eigenen Gedanken, Stichworte, Aufzählungen und Geschichten.

Abschied und Trauer

Stillstehen dürfen

Stillstand wird sehr häufig mit Rückschritt gleichgesetzt. Fortschritt hingegen beinhaltet stetes Wachstum und Leistung. Der Begriff ist überwiegend positiv besetzt; Fortschritt ist erwünscht und wird gefördert.

Stillstand ist manchmal überlebenswichtig. Gerade in Phasen von Abschied und Trauer ist es unverzichtbar, stehen zu bleiben, bewegungslos zu sein – körperlich wie auch geistig –, um sich auszuruhen und sich zu erholen. Erst dann kann sich das Erlebte setzen, seinen Platz finden, die Schwere weichen und verarbeitet werden. Es geht um Schutz, inneren Rückzug, sich einigeln und sowohl Seele als auch Körper begreifen zu lassen, was passiert ist. Stillstand könnte in diesem Sinne als Reifungsprozess gesehen werden, der ausreichend Zeit benötigt. Er bietet Raum, neue Kräfte zu mobilisieren und Selbstheilungskräfte wirken zu lassen.

Vielleicht hilft das Bild des Winters: eine Zeit, in der die Natur ruht und der Wachstum für uns nicht mehr sichtbar ist. Doch tief im Innern der Erde entwickelt sich etwas, dort läuft der Prozess weiter und die Vorbereitungen für den Frühling haben längst begonnen. Manchmal ist es hilfreich, einfach einen »Winterschlaf« zu halten, um dem inneren Wachstum Zeit und Raum zu geben.

Erinnern Sie Zeiten des Stillstands? Können Sie jetzt in der Nachschau einen Sinn dahinter sehen?

Stillstand und Fortschritt scheinen Gegensätze zu sein. Könnte eine Verbindung bestehen? Falls ja, welche?

Erinnern Sie Zeiten des inneren »Winterschlafs«, die danach geradezu wieder erblüht sind?

Abschied und Trauer

Kinkerlitzchen

Das fast vergessene Wort »Kinkerlitzchen« bedeutet so viel wie nicht der Rede wert oder Kleinkram. »Mit Kinkerlitzchen beschäftige ich mich nicht« sagt aus, wie wenig Beachtung man einer vermeintlich kleinen Sache schenkt und wie bedeutungslos sie damit gemacht wird.

Wenn wir traurig sind, Schmerz oder Leid spüren, stellt sich oft das quälende Gefühl der Bedeutungslosigkeit ein. Wir fühlen uns schlecht, weil wir geschwächt sind, kaum teilnehmen können, nicht präsent sind und nicht mehr so viel Kontur haben. Wenn wir nicht mitmachen, teilnehmen oder einfach dabei sein können, sind wir für Menschen vielleicht bedeutungslos oder zur Nebensache geworden. Sich bedeutungslos zu fühlen kränkt, schädigt das Selbstwertgefühl und macht unendlich traurig.

Kennen Sie eine Situation, in der Sie das Gefühl hatten, bedeutungslos zu sein?

Konnten Sie dem Gefühl etwas entgegensetzen, um Ihre Bedeutung wieder zu spüren?

Nachfolgend finden Sie weitere Begriffe für Bedeutungslosigkeit, die durchaus auch eine gute Bedeutung haben können. Spüren Sie den positiven Teil der »bedeutungslosen Begriffe« auf und finden Sie Beispiele.

Kleinigkeit
Beispiele: kann sehr erfreuen, kann ohne Schamgefühl angenommen werden.

....

....

Kinderkram

....

....

Nebensächlichkeit

....

....

Marie Boden, Doris Feldt **Trost und Hoffnung für den Genesungsweg** Downloadmaterial © **Psychiatrie Verlag** Köln 2017

Die vier Lebensthemen

Lappalie
....
....
....
....

Desinteresse
....
....
....
....

Bruchteil
....
....
....
....

Unwichtigkeit
....
....
....
....

✳ Die Dinge sind so, wie wir sie sehen. Es ist wichtig, sich die eigene Bedeutsamkeit und Wichtigkeit nicht nehmen zu lassen!

Abschied und Trauer

Der Kopf ist voll

Sicherlich kennen Sie den Zustand, dass Ihr Kopf übervoll mit Gedanken ist und Sie das Gefühl haben, er könne »platzen«. Es herrscht ein Chaos und Durcheinander aus flüchtigen Ideen, Sorgen, Problemen, Plänen, Unerledigtem und Traurigem. Sie verlieren mehr und mehr den Überblick, es entsteht eine Gedankenflut, die nicht mehr zu stoppen ist; manchmal setzen sich Grübeleien regelrecht fest.
An dieser Stelle wäre es gut, anzuhalten, um einen Weg zu finden, den Kopf wieder freizubekommen. Die Gedankenflut zu sortieren kann hier hilfreich sein. Was ist jetzt gerade wichtig? Was kann später gemacht werden? Welche Gedanken gilt es, zu stoppen oder »auszurangieren«?

Überlegen Sie zunächst, in welchen Situationen Ihr Kopf randvoll mit Gedanken ist. Wann neigen Sie zum Grübeln?

Kennen Sie Strategien oder Techniken, die helfen, sich gegen Gedankenflut und Grübeleien zu wehren?

Versuchen Sie, Ihren Kopf zu leeren, indem Sie alle Gedanken, die jetzt gerade da sind, notieren. Nehmen Sie sich fünf Minuten Zeit. Sortieren Sie anschließend Ihre Notizen:
- Wichtig für heute
- Kann später erledigt werden
- Hat Zeit
- Kann »ausrangiert« werden; davon brauche ich eine gedankliche Pause
- Kann ich nicht lösen oder beeinflussen (z. B. das Wetter)

Schauen Sie sich die Übersicht auf Ihrem Blatt noch einmal in Ruhe an und überlegen Sie, wie Sie nun nach diesem System weiter vorgehen können.

Wie fühlt sich Ihr geordneter Kopf an? Spüren Sie Entlastung und Befreiung?

Haben Sie noch andere Ideen, wie Sie dafür sorgen können, hin und wieder in Ihrem Kopf aufzuräumen und Platz zu schaffen?

»Es ist leichter, einen leeren Kopf zu tragen, als einen vollen.«
OTTO WEISS

Abschied und Trauer

Loslassen und zur Ruhe kommen a

Besonders am Abend ist es wichtig, zur Ruhe zu kommen, um friedlich in die Nacht und in den Schlaf zu finden. Wenn die Dämmerung langsam anbricht, die Hektik des Tages abnimmt und alle Aufgaben erledigt sind, ist jedoch häufig noch eine gewisse Unruhe spürbar. »Herunterzufahren« und zu entspannen sind oft gar nicht so leicht.

Die folgende Übung kann am Abend oder vor dem Zubettgehen wohltuend sein. Es geht zum einen darum, Dinge des Tages abzugeben, loszulassen und zur Seite zu legen. Ärger und sorgenvolle Gedanken können ausgeglichen oder auf den kommenden Tag geschoben werden. So werden gute Voraussetzungen für eine geruhsame Nacht geschaffen. Zum anderen werden wir uns all der Kleinigkeiten bewusst, für die wir dankbar sein können. Dankbarkeit ist stets förderlich, um beunruhigende Gedanken auszugleichen; sie kann ein echtes Gegengewicht darstellen.

Ritualisieren Sie folgende Übung.

Übung Loslassen und zur Ruhe kommen

Wir laden Sie nun zu der Übung »Loslassen und zur Ruhe kommen« ein.

Nehmen Sie eine bequeme Sitzhaltung ein. Wichtig ist, dass die Füße Bodenkontakt haben.

Schließen Sie die Augen oder senken Sie den Blick.

Nehmen Sie nun drei tiefe Atemzüge, um sich auf die Übung vorzubereiten. (…)

Lenken Sie als Erstes Ihre Aufmerksamkeit auf das Loslassen, das Abgeben …

Stellen Sie sich Ihre beiden Hände vor. Vielleicht unterstützen Sie dieses innere Bild, indem Sie Ihre Hände zu Schalen formen, in die Sie alles hineinlegen können.

Legen Sie nun alles in Ihre Hände, was Sie im Moment belastet.

Vielleicht einen Konflikt oder auch einen kleinen Streit …

Oder etwas, was Ihnen den inneren Frieden nimmt …

Oder eine Sache, die total verfahren ist …

Füllen Sie Ihre Hände mit Dingen, die Sie in diesem Augenblick abgeben möchten.

Nehmen Sie sich dafür zwei Minuten Zeit. (…)

Geben Sie alles ab, indem Sie Ihre Hände schütteln. Schütteln Sie sie aus.

Formen Sie Ihre Hände wieder zu Schalen.

Füllen Sie sie nun mit Dingen, für die Sie heute froh und dankbar sind.

Vielleicht ein kleines Lächeln …

Ein Kompliment …

Ein offenes Wort …

Auch dafür haben Sie zwei Minuten Zeit. (…)

Bedanken Sie sich für den Inhalt in Ihren Händen.

Legen Sie abschließend Ihre Hände auf den Bauch und spüren Sie drei Atemzüge lang, wie sich Ihre Bauchdecke hebt und senkt. (…)

Kommen Sie dann mit Ihrer Aufmerksamkeit zurück in diesen Raum.

Wie war die Übung für Sie?

Abschied und Trauer

Loslassen und zur Ruhe kommen b

Wenn Sie mögen, können Sie die Inhalte Ihrer Hände noch einmal schriftlich »füllen«, um das Abgeben und Dankbarsein zu verstärken. Befassen Sie sich als Erstes damit, was Ihre Hände loslassen oder eine Zeit lang beiseiteschieben wollen. Wenden Sie sich nun dem zu, was Ihre Hände Gutes empfangen haben, wofür Sie heute dankbar sind.

Loslassen

Dankbarsein

Abschied und Trauer

Ein neuer Ort für Erinnerungen

Das Therapeutenpaar Udo Baer und Gabriele Frick-Baer (2010) haben in ihrem Buch »Vom Trauern und Loslassen« ein Kapitel mit »Das Bild an eine andere Stelle hängen« überschrieben. Es sei sehr wichtig, die Erinnerungen eines Tages anders platzieren zu können, um etwas Neues entstehen zu lassen. Sie sind natürlich noch da, bekommen aber eine andere Bedeutung, weil sie losgelassen werden.

Dazu eine kleine Geschichte: Eine Frau verblieb nach der Trennung von ihrem Partner in der gemeinsamen Wohnung. Die Räumlichkeiten beließ sie lange Zeit so, wie sie in der gemeinsamen Zeit waren. In ihrem Zuhause war es wie in einem Museum. Wagte sie einen kleinen Vorstoß, etwas zu verändern, stand der Gegenstand nach wenigen Stunden, spätestens am nächsten Tag, wieder an seinem alten Platz. Ihr Prozess des Loslassens hat Jahre gedauert; sie bewältigte ihn letztendlich innerlich erst mit einem Wohnungswechsel.

Einen solchen neuen Ort zu finden kann neue Lebenszusammenhänge und -umstände eröffnen, aber auch ein Gefühl von Lebendigkeit geben. Doch wie in der Geschichte beschrieben, braucht dieser Prozess – einen neuen Ort zu finden oder das Bild an eine neue Stelle zu hängen – seine Zeit. Nehmen Sie sich diese Zeit und wählen Sie Ihr persönliches Tempo. Wundern Sie sich nicht über Fortschritte, die Sie das ein oder andere Mal wieder zurücknehmen. Das gehört dazu!

Gemeinsam lesen und besprechen.

Fällt Ihnen ein persönliches Beispiel ein, an dem Sie merken, dass Sie noch nicht loslassen können?

Woran merken Sie, dass Sie noch keine Veränderung herbeiführen können? Beschreiben Sie es so konkret wie möglich.

Bestimmt haben Sie in der Vergangenheit schon »neue Orte« gefunden oder »Bilder umgehängt«. Welche waren das und was hat Ihnen dabei geholfen?

Wie hat sich die Veränderung schlussendlich angefühlt?

Abschied und Trauer

Wie lange darf getrauert werden?

Kennen Sie den Satz: »Es gibt doch keinen Grund mehr, traurig zu sein, du *musst* dich jetzt wieder dem Leben zuwenden«? Gegen das Trauern anzukämpfen, es sich zu verbieten oder es sich durch andere verbieten zu lassen behindert den Trauerprozess und baut zusätzlichen Druck auf. Jeder braucht seine ganz persönliche Zeit zum Trauern, denn der Trauerprozess ist von vielen Faktoren abhängig, wie z. B. von eigenen Bewältigungsmöglichkeiten, vielleicht von Menschen, die begleiten und unterstützen, aber auch davon, ob man sich selbst erlauben kann, zu trauern.

Natürlich dürfen in Zeiten des Traurigseins auch Momente der Freude oder kleine Lichtblicke da sein, die den Trauernden unterstützen und Kraft geben, sich weiter dem Prozess zu stellen. Das bedeutet nicht, dass damit der Trauerprozess aufhören muss oder als abgeschlossen angesehen werden kann (Baer, Frick-Baer 2010). Jeder kann nur für sich selbst sagen, was ihn zur Trauer veranlasst und wie lange. Für jeden Menschen gibt es ganz unterschiedliche Anlässe, traurig zu sein. Verallgemeinerungen sind hier nicht angebracht. Jede Veränderung im Leben ist letztendlich ein Verlust, der verarbeitet und betrauert werden darf. Manchmal ist die Zeit noch nicht reif für die Trauer; sie wird verschoben, bis sie sich ihren Weg gebahnt hat, um verarbeitet zu werden.

Gemeinsam lesen und besprechen. Markieren Sie wichtige Sätze.

Erlauben Sie sich, Ihre persönliche Trauerzeit zu nehmen und einzufordern?
Falls nicht, gibt es Menschen, die Sie unterstützen?

Kennen Sie ähnliche Sätze wie »Es gibt doch jetzt keinen Grund mehr«?
Welche sind das?

Wie könnten Sie sich vor solchen Aussagen schützen? Eine Möglichkeit wäre, diese Aussagen gegenteilig zu beantworten, direkt oder innerlich:
Beispiel: »Jetzt reiß dich doch mal wieder zusammen.« → »Diesmal reiß ich mich nicht zu schnell wieder zusammen.«

Gab es in Ihrem Leben Situationen, in denen Sie um Ihre persönliche Trauerzeit »kämpfen« mussten, weil andere Ihnen Vorgaben gemacht haben? Welche Strategien kennen Sie, um sich davor zu schützen? Was hat in der Situation geholfen?

Abschied und Trauer

Zweimal zehn Gebote für die Traurigkeit

Zehn Gebote sind uns aus der Bibel bekannt: Sie zeigen, wie man friedlich, freundlich und heil durchs Leben kommt. Die Gebote nach Jorge BUCAY (2015) sind besondere Empfehlungen, um Schmerz und Tränen zu überleben. Sie sind nicht als Anweisungen zu verstehen, die eins zu eins umgesetzt werden. Diese Gebote wollen keinen Druck aufbauen oder Angst erzeugen; denn manchmal klappt die Ausführung, manchmal auch nicht. Für den einen sind sie Denkanstöße, für den anderen vielleicht eine gute Orientierungshilfe.

Jorge BUCAY (ebd., S. 95 ff.) hat auf dem Weg der Tränen, wie er den Trauerprozess nennt, zehn Jas entwickelt, die er für förderlich hält. Seine zehn Neins sind im Verlauf eher hinderlich:

Die zehn Jas	Die zehn Neins
Zulassen	Sich verschließen
Vertrauen	Vernachlässigungen
Neue Augen, neue Türen (d.h. neuer Blickwinkel)	Überstürze nichts
Akzeptieren	Den Glauben verlieren
Sich dem Leben öffnen	Sich selbst überfordern
Dankbarkeit	Die Angst, verrückt zu werden
Sich Gutes tun: viel Ruhe, ein wenig Freude und eine Prise Ablenkung	Die Geduld verlieren
Lernen	Sich selbst genügen
Definitionen	Keine großen Entscheidungen treffen
Das Gelernte teilen	Verdrängen

Welche Jas wären für Sie persönlich auf dem Weg der Tränen wichtig? Bitte markieren.

Für welche Neins wären Sie auf dem Weg der Tränen anfällig? Und welche sind vielleicht für eine gewisse Zeit wichtig? Bitte markieren.

Wählen Sie ein Ja und ein Nein – und nehmen Sie sich Zeit, etwas ausführlicher darüber nachzudenken.

Fallen Ihnen noch mehr – ganz persönliche – Jas und Neins ein?

Wie würden Sie Ihre Jas und Neins umsetzen wollen?

Trost

»Nichts tut der Seele besser, als jemandem seine Traurigkeit abzunehmen.«
Paul Verlaine

Das Wort Trost kann mit Ermutigung umschrieben werden. Jemanden zu trösten bedeutet, für eine Person da zu sein, wenn es ihr körperlich oder seelisch nicht gut geht, um ihren Schmerz und ihre Traurigkeit zu lindern. Trost kann durch Worte, Gesten oder Berührungen gespendet werden. Die getröstete Person soll innerlich gestärkt werden und spüren, dass sie nicht alleine ist. Trost setzt Zeichen, die Kraft ausstrahlen, und geht immer auch mit Treue einher: der Treue anderer Menschen oder der Treue zu mir selbst. Diese ist so lebenswichtig wie Brot.
Wir haben im Lauf der Zeit nicht nur feststellen müssen, dass Trost im Klinikalltag häufig fehlt. Erwachsenen scheint es grundsätzlich schwerzufallen, sich selbst zu trösten oder sich trösten zu lassen – und das, obwohl sie sich nach Trost sehnen und ihn sehr gut gebrauchen könnten. Möglicherweise ist es deshalb manchmal nicht so einfach, die Inhalte dieses Themenkomplexes zu vermitteln; das ist auch in Ordnung so. Drei Fragen beschäftigen uns daher besonders: Wie kann ich mich selbst trösten? Kann ich als erwachsener Mensch Trost annehmen? Und wie könnte Trost aussehen, ohne kindisch zu wirken?
Sich zu trösten und sich trösten zu lassen, ist nur möglich, wenn wir das eigene Leiden nicht verdrängen, sondern uns dem Schmerz stellen. Hoffnung setzt Trost voraus und ist wiederum ein wichtiger Schlüssel für den Genesungsweg und für die Heilung. Wie stehen Sie selbst zum Trost? Können Sie um ihn »werben« und ihn weitergeben?

Impulse aus Sicht einer Gruppenteilnehmerin

Anonym

*Die Zeit ist der größte Tröster,
sie trägt auf ihrem Rücken
noch alle Umwälzungen heim.
Sie trocknet die bittersten Tränen,
indem sie uns neue Wege zeigt
und neue Stimmen an unser Ohr bringt.*
Ralph Waldo Emerson

Einige unter uns wurden sehr enttäuscht und möchten – auch durch die Stabilisierungsgruppe – neues Vertrauen aufbauen. Trost benötigt nicht immer andere Menschen, wobei dies besonders tröstend ist. Eine Wärmeflasche, ein heißes Bad mit duftendem Badezusatz, eine brennende Kerze oder ein wohltuender Tee können ebenfalls tröstend sein. Kleine Dinge helfen bereits, den Schmerz oder das Leid zu lindern. Trost hat viel mit Selbstfürsorge zu tun, die manchmal verschüttgegangen ist oder erst gar nicht erlernt wurde.

Das Thema Trost ist für mich daher etwas sehr Elementares. Ich erinnere mich an traurige Zeiten in der Kindheit, in denen ich z. B. gestürzt bin und mein Knie blutete. Meine Mutter pustete, beruhigte mich, klebte ein Pflaster auf das Knie und nahm mich liebevoll in den Arm. Nachts, wenn ich voller Angst nach Albträumen aufschreckte, wiegte sie mich und deckte mich zu. Ich empfand das als sehr tröstlich – schon war alles halb so schlimm. Trost spendete mir auch mein Kuscheltier, wenn ich weinte und keiner da war.

Es gab aber auch Zeiten, in denen ich »untröstlich« war, z. B. wenn ich etwas Materielles nicht bekam. Ich lernte über die Jahre, mich selbst zu trösten, wenn Mitschüler mich ärgerten oder grausam zu mir waren. Dann dachte ich an schöne Sachen, die mir Hoffnung gaben. Mit Trost verbinde ich heute folgende Begriffe:

- Hoffnungsschimmer
- Zuspruch
- Erleichterung
- Vertrauen

- Wunsch
- Glauben
- Hafen
- Lichtblick
- Beruhigung
- Schutz und Geborgenheit

In Zeiten seelischer Krisen und deren Folgezeit – also in der Klinik und später auch zu Hause – bemerkte ich, dass ich viel Trost brauchte, weil ich meinen Beruf nicht mehr ausüben konnte. Ich musste sehr kleine Schritte gehen und akzeptieren, dass das Leben einen ganz anderen Weg einschlug, als ich geplant hatte. In der Zeit der Umorientierung fiel es mir schwer, mich von anderen Menschen trösten zu lassen. Darum ist mir bis heute Selbstfürsorge so wichtig – ich kann mich auch selbst trösten; das habe ich im Lauf der Jahre gelernt. Es ist für mich von unschätzbarem Wert, weil es mich frei und unabhängig macht.

Anleitungen – 19 vertiefende Themenblätter

Manchmal läuft das Leben anders, als wir denken

Im Leben läuft nicht immer alles, wie gewünscht oder erhofft, dennoch kann das Leben Gutes bereithalten. Dieses Themenblatt erfordert Sensibilität. Manchmal löst es zunächst Traurigkeit aus, bevor der tröstliche Gedanke dahinter gesehen werden kann.

Von Kindern lernen

Für Kinder ist Trost etwas Selbstverständliches, für Erwachsene nicht. Bleibt der Trost aber aus, führt das zu Stillstand und zu anhaltender Traurigkeit. Es ist wichtig, zu seinen (Grund-)Bedürfnissen zu stehen!

Sich liebevoll begegnen

Dieses Blatt wirbt dafür, besonders in schlechten und belastenden Zeiten gut für sich selbst zu sorgen, liebevoll mit sich umzugehen und sich selbst zu trösten.

Grenzen ziehen – berührbar bleiben

Sich klare persönliche Grenzen zu setzen, ohne hart, versteinert oder unberührbar zu werden, ist ein wichtiger Schlüssel der Selbstfürsorge. Die Botschaft heißt auch: Überforderung zu vermeiden. Für sich selbst zu sorgen stabilisiert und ist ein wichtiger Schritt in Richtung Trost und mehr!

Geborgenheit a & b

Geborgenheit ist wesentlich, um sein eigenes Leben zu meistern. Falls sie verloren gegangen ist, können wir wieder dafür sorgen, sie neu zu entdecken und zu erlangen.
Dieses Themenblatt hat eine Gruppenteilnehmerin exemplarisch ausgefüllt ⬇.

»Schmusetuch«

Die Suche nach tröstlichen Gegenständen führt uns in die Kindheit. In schweren Zeiten ist alles erlaubt, was positiv und tröstlich stimmt. Sogenannte »Schmusetücher« helfen bei Heimweh, Ungeborgenheit und Alleinsein.

Heilsame Speisen

Sich eine leckere Mahlzeit zuzubereiten und mit Speisen zu hantieren kann heilsam sein. Es geht nicht darum, ob man gut kochen kann, um Diäten oder gute und schlechte Speisen im Sinne von gesund oder nicht gesund – es geht um Trost.
Dieses Themenblatt hat Doris Feldt exemplarisch ausgefüllt ⬇.

Trost benötigt innere Ruhe

Dieses Blatt zeigt ganz praktisch auf, welche Maßnahmen ergriffen werden können, um sich in innere Ruhe und körperliche Behaglichkeit zu bringen. Wieder geht es um die Selbstfürsorge, sie ist enorm wichtig für das eigene tröstliche Gefühl.

Alles hat seine Zeit

Hier geht es um die unterschiedlichen Phasen und Stimmungen, die im Lauf des Lebens vorkommen können. Alles verändert sich aber auch immer wieder – ein tröstlicher Gedanke, wenn es einem schlecht geht, ein realistischer Gedanke, wenn es einem gut geht. Wichtig ist es, alles zuzulassen und mit ausreichend Zeit zu durchleben. Jeder kann persönlich am Wandel des Lebens beteiligt sein. In schweren Zeiten gibt es Leichtes, in Zeiten des Mangels auch Erfülltes.

Kerzenlicht verschenken

Dieses Blatt erklärt die Symbolkraft der Kerze und lädt zu einer Übung ein. Kerzenlicht ist in Zeiten, in denen wir Trost brauchen, nicht wegzudenken; für andere Lebensthemen natürlich auch nicht. Verteilen Sie in der Gruppe kleine Kerzen und entzünden Sie Ihre Kerze zuerst. Obwohl diese Übung sehr einfach ist, sollten Sie genügend Zeit für den Austausch einplanen.

Warten und Geduld

Nun geht es um die Geduld und das Warten, die beide für den Genesungsweg wichtig sind. Nur über eine gewisse Zeitspanne können Sorgen und Nöte abgeschwächt oder ins Gegenteil verkehrt werden. Wer sich keine Zeit für den Heilungsprozess nimmt, bleibt untröstlich.

Bedenkzeit

Schnelles Handeln kann fatale Folgen haben. Besonders in Krisenzeiten müssen Zeit und Ruhe obenan gestellt werden, um zu verhindern, dass Fehlentscheidungen in noch größere Verzweiflung führen.

Zufluchtsort

Ein Zufluchtsort hat eine tröstliche Wirkung: Es ist ein Ort der Sicherheit, der Ruhe und des Alleinseins, an dem ich mich zurückziehen und mich um mich selbst kümmern kann.

Kraftorte suchen

Ebenso wichtig wie ein Zufluchtsort sind Orte, an denen wir Kraft schöpfen. Diese sollten wir jederzeit innerlich aufsuchen können, wenn es uns mal nicht möglich ist, uns dort aufzuhalten. Eine Imaginationsübung führt zum persönlichen Kraftort (Imagination: siehe auch BODEN, FELDT 2015b, S. 338 f.).

Mein ABC der Lebenskunst

Wir alle können kleine Dinge im Leben entwickeln und umsetzen, die dabei helfen, den Alltag zu meistern. Hierzu zählen eine positive Lebenseinstellung und eine aktive Lebensgestaltung. Vergessen Sie auf keinen Fall das Prinzip der kleinen Schritte!

Wunderbare Wörter a & b

Diese Blätter weisen wunderbare Worte von der Autorin Sibylle PRINS (2010) auf, die inspirieren und schöne Gefühle auslösen können. Es ist wichtig, seine Gedanken mit dem Richtigen zu speisen.

Starke Sätze

Wir rufen Zitate, Liedtexte, Gedichte, Glaubenssätze, vielleicht auch Ratschläge ins Gedächtnis und trennen ungute und gute Sätze voneinander. Starke Sätze können viel in Menschen bewirken; sie können zu Leitsätzen werden, die Kraft und Trost geben. Halten Sie Buntstifte und Extrablätter zum Malen bereit, so können die Teilnehmenden einen »starken« Satz besonders schön gestalten.

Lebensgeschenke

Das Leben hält mit seinen kleinsten Augenblicken und durch Sinneserfahrungen Geschenke und Reichtum bereit. Um das Gute und Schöne zu erkennen, ist es notwendig, sich innerlich zu öffnen. Weisen Sie darauf hin, dass es natürlich auch Zeiten geben kann, in denen einem diese Offenheit (noch) nicht gelingt.

Die Liebende-Güte-Meditation a & b

Die Liebende-Güte-Meditation (Metta-Bhavana) ist eine traditionelle indische Meditationsform. Der Übende entwickelt eine wohlwollende Haltung gegenüber sich selbst und anderen Lebewesen (siehe auch BODEN, FELDT 2015a, b). Sie kann sehr beruhigend, tröstend oder auch stärkend sein und ist vielen Menschen leicht zugänglich. Das Wort »Metta« bedeutet so viel wie Freundlichkeit, Interesse an anderen, Liebe, Freundschaft und Sympathie; »Bhavana« kann mit Entwicklung übersetzt werden.

Das Besondere an diesen beiden Blättern ist, dass es zunächst nur darum geht, *sich selbst* Metta zu spenden. Blatt a hält Informationen über die Metta bereit und lädt zur Meditation nur für sich selbst ein; das kann sehr fremd und ungewohnt sein. Deshalb ist ein Austausch im Anschluss sehr wichtig. Bitte beachten Sie: Nicht jeder kann sich auf eine Meditation einlassen; Spiritualität ist nicht für jeden etwas. Dies gilt es immer zu akzeptieren. Bieten Sie denjenigen stattdessen an, einfach ihre persönlichen Wünsche zu notieren und die Zeit der Meditation als Auszeit zu nutzen.

Blatt b lädt in die Stille ein, um ganz persönliche Wünsche oder eigene Metta-Sätze für sich selbst zu formulieren. Das braucht Zeit. Zu einem späteren Zeitpunkt können diese Schritt für Schritt erweitert werden; z. B. können die Familie oder Freunde einbezogen werden.

Trost

Manchmal läuft das Leben anders, als wir denken

Das folgende Gedicht drückt Wünsche und Vorstellungen aus, wie es wieder werden soll, wenn Ereignisse dem Leben eine andere Richtung gegeben haben. Diese Richtungsänderung geht häufig mit Verlusten, Kraftlosigkeit, fehlender Freude und großer Sehnsucht einher, es möge alles wieder so werden, wie es einmal war. Manchmal eröffnen sich jedoch auch Wege, mit denen man gar nicht gerechnet hätte und die trotzdem Zufriedenheit ins Leben bringen.

Kraft brauchen

Ich bat um Kraft, etwas leisten zu können.

Ich bat um Gesundheit, um Größeres zu tun als bisher.

Ich bat um Reichtum, mich und andere damit glücklich zu machen.

Ich bat um Macht und Ansehen, im Ruhm der Menschen menschenwürdig zu handeln.

Ich erbat alles, um mich des Lebens zu erfreuen.

Ich bekam nichts von dem, was ich erbat, und doch mehr, als ich erhofft hatte.

Unausgesprochene Bitten hat er mir erfüllt.

Und mich mit ungekannten Gaben gesegnet.

Unbekannt

Überlegen Sie, wovon Sie sich in Ihrem Leben verabschieden, trennen oder ablösen mussten. Denken Sie dabei nicht nur an die großen Abschiede, sondern auch an die kleinen.

Haben Sie vielleicht noch heute den innigen Wunsch, dass es so wie früher sein sollte? Wie wäre es dann?

Überlegen Sie, was heute im Vergleich zu früher anders, möglicherweise besser geworden ist. Welche neuen Möglichkeiten haben sich eröffnet? Womit haben Sie gar nicht gerechnet? Worüber haben Sie neue Lebensfreude entwickelt?

Trost

Von Kindern lernen

Erwachsene können es sich häufig nicht eingestehen, wenn sie Trost benötigen. Wir tun uns schwer, anderen zu sagen, dass es uns schlecht geht. Häufig tauchen innere Glaubenssätze auf, wie »Stell dich nicht so an« oder »Reiß dich doch einfach mal zusammen«. Diese Denkmuster erzeugen Scham; es ist peinlich, um Hilfe oder Trost zu bitten. Wir bleiben ungetröstet, obwohl eine große Sehnsucht in uns ist – jemand möge doch einfach nur zuhören oder uns vielleicht in den Arm nehmen.

Kinder verhalten sich hier anders. Sie fallen hin, spüren Schmerz und weinen. Da wir unsere Kinder behüten und beschützen wollen, ist der Trost ganz selbstverständlich. Kinder können sich wieder ihrem Spiel zuwenden, sobald die Tränen abgewischt sind und sie sich ausreichend getröstet fühlen. Die Gründe, wieso sie Trost brauchen, unterscheiden sich sicherlich von den unsrigen. Auch trösten wir ein Kind anders als einen Erwachsenen. Was wir jedoch von Kindern lernen können, ist: Trost anzunehmen oder um ihn zu bitten. So können wir zu unserem Tun zurückkehren.

Warum ist es so einfach, Kinder zu trösten?

Warum fällt es uns Erwachsenen häufig so schwer, zu zeigen, dass wir getröstet werden wollen?

Warum könnte es wichtig sein, von Kindern zu lernen?

Trost

Sich liebevoll begegnen

Ausgerechnet in schwierigen Zeiten gehen wir mit uns selbst oft wenig gütig und milde um. Wir sind dann viel strenger bis schonungslos mit uns, versagen uns Gutes und stecken in dem Gefühl fest, dass wir nichts Besseres verdient haben. Unsere niedergeschlagene Stimmung vertieft sich; wir können nicht genügend Kraft schöpfen, um das eigentliche Problem anzupacken. Wenn wir dies erkennen, können wir andere Maßnahmen ergreifen und uns selbst unterstützen.

Stellen Sie sich deshalb folgende Situation vor (POTRECK-ROSE, JACOB 2006): Sie haben wirklich alles getan und sind trotzdem erneut in eine psychische Krise geraten. Ihre Stimmung ist auf dem Nullpunkt, Sie fühlen sich minderwertig, nicht belastbar, fragen sich nach Sinn und Zweck von Vorsorgemaßnahmen, Sie sind gereizt, traurig, ungeduldig und unzufrieden. So langsam geben Sie sich selbst die Schuld an Ihrer Erkrankung und meinen, Sie hätten auch nichts anderes verdient, denn andere kriegen das alles besser hin als Sie. Eine gute Freundin kommt Sie in der Klinik besuchen und fragt, ob Sie in dieser schwierigen und leidvollen Zeit auch einmal liebevoll zu sich selbst sind, sich trösten oder gar verwöhnen können. Sie verneinen dies vehement.

Kennen Sie eine vergleichbare Situation und Stimmung, wie die eben beschriebene? Wie sah sie aus?

Würden Sie es in einer solchen Situation hinbekommen, sich selbst zu trösten und sich selbst etwas Gutes zu tun? Oder überlegen Sie, was Sie einer guten Freundin sagen würden, und wenden Sie dies auf sich persönlich an.

Üben Sie (in guten Zeiten) selbstfürsorgliches Verhalten ein. Womit können Sie sich heute noch verwöhnen? Es kann eine Kleinigkeit sein, vielleicht einen Blumenstrauß zu pflücken oder eine gemütliche Tasse Tee zu trinken.

Können Sie sich selbst loben? Zählen Sie mindestens drei gute Eigenschaften von sich auf.

Trost

Grenzen ziehen – berührbar bleiben

Es ist wichtig, unsere Verwundbarkeit oder Überforderung nicht zu verdecken, sondern berührbar zu bleiben. Nur so merken wir, wann eine notwendige Grenze gezogen werden muss. Viele Menschen haben Schwierigkeiten, sich abzugrenzen. Sie spüren ihre Begrenzung nicht oder meinen, kein Recht auf diese zu haben. Persönliche Grenzen sind jedoch für die Lebenszufriedenheit wesentlich – sie haben nichts mit Willkür zu tun. Sensibel mit ihnen umzugehen verhindert, dass wir uns irgendwann vollständig zurückziehen, wenn wir keine Kraft mehr spüren und erschöpft sind. Wir opfern uns also nicht mehr Menschen, Situationen und Dingen, sondern sind mit uns selbst – dem Kostbarsten – in Verbindung. Unsere Beziehungen bleiben echt, weil wir klar und deutlich sind.
Wir spüren Trost, wenn sich unsere Grenzen und die innere Berührbarkeit wieder in Balance befinden (Hellwig 2014).

Welche persönlichen Grenzen müssen Sie besonders im Blick behalten?

An welchen Stellen müssen Sie darauf achten, berührbar zu bleiben?

Wie können Sie beides gut in Balance halten?

Manchmal ist es vielleicht auch notwendig, die eigenen Grenzen zu überprüfen. Verläuft die Grenze an der richtigen Stelle?

Trost

Geborgenheit a

Das Wort »Geborgenheit« gehört laut einem Wettbewerb des deutschen Sprachrats und des Goethe-Instituts zu den fünf schönsten Wörtern unserer Sprache (LIMBACH 2007). Vielleicht, weil es für eine der wenigen Empfindungen steht, die wir durchweg positiv erleben. Dennoch ist es gar nicht so leicht, Geborgenheit mit einem Wort zu erfassen. Häufig wird sie mit »behütet und beschützt sein« umschrieben; sie geht jedoch weit darüber hinaus: So gehört auch ein wohliges Gefühl dazu, ein Gefühl von Zuhausesein oder Heimat. Sorgenfrei, unbelastet, unbekümmert und zuversichtlich können passende Attribute sein.

Das Therapeutenpaar Udo BAER und Gabriele FRICK-BAER (2012) nennt drei wesentliche Merkmale von Geborgenheit: Schutz, Wärme und Vertrauen. Wir können auf vielfältige und unterschiedliche Art eine solche Atmosphäre schaffen. Hierbei ist die Wärme, die wir in Beziehungen verspüren, die wichtigste. Die Nähe von den Menschen um uns herum trägt maßgeblich dazu bei, sich geborgen zu fühlen. Wir fühlen uns so angenommen, wie wir sind, und können darauf vertrauen, dass uns der Rücken in schwierigen Situationen gestärkt wird.

Geborgenheit kann uns somit einen geschützten Raum bieten, um Herausforderungen anzugehen. Für Martin PAETSCH (2015) ist Geborgenheit eine der wichtigsten Quellen für positive Lebenseinstellungen. Sie sei kein impulsives Gefühl wie Zorn oder Heiterkeit, die sich ganz plötzlich zeigen. Ihr Zustand entwickele sich langsam und festige sich. Manchmal können wir uns nicht geborgen fühlen. Dann sei der Sehnsucht nach ihr zu folgen, die Geborgenheit sei aufzuspüren und müsse zugelassen werden.

Hans Mogel beschreibt in diesem Zusammenhang drei Wege, wie Geborgenheit neu verankert oder gestärkt werden kann (ebd.):

Geborgenheit in der Umwelt: Hier werden Räume geschaffen, in denen wir uns gerne aufhalten. Wir umgeben uns mit Dingen, die unseren Sinn für Schönes und Genuss wecken. So können wir z. B. Orte in der Natur aufsuchen.

Geborgenheit in uns selbst: Auf diesem Weg üben wir, unsere Bedürfnisse wahrzunehmen und Beschäftigungen nachzugehen, in die wir ganz eintauchen können. Das kann z. B. das Musizieren sein.

Geborgenheit bei anderen: Diesen Zustand finden wir, wenn wir die Nähe zu unseren Mitmenschen suchen.

Darüber hinaus sei es hilfreich, andere Menschen zu unterstützen: »Wenn wir anderen Geborgenheit spenden, kann sie auch in uns wachsen.« (Mogel, zitiert nach ebd., S. 51) Sich mit diesen verschiedenen Möglichkeiten auseinanderzusetzen, ist lohnenswert, denn Geborgenheit tröstet und schafft einen guten Raum für Zuversicht und Entwicklung.

Gemeinsam lesen und wichtige Aussagen markieren.

Trost

Geborgenheit b

Jetzt haben Sie Gelegenheit, sich konkret zu überlegen, wie Sie ganz persönlich Ihre Geborgenheit erhöhen können. Denn gerade in krisenhaften Zeiten ist es hilfreich und tröstend, zu wissen, wie das Gefühl der Geborgenheit zurückerobert werden kann, damit sie wieder spürbar wird.

Wie könnten Ihre Räume aussehen, die Sie mit schönen Dingen umgeben?
Beispiel: Lieblingsfarben einsetzen.

Wie wecken Sie Genuss?
Beispiel: selbst Marmelade kochen.

Welche schönen Orte in der Natur könnten Sie aufsuchen?
Beispiel: durch Felder laufen.

Welche inneren Bedürfnisse nehmen Sie wahr?
Beispiele: Spiel, Musik oder Stille.

Zu welchen anderen Personen könnten Sie Nähe suchen, die Ihnen guttun und denen Sie vertrauen?
Beispiele: Freunde oder Arbeitskollegen.

Wie könnten Sie selbst andere unterstützen?
Beispiel: für die ältere Nachbarin einkaufen.

✎ ....
....
....
....
....
....

✷ Geborgenheit hängt zum Glück nicht vom Geld ab.

Trost

»Schmusetuch«

Erinnern Sie sich noch an die »Schmusetücher« aus Ihrer Kindheit? Manchmal war es ein Tuch oder ein besonderes Kissen, auch mal ein Kuscheltier. Ohne Schmusetuch ging man nicht aus dem Haus; es war ein ständiger Begleiter. Und egal, wie abgenutzt es war, es wurde nicht aus der Hand gegeben … Vielleicht mal in die Wäsche, aber auch das war schon gar nicht so einfach.

Sogenannte Schmusetücher sind Übergangsobjekte, die nach dem englischen Kinderarzt Donald W. Winnicott (2008) eine Verbindung zwischen der inneren und äußeren Welt des Kindes herstellen. Schmusetücher trösten, wenn Kinder von den Eltern getrennt sind. Sie sind besonders wichtig in der Zeit des Schlafengehens, denn sie beruhigen, vermitteln Geborgenheit und geben Sicherheit oder Halt.

In schwierigen Lebensphasen können Schmusetücher aus unserer Sicht durchaus auch für Erwachsene hilfreich und trostspendend sein. Vielleicht gibt es noch den Teddybären aus Kinderzeiten, vielleicht haben sich im Lauf des Lebens »erwachsene« Schmusetücher gefunden, wie ein Souvenir aus einem anderen Land oder eine besondere Kuscheldecke, die eine tröstende Funktion übernehmen. Häufig geraten Schmusetücher in Vergessenheit, wenn wir erwachsen sind. Oder aber wir sind besorgt, ihretwegen belächelt zu werden. Schmusetücher sind jedoch privat und nicht für die Öffentlichkeit bestimmt! Deshalb erlauben Sie sich, heute nach einem Schmusetuch zu suchen, möglicherweise ist es gerade jetzt heilsam.

Hatten Sie in Ihrer Kindheit ein Schmusetuch oder Ähnliches?

Gibt es besondere Ereignisse, die Sie mit dem Schmusetuch verbinden?

Welche hilfreiche Funktion hatte das Schmusetuch?

Was könnte heute Ihr persönliches Schmusetuch sein? Wie könnte es Ihnen über eine schwere Zeit helfen?

Trost

Heilsame Speisen

Erinnern Sie sich an ähnliche Situationen aus der Kindheit? Bei Halsschmerzen bekamen wir Eis, bei Fieber Kartoffelbrei und wenn eine Klassenarbeit oder ein Schwimmabzeichen anstand, bereitete unsere Mutter ein reichhaltiges Frühstück vor. Es gab ein kleines Gläschen frisch gepressten Orangensaft oder »Rotbäckchensaft«, ein gekochtes Ei, dazu ein Brot mit »guter« Butter. Für die Pause bekamen wir ein Rühreibrot eingepackt. Bis heute lösen all diese Speisen und Getränke etwas Wärmendes, Stärkendes und Liebevoll-Fürsorgliches in uns aus und erinnern an die innige, mütterliche Geste, die uns im Herz berührt.

Besonders Eierspeisen – warm und weich – heilen auf ihre Weise, und frischer Orangensaft oder gar ein Gläschen Rotbäckchensaft war in der damaligen Zeit etwas so Kostbares, dass wir regelrecht spürten, wie wertvoll wir waren. Bis heute stehen all diese Lebensmittel für etwas ganz besonders Gutes, was man sich selbst oder anderen zukommen lässt.

Wer Kochleidenschaft besitzt, weiß, welch großer kulinarischer Moment in der Küche entsteht, wenn Olivenöl, Knoblauch und Zwiebeln sich in der Pfanne verbinden oder Erdbeeren und Vanilleeis eine kulinarische Ehe schließen. Aber auch, wenn Kochen keine unserer Leidenschaften ist, spüren wir, dass eine warme Suppe mehr sein kann als eine Suppe.

Wir haben in der Literatur wunderschöne Hinweise, Passagen und – man könnte fast sagen – Bekenntnisse gefunden, von denen wir einige wiedergeben möchten:

Essen und Kochen sind ein überraschend ergiebiges Thema. Schon der Kinderbuchautor JANOSCH beschreibt in seinen Büchern, wie tröstlich und heilsam Essen sein kann. Dem Buchtitel »Bei Liebeskummer Apfelmus« (2013) ist nichts hinzuzufügen. Das Buch »Ich mach dich gesund, sagte der kleine Bär« (2004) erzählt vom Lieblingsessen des kleinen Tigers, der erkrankte – die Zubereitung des Essens und der genüssliche Verzehr waren die beste Medizin.

In der Biografie der Sterneköchin Léa LINSTER (2015) steht die leidenschaftliche Zubereitung von Speisen im Mittelpunkt – aber schlicht und überzeugend ist ihr Hinweis, wie viel Spaß es machen kann, nachmittags einfach mal einen saftigen Käsekuchen zu backen.

Schwester Gisela IBELE (2015 a) drückt es ganz ernsthaft aus. Für sie geht es darum, »Geschmack am Leben zu finden«. Der Lebenssinn erschließe sich über die wachen Sinne. Sie fragt sich, ob wir eigentlich unseren eigenen Geschmack kennen. Essen ist für sie gelebte Lust, übrigens auch das gemeinsame Kochen und das Kochen für jemand anderen.

Wir sind davon überzeugt, dass es heilsame Speisen gibt und jeder welche für sich (wieder) entdecken kann. »Man nehme ...« heißt es in alten Rezeptbüchern immer so schön – wenn das nicht an wohltuende »Arznei« erinnert. Über tröstliche und gemütliche Speisen nachzudenken, so banal es auch klingen mag, erscheint uns ausgesprochen wichtig. Es geht um Sinnlichkeit, Genuss, sich zu verwöhnen und verwöhnt zu werden – alles, was guttut, trägt zur Genesung bei und verbessert das eigene Wohlbefinden. Am besten haben wir bestimmte Lebensmittel gegen Kummer und Schmerz immer vorrätig!

Entdecken Sie nun selbst Ihre persönlichen Lieblingsspeisen, die Ihnen wohltun, Sie trösten und für Sie heilsam sind:

Welche Lieblingsspeisen haben Sie?

Gibt es für Sie tröstliche Mahlzeiten? Denken Sie auch an Gerichte aus Ihrer Kindheit.

Schreiben Sie aus dem Kopf, so gut es geht, das Rezept eines Ihrer Lieblingsessen auf. Wenn Sie nicht selbst kochen, tun Sie so als ob.

Mit wem oder für wen könnten Sie mal kochen?

Welche Zutaten sollten Sie immer vorrätig haben?

Trost

Trost benötigt innere Ruhe

Sich auszuruhen bedeutet, Kräfte zu sammeln. Doch ist es gar nicht so leicht, diese aufzusparen oder zu innerer Ruhe zu finden. Nach Coco Chanel liegt im richtigen Weglassen eine Lebenskunst. Dabei kann es hilfreich sein, zum Einfachen zurückzufinden, das heißt »Überflüssiges« und »Unwesentliches« wegzulassen, um einen guten Boden für innere Ruhe zu bereiten. Innerer Frieden und Entspannung setzen nicht viel voraus; Behaglichkeit, frische Luft, wenig Reize und Stille können gute Nährstoffe sein. Einer der größten Störfaktoren ist körperliches Unbehagen. Dieses kann durch extreme Temperaturen, Lautstärke, unbequeme Sitzgelegenheiten oder beengende Kleidung auftreten – die Natur zu erleben ist ein gutes Mittel, um innere Unruhe auszubalancieren.

Überlegen Sie so genau wie möglich, was Ihnen persönlich diese innere Ruhe verschafft, um in schlechten Zeiten darauf zurückgreifen zu können.

Es beginnt schon bei der Kleidung: Sie hat einen großen Einfluss darauf, wie man sich fühlt. Welche Kleidung müsste es für Sie sein?

Es gibt Nahrungsmittel, mit denen man Ruhe »essen« kann. Sie wirken sich beruhigend auf Ihren Stress- oder Unruhepegel aus. Solche Lebensmittel sind leicht verdaulich und geben viel Energie, wie z. B. Sprossen, Bananen, Kiwi, Tomaten, getrocknete Bohnen, Eier oder Joghurt – sie sind wahre Ruhespender. Welche Speisen bringen Sie zur Ruhe?

Interessanterweise gibt es fast mehr Getränke mit beruhigender Sofortwirkung als Nahrungsmittel. Spitzenreiter ist Kamillentee, aber auch schwarzer Johannisbeersaft, Pfefferminze, Milch oder Chai. Welche Getränke bringen Sie zur Ruhe?

Musik besänftigt das wildeste Tier, so behauptete einst der englische Dramatiker William Congreve. Welche Musik besänftigt Sie?

Welche Entspannungsmöglichkeiten und -techniken kennen und nutzen Sie? Das können Massagen, ein Vollbad oder eine Meditation sein.

Wo finden Sie wirkliche Ruhe ohne Lärmbelästigung?

Trost

Alles hat seine Zeit

»Ein jegliches hat seine Zeit, [...] heilen hat seine Zeit; abbrechen hat seine Zeit, bauen hat seine Zeit;

weinen hat seine Zeit, lachen hat seine Zeit; klagen hat seine Zeit, tanzen hat seine Zeit;

Steine wegwerfen hat seine Zeit, Steine sammeln hat seine Zeit; herzen hat seine Zeit, aufhören zu herzen hat seine Zeit;

suchen hat seine Zeit, verlieren hat seine Zeit; behalten hat seine Zeit, wegwerfen hat seine Zeit;

[...] schweigen hat seine Zeit, reden hat seine Zeit;

lieben hat seine Zeit, hassen hat seine Zeit; Streit hat seine Zeit, Friede hat seine Zeit.«

DIE BIBEL, PREDIGER, KAPITEL 3

Alles hat seine Zeit. Auch der Trost braucht seine eigene Zeit, damit sich im richtigen Augenblick und am rechten Ort etwas wenden kann: Schweres kann leicht werden, Schmerzliches heil und Tränen können gestillt werden. Anselm GRÜN (2011) hat es ganz wunderbar auf den Punkt gebracht: Wir sind nicht festgelegt auf das, was war – alles kann sich auch wieder ändern.

Diese Aussage tröstet, denn sie verweist darauf, dass das Leben aus Wechsel besteht, dass es nicht immer so schwer bleibt, wie es vielleicht in diesem Moment ist. Gegensätzliches darf nebeneinanderstehen, auch wenn wir es zunächst als Widerspruch wahrnehmen. In Zeiten der Tränen können wir auch Freude empfinden; in Zeiten der Wut und des Ärgers können wir inneren Frieden finden.

Folgende Gegensätze schließen einander nicht aus:

Zeit für Tränen	Zeit für Freude
Zeit für Wut und Ärger	Zeit für Frieden
Zeit für uns selbst	Zeit für andere
Zeit zum Grübeln	Zeit zum Loslassen
Zeit für Stillstand	Zeit für Entwicklung
Zeit für Leere	Zeit für Fülle

Die vier Lebensthemen

Zeit zum Aufgeben	Zeit zum Kampfen

Ergänzen Sie die Gegensatzpaare, wenn Sie möchten.

Wählen Sie ein Gegensatzpaar und versuchen Sie, beide Ausdrücke mit Inhalt zu füllen.

Beispiel: Zeit für Tränen → weinen; Traurigkeit spüren; innerer Rückzug; Erleichterung, weil Tränen fließen können; Verzweiflung, weil das Gefühl entsteht, es hört nie wieder auf.

Zeit für Freude → Freudentränen, lachen, Freude teilen, Verbundenheit spüren.

Erinnern Sie eine Situation, in der Sie Gegensätzliches in sich spürten? Vielleicht in Zeiten der Ablehnung, auch Annäherung?

Gibt es aus der Liste eine bestimmte »Zeit«, für die Sie sich ganz konkret Raum nehmen möchten? Was wäre dabei besonders tröstlich?

Trost

Kerzenlicht verschenken

Kerzen spenden mit ihrer Wärme Gemütlichkeit und Geborgenheit. Sie mildern mit ihrem dezenten Licht die Sorgen und Aufgeregtheit des Tages ab und werden gerne am Abend als Abschluss des Tages zur guten Nacht entzündet. Als Licht- und Wärmequelle werden sie häufig mit dem Sonnenlicht in Verbindung gebracht; die Sonne wiederum ist die Quelle allen Lebens.

Die Kerze kann also als sehr starkes Lichtsymbol betrachtet werden und wird bei ganz unterschiedlichen Anlässen eingesetzt. Sie wird zur Besinnung und Meditation, bei Sorgen oder aus Freude entzündet. Kerzen sind auch in vielen Religionen und Lebensbräuchen zu finden, ganz unbestritten aber haben sie eine kraftvolle Wirkung für Trauerprozesse, sind Trost- und Hoffnungsspender und rituell einsetzbar. Sie sind sozusagen *Lebensbegleiter*.

Kerzenlicht zu verschenken ist eine besondere Geste des Gebens und Empfangens. Es ist eine tröstliche Begegnung, die so einfach ist und der Seele so guttut.

Wir möchten Sie daher zu einer Übung einladen, in der Sie ein Kerzenlicht weiterreichen.

Übung Kerzenlicht verschenken

Wir laden Sie nun zu der Übung »Kerzenlicht verschenken« ein.

Nehmen Sie eine bequeme Sitzhaltung ein. Beide Füße haben einen guten Bodenkontakt.

Wenn Sie mögen, schließen Sie die Augen oder senken Sie den Blick.

Nehmen Sie bewusst drei tiefe Atemzüge. (...)

Lenken Sie zunächst Ihre Aufmerksamkeit für zwei Minuten darauf, den heutigen Tag Revue passieren zu lassen.

Überlegen Sie, was für Sie persönlich angenehm war oder auch nicht so gut war.

Gibt es etwas, was Sie vielleicht mit in den Tag nehmen oder auch zurücklassen wollen? (...)

Beenden Sie nun Ihren Tagesrückblick.

Nehmen Sie bewusst einen tiefen Atemzug und öffnen Sie die Augen. (...)

Nehmen Sie die vor Ihnen liegende Kerze in die Hand. Die erste Kerze wird angezündet.

Schweigend wird die brennende Kerze dem rechten Nachbarn zum Entzünden seiner Kerze angeboten. Reichen Sie die Flamme so von Kerze zu Kerze weiter, bis alle Kerzen angezündet sind.

Halten Sie inne und verweilen Sie einen Moment bei dem Kerzenlicht.

Vielleicht möchten Sie die Gelegenheit nutzen, um für sich selbst das Licht und die Wärme mit einem inneren Wunsch zu verbinden ...

Für jemanden, der Ihnen besonders am Herzen liegt ...

Vielleicht möchten Sie für etwas dankbar sein ...

Sie dürfen aber auch ganz einfach nur das Licht und die Wärme in Ihren Händen genießen. Schauen Sie, was für Sie heute und jetzt passend ist. (...)

Nehmen Sie nun noch einmal ganz bewusst einen tiefen Atemzug und pusten Sie dann ganz vorsichtig Ihre Kerze aus.

Wenn Sie möchten, können Sie alle Gedanken, Gefühle und Assoziationen zur Übung notieren. Was hat Ihrer Seele besonders gutgetan?

Trost

Warten und Geduld

Trost gehört zum Heilungsprozess und kann nicht nebenbei gegeben und erlebt werden. Deshalb braucht Trost Zeit und Geduld. Manchmal müssen wir warten, weil kein anderer da ist und wir uns nicht selbst trösten können oder weil wir den Trost nicht annehmen können. Manchmal reicht einmal getröstet zu werden auch nicht aus, um sich heil zu fühlen. Mal braucht es länger, mal kürzer, bis wir uns getröstet fühlen. Warten heißt in diesem Fall, der Heilung eine Chance zu geben.
In dem Buch »Sonntags« vom Verein Andere Zeiten e.V. (2009) steht eine schöne Warteliste, die nachdenklich stimmt und deutlich macht, dass viele Dinge ihre Zeit brauchen, um zu reifen und wachsen zu können. Kresse braucht z. B. drei Tage, ein Parmesankäse drei Jahre, ein Elefantenembryo 21 Monate und das Holz für den Geigenbau fünf bis zehn Jahre. Warten lohnt sich – wir wissen, dass die Zeit Wunden heilt.

Sammeln Sie Ereignisse im Leben, die Zeit brauchen, die langsam wachsen und reifen.
Beispiel: Volljährigkeit mit 18 Jahren.

Gab es Zeiten, in denen Sie geduldig auf Tröstendes warten mussten, und was ergab sich daraus? Wie war das für Sie? Was hat Ihnen geholfen, durchzuhalten?

Hat es sich gelohnt, geduldig zu warten?

Trost

Bedenkzeit

Sie kennen sicher Momente, in denen jemand spontan auf Sie zukommt, ein Anliegen hat oder Ihre Meinung gefragt ist. Oft sind wir geneigt, sofort zu reagieren. Aber nicht umsonst heißt es im Volksmund: Gut Ding will Weile haben. Gerade in sensiblen Zeiten, in denen wir selbst Unterstützung brauchen, ist es besonders wichtig, sich Zeit zu nehmen, um die Dinge in Ruhe und Muße zu bedenken. Konkret heißt das: innehalten, sich Zeit lassen, um zu überlegen, vielleicht eine Nacht darüber schlafen oder sogar eine Woche verstreichen lassen – eben so viel Zeit nehmen, wie nötig. Erst wenn wir unseren persönlichen Standpunkt entwickelt haben, eine Entscheidung wirklich steht, kann sich ein Gefühl von Sicherheit, Machbarkeit und Zufriedenheit einstellen.

Nehmen Sie sich daher eine ausreichende Bedenkzeit. Sich einen solchen Zeitraum einzuräumen ist eine große Entlastung und verhindert eine innere Auswegslosigkeit. Das tröstet!

Wann ist es besonders wichtig und tröstlich, sich Bedenkzeit zu nehmen?

Wann haben Sie gute Erfahrungen damit gemacht, sich Bedenkzeit genommen zu haben?

Wann haben Sie schlechte Erfahrungen damit gemacht, sich keine Bedenkzeit genommen zu haben?

※ Sich selbst ernst nehmen ist die Voraussetzung dafür, dass uns Trost erreicht.

Trost

Zufluchtsort

In Zeiten von Abschied und Trauer ist ein Zufluchtsort überaus hilfreich, an dem man auftanken, sich sicher und getröstet fühlen kann. Dieser Zufluchtsort kann eine besondere Nische in der Wohnung sein, sich in einer Kirche oder in der Natur befinden. Es sollte ein Ort sein, den man gerne aufsucht, der Schutz und Sicherheit bietet, an dem man Unterstützung und Verbundenheit erfährt. Ein Zufluchtsort, den man ohne viel Aufwand aufsuchen kann und an dem man ungestört ist. Es darf auch ruhig verschiedene Orte geben, vielleicht gibt es neben einer Nische in meiner Wohnung auch einen Platz in der Natur, der mich tröstet.

Beschreiben Sie so genau wie möglich einen Zufluchtsort. Vielleicht haben Sie verschiedene Orte mit unterschiedlichen Funktionen.

Welche wichtigen Dinge stehen Ihnen an Ihrem Zufluchtsort zur Verfügung? Was brauchen Sie?

Zu welchen Gelegenheiten suchen Sie Ihren persönlichen Schutzraum auf?

Wie häufig suchen Sie ihn auf?

Wie ist er in Ihrem Alltag verankert? Oder wie können Sie ihn im Alltag verankern?

Trost

Kraftorte suchen

Pierre Stutz (2014) schreibt in seinem Essay über Kraftorte, dass es hilfreich sei, sich Orte zu suchen, die Körper *und* Seele guttun, um einen persönlichen spirituellen Weg zu unterstützen. Auch für den eigenen Genesungsweg ist ein Kraftort überaus förderlich, um im Alltag (vorbeugend) Kraft tanken zu können. Da jeder Mensch anders ist, benötigt jeder seine ganz persönlichen Kraftquellen. Für den einen ist es ein Platz in der Kirche, für den anderen ein Fleck am Küchentisch oder unter dem freien Himmel. Was jedoch alle Kraftorte miteinander verbindet, ist, dass sie stärken, trösten sowie Energie und Vertrauen geben, um die eigene Lebensaufgabe gelingen zu lassen.
Kraftorte sind also immer auch Trostorte!

Übung Kraftorte entdecken

Wir laden Sie zu der Übung »Kraftorte entdecken« ein.

Nehmen Sie eine bequeme Sitzhaltung ein. Die Schultern bleiben entspannt und locker. Die Hände liegen leicht auf den Oberschenkeln. Beide Füße haben einen guten Bodenkontakt.

Wenn Sie mögen, schließen Sie die Augen oder senken Sie den Blick.

Nehmen Sie zunächst drei tiefe Atemzüge, um sich auf Ihren Kraftort vorzubereiten. (...)

Lenken Sie nun Ihre Aufmerksamkeit auf die Entdeckung Ihres Kraftortes:

Gehen Sie in Gedanken Orte durch, an denen Sie sich gerne aufhalten, wo Sie gerne verweilen und von denen etwas Wohliges ausgeht. Diese Orte können direkt in Ihrer Nähe oder aber weit weg sein, vielleicht an einem Urlaubsort.

Machen Sie sich nun auf den Weg dorthin – zu Fuß, mit dem Fahrrad, Auto oder Flugzeug.

Sich auf den Weg zu machen, ist immer ein Zeichen innerer Bereitschaft, sein Leben zu durchschreiten und der Seele Entfaltungsmöglichkeiten zu geben.

Wenn Sie Ihren Kraftort gefunden haben, verweilen Sie dort und nehmen Sie dazu bewusst ein paar tiefe Atemzüge. (...)

Vielleicht mögen Sie an diesem Ort ein Gebet sprechen oder an einen besonderen Menschen denken. Vielleicht möchten Sie auch innerlich ein Lied anstimmen, das Sie besonders berührt – dazu ist nun Gelegenheit.

Überlegen Sie, wie Sie diesen Ort jederzeit in Ihrem Alltag erreichen können. Können Sie ihn wirklich aufsuchen? Oder einfach in Gedanken, in Ihrer Vorstellung? Denken Sie daran, in Ihrer Vorstellung können Sie überall hingelangen.

Vielleicht haben Sie nun einen Kraftort für sich entdeckt, den Sie regelmäßig aufsuchen können: real oder imaginär. Ist Ihnen das noch nicht gelungen, versuchen Sie es beim nächsten Mal. Es sollte ein Ort werden, an dem Sie kleine Rituale leben, der Sie tröstet und an dem Sie neue Kraft für Ihren Alltag schöpfen.

Verabschieden Sie sich nun von diesem Ort. Nehmen Sie einen tiefen Atemzug und kommen Sie mit Ihrer Aufmerksamkeit zurück in diesen Raum. (...)

Nehmen Sie sich nun Zeit und beschreiben Sie Ihren Kraftort so genau wie möglich. Wenn Sie ihn nicht gefunden haben, notieren Sie, wie der Ort sein muss, um Ruhe und Trost zu finden. Welche wesentlichen Dinge benötigen Sie an Ihrem inneren Kraftort? Wie können Sie diesen Ort in Ihrem Alltag verankern?

Trost

Mein ABC der Lebenskunst

»Was ist das Leben? Es ist das Aufblitzen eines Glühwürmchens in der Nacht. Es ist der Atem eines Büffels im Winter. Es ist der kleine Schatten, der über das Gras huscht und im Sonnenuntergang verschwindet.«
CROWFOOT, BLACKFOOT-INDIANER

Lebenskunst heißt so viel wie: die Kunst, das Leben zu meistern und mit den Gegebenheiten fertigzuwerden. Es geht darum, gelassener mit den Herausforderungen des Lebens umzugehen und fest davon auszugehen, dass wir unsere Lebensumstände beeinflussen und sie persönlich gestalten können. Jeder Mensch verfügt, auch wenn es noch so düster in ihm ist, über Fähigkeiten, sich in schwierigen Zeiten selbst zu unterstützen, um eine Situation *leichter* zu bewältigen.
Wagen Sie, Gutes aufzulisten und zu denken.

Erstellen Sie sich ein kleines oder großes ABC der Lebenskunst und denken Sie dabei an alles, was Ihnen persönlich zur Verfügung steht und Ihnen guttut. Es muss übrigens nicht unbedingt etwas Großartiges sein:

A	N ....
B	(halt die) Ohren steif
C	P ....
D	Qigong
E	R ....
F	S ....
G	T ....
H	U ....
I	V ....
J	W ....
K	Xylophon spielen
Locker lassen	Yoga
M	Z ....

Marie Boden, Doris Feldt **Trost und Hoffnung für den Genesungsweg** Downloadmaterial © Psychiatrie Verlag Köln 2017

Trost

Wunderbare Wörter a

Sibylle Prins (2010) hat in ihrem Buch »Tagtraumzeit – Nachdenkzeit – Lächelzeit« ein schönes Gedicht über die Muße geschrieben. Sie hat wunderbare Wörter gefunden und erfunden, die das Thema sinnlich werden lassen und sich schon beim Lesen zu wahren Trostspendern entwickeln. Viele ihrer schönen Worte sind deshalb so tröstend, weil sie sofort ein Lächeln auf die Lippen zaubern. Trost braucht Muße, ganz ohne Leistungsgedanken; er braucht Zeit für Schönes.

Lesen Sie das Gedicht von Sibylle Prins aufmerksam und in Ruhe. Markieren Sie anschließend Ihre Lieblingswörter.

Muße

Sinnierzeit   Imgrasliegezeit
Tagtraumzeit   Balkonzeit
Musikhörzeit   Sofazeit
Gedichtlesezeit   Langeweilezeit
Gedichtschreibzeit   Trauerzeit
Wassertrinkzeit   Wenkannichanrufenzeit
Pfirsichgenießzeit   Regenzuhörzeit
Ausdemfensterschauzeit   Schneeflockenfangzeit
Sonnenaufgangbestaunungszeit   Spaziergehzeit
Wartezeit   Uhrzeigerverfolgungszeit
Nachdenkzeit   Schneckenzeit
Tagebuchzeit   Insektenschauzeit
Rauchzeit   Müdigkeitszeit
Fühlzeit   Döszeit
Durchshaarstreichzeit   Glucksenvorvergnügenzeit
Eincremezeit   Kaminzeit
Kerzenbeobachtungszeit   Radiozeit
Blumenbetrachtungszeit   Löcherindieluftstarrzeit
Bildmeditationszeit   Träumzeit
Lächelzeit
Denkandichzeit
Gesangbuchzeit   Schöne Zeit
Philosophierzeit

Trost

Wunderbare Wörter b

Wählen Sie nun ein Wort aus, das Sie in diesem Augenblick besonders tröstlich finden. Lassen Sie es einige Minuten auf sich wirken, schreiben Sie es auf:

Ihr Trostwort: ....

Entwickeln Sie daraus einen schönen, tröstenden Moment und notieren Sie alle Gefühle, Gedanken, Assoziationen zu diesem Wort. Sie können es auch in einer kleinen Geschichte »ausschmücken«, damit Sie wissen, wie sich das schöne Wort anfühlen und erleben lässt.
Beispiel: Lächelzeit
Ich gönne mir eine Lächelzeit, ich lächle meinen Kater an, ich sehe das Lächeln meiner Lieben auf den Fotos an der Wand. Ich lächle, obwohl ich traurig bin, ich lache über meine verschiedenen Socken an den Füßen …

Versuchen Sie nun, diesen schönen Moment heute Abend oder am kommenden Tag ganz konkret umzusetzen! Wie könnte das aussehen?

Trost

Starke Sätze

»Jeder Grashalm hat seinen eigenen Engel, der sich über ihn beugt und flüstert: Wachse, wachse.«
TALMUD

Im Oktober 2012 rief das Chrismon Spezial zu folgender Umfrage auf: »Welcher Satz macht Sie stark?« Diese Idee hat uns inspiriert, sich einmal mit den starken, tröstenden Sätze in uns auseinanderzusetzen. Sehr häufig sind gerade die unguten Sätze – die sogenannten Glaubenssätze – fest im Inneren verankert. Die guten Sätze, die uns vielleicht unterstützt, gefördert oder begleitet haben, geraten leider viel zu schnell in Vergessenheit. Dennoch gibt es sie – starke Sätze, die uns an die Hand nehmen, mit denen man Krisen und Konflikte besser aushält, die Trost spenden oder helfen, die Blickrichtung zu ändern.

Sammeln Sie zunächst einmal alle inneren (Glaubens-)Sätze; ob gut oder nicht. Schauen Sie, wie die Gewichtung ist.

Schreiben Sie alle Sätze auf, die Sie berührt, verletzt oder erfreut haben, die in Ihnen geblieben sind. Legen Sie einfach los; schreiben Sie alles, was Ihnen einfällt, auf.

Lassen Sie nun alle unguten Sätze unberücksichtigt, von denen Sie sich befreien wollen. Lenken Sie Ihre Aufmerksamkeit auf die starken Sätze, die Ihnen gutgetan haben, die wohltuend waren und vielleicht von lieben Menschen kamen. Welcher dieser Sätze hat gerade heute eine wichtige Bedeutung für Sie? Schreiben Sie ihn noch einmal auf.

Nehmen Sie nun Ihren ausgewählten Satz und lassen Sie sich von ihm inspirieren. Vielleicht kann er Ausgangspunkt für eine kurze Geschichte sein. Oder Sie notieren einfach alle Gedanken, Gefühle und Assoziationen, die dieser Satz in Ihnen auslöst. Sagen Sie sich, dass uns alle Sätze, die wir brauchen, zur rechten Zeit finden. Das ist tröstlich! Wenn Sie mögen, gestalten Sie Ihren eigenen Satz mit bunten Stiften und hängen Sie ihn an einem besonderen Platz auf.

Trost

Lebensgeschenke

Lebensgeschenke sind Geschenke, die einem das Leben einfach so schenkt. Es handelt sich weniger um Geschenke, die man kaufen kann. Es geht mehr darum, sich für kleine Augenblicke und Begegnungen zu öffnen, sich inspirieren zu lassen und sie bewusst wahrzunehmen. Die Sensibilisierung der fünf Sinne kann dabei durchaus hilfreich sein. Sie werden erstaunt sein, was man alles geschenkt bekommt, wenn man mit aufmerksamem und achtsamem Blick durchs Leben geht. Schon Bertolt BRECHT (2011) beschreibt in seinem Gedicht »Vergnügungen« etliche schöne Dinge, wie z. B. bequeme Schuhe, die Zeitung am Morgen, begeisterte Gesichter, der erste Blick am Morgen aus dem Fenster oder das Pflanzen und Schreiben.

Beschäftigen Sie sich mit Ihren »Lebensgeschenken« und lassen Sie Ihr Leben entsprechend Revue passieren.

Was sind Ihre persönlichen Lebensgeschenke?

Welche Lebensgeschenke sind Ihnen in der vergangenen Woche begegnet?

Welches Lebensgeschenk wollen Sie sich selbst heute machen?

Welches Lebensgeschenk geben Sie heute der Gruppe mit?

Trost

Die Liebende-Güte-Meditation a

Die Liebende-Güte-Meditation (Metta Bhavana) ist eine der ältesten Meditationsformen Indiens. Metta heißt übersetzt: Liebe, Freundlichkeit oder auch Herzensgüte. Bhavana bedeutet Entwicklung. Der Übende nimmt sich selbst oder anderen Lebewesen gegenüber eine wohlwollende Haltung ein.

Metta-Meditationen gibt es in vielen Fassungen und Längen. Die darin enthaltenen Sätze oder Wünsche können ganz unterschiedlich sein. Sie alle knüpfen an der Annahme an, dass Glück, Zufriedenheit, Frieden und Freiheit Grundbedürfnisse eines jeden Menschen sind – egal wer dieser ist oder was er tut. Metta-Meditationen öffnen und weiten das Herz, füllen es mit guten Gefühlen und Freundlichkeit. Darüber hinaus fördern sie das eigene Selbstvertrauen, mildern eine strenge Haltung gegenüber sich selbst und wirken Ängsten entgegen. Es sind kraftvolle Meditationen, die besonders tröstend, lebendig und stärkend sind. Auch können sie ganz unabhängig von einer Gottheit praktiziert und gesehen werden.

In schweren Zeiten ist es durchaus sinnvoll und auch erlaubt, nur sich selbst Metta zu spenden, um zu Kräften zu kommen und sich mit neuer Energie zu versorgen. An genau dieser Stelle möchten wir anknüpfen. Denn gerade in belastenden Lebensphasen neigt man dazu, schonungsloser mit sich selbst zu sein. Wir vergessen dabei völlig, dass wir nur Gutes an andere weitergeben können, wenn wir selbst wieder in Balance sind. Sind wir jedoch innerlich leer und bedürftig, können wir anderen in der Regel kein oder wenig Metta spenden. Sobald wir tröstlich und zuversichtlich gestimmt sind, können wir die Meditation jederzeit erweitern und auf andere übertragen, wie auf die Familie oder Freunde.

Die Liebende-Güte-Meditation enthält positive Wünsche, die so oft wie nötig wiederholt werden, um den Inhalt im Geist zu verankern. Je nach Konzentration können Sie diese Wünsche als Gedanken wiederholen, flüstern, laut sprechen oder auch aufschreiben. Sie werden schnell erfahren, wie die Wünsche Ihr Herz öffnen und sich eine kraftvolle Wirkung einstellt.

Als Einstieg bieten sich folgende Zeilen an:

Möge ich glücklich und zufrieden sein.

Möge ich friedvoll und frei sein ...

Die Meditation kann durch folgende Zeilen erweitert werden:

Möge ich sicher und geborgen sein.

Möge ich heil und gesund sein.

Möge ich frei von Sorgen und Ängsten sein.

Möge ich dankbar sein für das, was gerade ist ...

Trost

Die Liebende-Güte-Meditation b

Nehmen Sie sich nun Zeit für Ihre ganz persönlichen Metta-Wünsche. Überlegen Sie genau, was in Ihrem Leben bedacht werden müsste, was heilsam und wohltuend wäre. Wenn es Ihnen schwerfällt, etwas für sich selbst zu wünschen, dann nehmen Sie den Umweg über eine gute Freundin und übertragen Sie diese Wünsche auf sich selbst. Erlauben Sie sich, sich mit liebender Güte und Freundlichkeit aufzufüllen.

Möge ich ....

....

Möge ich ....

....

Möge ich ....

....

Möge ich ....

....

Möge ich ....

....

Möge ich ....

....

Möge ich ....

....

Notieren Sie Gedanken und Gefühle, die Sie bei der Erarbeitung Ihrer ganz eigenen Meditation hatten.

✳ Die Metta-Meditation kann erweitert werden durch: Freunde, Familie, Gegner, alle Lebewesen oder auch ganz bestimmte Personen.

Hoffnung

*»Die Hoffnung des ganzen Jahres – der Frühling.
Die Hoffnung des Tages – der Morgen.«*
Aus Japan

Hoffnung ist etwas sehr Wichtiges. Es ist aber manchmal gar nicht so leicht, zu hoffen, die Hoffnung nicht (wieder) zu verlieren oder vielleicht sogar für sie zu sorgen. Woher könnte Hoffnung kommen? Einige schöpfen sie über eine positive Lebenseinstellung. Sie vertrauen darauf, dass sich alles zum Guten wendet. Bei anderen hat die Hoffnung religiöse Wurzeln. Es gibt einen Gott oder eine höhere Macht, die mich segnet. Hoffnung kann sich auch über andere Menschen ergeben, die an meiner Seite stehen und möglicherweise stellvertretend für mich hoffen. Jeder neue Tag kann Hoffnung bringen: ein freundliches Wort, ein gutes Buch oder auch der Gedanke, dass Veränderungen zum Leben gehören und sich das Leben nur rückwärts erklären lässt. Wenn wir mutig sind oder Mut gemacht bekommen, auch einmal etwas riskieren, Aufgaben übernehmen, selbstständig bleiben oder einen Sinn und Auswahlmöglichkeiten sehen, begegnen wir dem Leben hoffnungsfroh. Freunde, Fachpersonal, Träume, Wünsche und Sehnsüchte können Hoffnung geben, wenn wir in einer Lebenskrise stecken.

Das Thema Hoffnung ist also ein wichtiger Motor auf dem Genesungsweg. Der Begriff »Zuversicht« drückt es noch besser aus, denn er meint den Glauben daran, dass etwas wieder gut werden kann. Zuversicht brauchen neben dem Recoveryreisenden auch seine Begleiter. Wer als Fachkraft keine Hoffnung mehr spürt, kann sie nur schwer für sein Gegenüber entwickeln. Das Fehlen von Hoffnung lässt die Sinnhaftigkeit in der Behandlung des erkrankten Menschen, manchmal auch in der eigenen Arbeit schwinden. Es lohnt sich also, sich als Fachkraft immer wieder neu mit dem Thema Hoffnung zu beschäftigen. Hoffnung schenkt Sinnerfüllung – gemeinsam können wir etwas bewegen!

Impulse aus Sicht einer Peer

Anita Sporleder

»Was bleibt sind Glaube, Hoffnung, Liebe.
Die Liebe aber ist das Größte ...«
Die Bibel, 1. Korinther 13 : 13

Dieses Lebensthema betrifft uns alle. Ohne Hoffnung, dass sich alles zum Guten wendet, wäre das Leben mit all seinen Krisen unerträglich. Für mich war die Hoffnung eine wichtige Triebfeder. Ich wollte sie so richtig! Ich habe innerlich und mithilfe von Unterstützern aktiv daran gearbeitet, mein Leben in gute Bahnen zu lenken. Allein hätte ich es nicht geschafft.

In schwierigen Momenten kamen zur richtigen Zeit Menschen, die mir weitergeholfen haben, an mich glaubten und für mich gehofft haben. Ich lese hin und wieder auch in der Bibel und finde darin besonders in Krisenzeiten Trost und Hoffnung. Wenn ich hoffe, spüre ich eine tiefe Dankbarkeit dem Leben gegenüber. Sie gibt mir Kraft, Schritte nach vorne zu gehen. Manchmal einen oder zwei und manchmal auch wieder Schritte zurück. Das summiert sich im Leben in Richtung Hoffnung. Aber es ist wichtig, dass ich Langmut lerne – denn Veränderungen brauchen ihre Zeit.

Ich bin nicht nur den Profis, meinen Freundinnen und meiner Familie dankbar, sondern auch glücklich, dass die Klinik mich unterstützt hat, nach Bielefeld zu ziehen. So konnte ich im Verein Psychiatrie-Erfahrener (VPE) tätig werden und in Gilead IV das Peer Counseling »Zeit für Gespräche« mitbegründen. Nun kann auch ich für andere zum Hoffnungsträger werden. Der Gesellschaft etwas zurückgeben zu können und Menschen etwas Gutes zu tun, gibt meinem Leben Sinn. Dabei achte ich darauf, auch etwas für mich zu tun, wie die Stabilisierungsgruppe zu besuchen.

Von Bedeutung ist ebenso, wie wir über unsere Zukunft reden. Vielleicht nimmt unser Leben ja eine freudige Wendung. Hoffnung ist für mich eine positive Grundhaltung, ganz gleich wie viele negative Gedanken ich habe. So, wie ich mich entscheide, gesund werden zu wollen, entscheide ich mich auch, hoffnungsvoll zu sein. Dabei warte ich nicht auf besondere Gefühle, sondern gehe achtsam mit meinen

Gefühlen um und nehme auch die kleinen Dinge wahr. Ich sage mir Mutmachsätze, wie: »Jeder Nachteil birgt den Keim eines noch viel größeren Vorteils.«

Eine Bemerkung von Marie Boden war für mich ein Schlüsselsatz: »Ich trau Ihnen das zu.« Er gab mir Hoffnung und Mut, als ich es mir selbst nicht zutraute. So konnte ich Neues wagen! In diesem Fall habe ich in der Altenpflegeschule in Bethel die Einladung eines Dozenten angenommen, um dort über meine eigene Krankengeschichte zu berichten.

Anleitungen – 26 vertiefende Themenblätter

Zuversicht

Zuversicht fällt nicht unbedingt vom Himmel. Sie ist Teil von Resilienz und kann aktiv herbeigeführt werden, indem wir Einflussmöglichkeiten, die eigene Stärke und einen Sinn im alltäglichen Leben wahrnehmen.

Hoffnung lebt von Lebenssinn und Aufgaben

Dieses Blatt stößt das Thema Sinn und Sinnerfüllung an, jedoch nicht im Großen, gar Philosophischen, sondern im Kleinen, Alltäglichen und Begrenzten. Es gehört zum Leben, Sinnhaftigkeit oder eigene Werte zu verlieren und darum kämpfen zu müssen, sie wiederzuerlangen. Das Gefühl, gebraucht zu werden, Aufgaben nachzugehen und sinnvolle Dinge zu tun oder zu unterstützen, ist hierbei wesentlich.

Es ist ein sehr intensives Themenblatt, weil Lebenssinn so grundlegend wichtig ist.

Visionen

Visionen lassen sich nicht immer 1 : 1 umsetzen, sie lassen aber innere Bilder entstehen und konkretisieren unsere Vorstellung von der Zukunft. Es könnte wichtig sein, darüber zu sprechen, dass verwirklichte Visionen in der Geschichte der Menschheit nicht nur Segen hervorgebracht haben. Dieses Themenblatt will die eigene Kraft und gute persönliche Visionen bewusst machen.

Ziele beim Namen nennen

Nennen Sie Dinge beim Namen, damit sie greifbar sind und existent werden! Wenn wir die eigene Lebenssituation nicht wahrnehmen, können wir keine hilfreichen Veränderungen herbeiführen und das macht hoffnungslos. Erreichbare Ziele zu sehen macht hingegen hoffnungsvoll.

Nicht länger auf den Prinzen warten

In Krisenzeiten sind die eigene Haltung und Erwartungshaltung gegenüber anderen zu überdenken. Legen wir unser Glück und Wohlbefinden in die Verantwortung anderer oder tragen wir selbst Sorge dafür? Dieses Blatt wirbt für eine gute Selbstfürsorge!

Hoffnung braucht Vertrauen

Vertrauen ist lebenswichtig: das Vertrauen in das (eigene) Leben, in Menschen und in sich selbst. Wenn es verloren gegangen oder angeschlagen ist, können wir eine Art Bestandsaufnahme machen, wie es um das persönliche Vertrauen bestellt ist, um zu sehen, wo man wieder ansetzen könnte.

Verbündete suchen

Wer kann uns aus unserem persönlichen Umfeld helfen? Auf wen können wir hoffnungsvoll zurückgreifen, wenn es uns nicht gut geht? Verbündete können wertvolle Unterstützer sein.
Dieses Themenblatt hat eine Peer exemplarisch ausgefüllt ⬇.

Innere Helfer mobilisieren

Manchmal können Helferinnen und Helfer nicht direkt an unserer Seite sein. Wir können jedoch innerlich ein Band zu ihnen halten oder sie uns zum Vorbild nehmen. Wen gibt es in unseren Gedanken?

Hoffnung braucht Wertschätzung a & b

Sich wertgeschätzt zu fühlen ist für unser Selbstvertrauen überaus wichtig. Das erste Blatt nimmt die Wertschätzung durch andere in den Blick. Diese ist eine doppelt gute Empfindung.
Das zweite Blatt beleuchtet den gegenteiligen Part und sorgt für eigene Wertschätzung. Wenn wir uns nicht selbst lieben, nützt die Wertschätzung von außen wenig. Eine Möglichkeit ist es, anderen Menschen Beachtung und Anerkennung zu schenken. Es bessert das Selbstwertgefühl der anderen auf, gibt uns aber ebenso ein positives Gefühl. Gerade in Krisen, in denen wir Wertschätzung besonders nötig haben, gehen wir mit uns selbst wenig wertschätzend um.

Einen anderen Blickwinkel einnehmen

Komplimente sind etwas sehr Kostbares. Es geht hier nicht nur darum, anderen welche zu machen, sondern vor allem auch sich selbst. Dieses Blatt ist bewusst als Gruppenarbeit angelegt. So können wir zunächst dem Gegenüber etwas Anerkennendes sagen. Umgekehrt hören wir etwas Gutes über uns und können so im letzten Schritt üben, uns selbst Komplimente zu machen. Alle Fragen sind reihum in der Gruppe zu erarbeiten, damit möglichst nichts in der Sprachlosigkeit untergeht.

Wie die Dinge wirklich sind

Dieses Blatt vereint Herz und Verstand. Bei genauerem Hinsehen bietet das Leben so viel mehr, als zunächst gedacht! Und alles darf sein!

Dinge, die ich tun möchte, bevor ich uralt bin

Unser Leben findet genau jetzt statt. Wir machen eine Bestandsaufnahme von Mangel und Fülle im Leben und entwickeln daraus Pläne und Vorhaben. So kann sich ein Gefühl der Zufriedenheit einstellen – sei es nur hier und da.

Eine Schublade voller Hoffnung

Die Geschichte des Seelenvogels zeigt, welche Fähigkeiten in uns stecken und wie wir uns über die eigenen Ressourcen weiterentwickeln und verwirklichen können. Es geht auch darum, Sehnsüchte aufzuspüren und für möglich zu halten, dass sich Wünsche erfüllen. Manches muss im Leben für eine Zeit verschlossen werden – so hat auch das Unangenehme einen Platz, ohne ganz weg zu sein; es kann erst einmal ruhen. Das ist wichtig, weil Unangenehmes häufig so viel Einfluss hat, dass der hoffnungsvolle Prozess behindert wird.

Das Leben lässt sich nur rückwärts verstehen

Das Leben lässt sich meist erst in der Rückschau erklären und verstehen. Auch wenn nicht alles gut ausgeht, wird vieles mit der Zeit besser. Es ist lohnenswert, sich zu erinnern! Dieses Blatt sensibilisiert für die wiedergefundene Freude oder Hoffnung. Wir lernen, Schweres auszuhalten und abzuwarten, was geschieht.

Auf die eigenen Stärken achten

Hier schauen wir uns die individuellen Lebensumstände an und erinnern daran, sich die persönliche Kraft nicht rauben zu lassen. Dazu müssen die eigenen Stärken bekannt sein.

Manchmal braucht es mehrere Anläufe

Niederlagen und Scheitern gehören zum Leben dazu. Dieses Blatt wirbt für eine selbstverständlichere Fehlerkultur. Es ist wichtig, sich selbst Fehler zu erlauben, manches ruhig mehrmals zu probieren – egal, wie es ausgeht –, den eigenen Mut anzuerkennen und sich unterstützen zu lassen. Wir können ein Gespür für den richtigen Zeitpunkt entwickeln und den Plan dann erneut in Angriff nehmen.

Das Gleichgewicht halten

In Krisenzeiten müssen wir gut in uns hineinhören, um eine gesunde Balance zwischen Rückzug und Geselligkeit zu finden. Beides ist wichtig und legitim.

Was das Herz hoffnungsvoll berührt

Wie können wir wieder mehr Stabilität, Lebensfreude, Individualität, Struktur, Kraft und Halt erfahren? Dieses Blatt gibt wertvolle Hinweise, um die zehn Schritte zur Lebenskunst individuell zu beschreiben. Aufgrund der vielen Vorschläge braucht dieses Themenblatt Zeit, es kann über mehrere Stunden bearbeitet werden.

Wenn ein Tag zu Ende geht

Den Tag noch einmal Revue passieren zu lassen ist eine gute Möglichkeit, um inneren Frieden zu finden: Es geht um Gutes, aber auch um Schlechtes, was nicht mit in die Nachtruhe genommen werden soll oder diese verhindern könnte. Davon hängt auch der Start in den nächsten Tag ab. Rituale machen das Leben einfacher und sicherer (siehe auch Kapitel »Vorsorge treffen«, S. 69).
Dieses Blatt kann auch anders eingesetzt werden: Nutzen Sie es z.B. am Ende einer Arbeitswoche oder einer schwierigen Phase.

Hoffnungssymbole

Hoffnungssymbole begegnen uns überall im Alltag und sollen an Glück und Zuversicht erinnern. Mit Hoffnungssymbolen zu leben bedeutet, intensiv an die Hoffnung zu glauben. Halten Sie für dieses Blatt Buntstifte bereit! Falls ein Teilnehmender nicht malen möchte, kann er sein Hoffnungssymbol so genau wie möglich beschreiben. Sie können auch eine Zeitschrift bereitlegen, um Symbole zu finden oder eine Collage zu kleben.

Die Gedanken sind frei

Dieses Blatt hält eine Imaginationsübung bereit. Zunächst gibt es eine kurze Einführung in die Begrifflichkeit und Handhabe der Übung (siehe zur Vertiefung BODEN, FELDT 2015b, S. 338 f.). Die Übung selbst vermittelt, in welch positive Richtung Gedanken gelenkt werden können. Die Teilnehmenden spüren dies meist direkt. Sollte sich jemand nicht auf die Übung einlassen können, ist dies in Ordnung. Bieten Sie der Person an, die Übung als »Auszeit« zu sehen.

Was das Leben reicher macht

Hier sammeln wir wunderbare kleine Augenblicke, die Menschen wirklich erlebt haben, und schärfen damit die Wahrnehmung für Gutes im Alltag. Im zweiten Schritt überlegen wir gemeinsam, was an den Erlebnissen so wertvoll ist und ob es eigene gibt.

Vorfreude – Freude – Nachfreude

Freude, somit auch die Vor- und Nachfreude, ist vielfältig und reichhaltig. Sie muss keine kurze Momentaufnahme sein, kann erhalten und wiederbelebt werden. Wir alle können die Freude ausdehnen. Opfern Sie gute Gedanken, Gefühle und Erinnerungen nicht zu schnell der Oberflächlichkeit und Kurzlebigkeit.

Einfachheit

Dieses Blatt wirbt für die Einfachheit im Leben, und zwar immer dann, wenn es komplex und kompliziert verläuft. Was genau könnte entlasten und welche Gefühle setzt es in uns frei?

Sehnsucht nach Kostbarkeiten

Hier weisen wir auf »Kostbares« im Leben hin. Die Sehnsucht danach sollte erhalten bleiben, muss aber auch gestillt werden. Kostbarkeiten sind all die unbezahlbaren Dinge, aber auch alles, was lebendig macht.

Sich in Sicherheit bringen

Manchmal halten wir an Beziehungen fest, obwohl sie uns nicht mehr guttun. Dann ist es besser, eine Beziehung zu beenden oder zu begrenzen, um selbst wieder frei zu sein. Überforderungen, auch in Beziehungen, rauben Kraft und ein hoffnungsvolles Lebensgefühl. Es geht darum, in gesunder Weise an sich selbst zu denken.

Hoffnung

Zuversicht

Erfolg und Misserfolg, Gewinn und Verlust, Vorteil und Nachteil wechseln sich im Leben immer wieder ab. Manche Menschen reagieren verängstigt auf die Schattenseiten des Lebens, andere nehmen sie als Herausforderungen an. Optimistisch zu bleiben kann dabei hilfreich sein: Wir können aus einer nicht optimalen Situation das Bestmögliche herausholen!
Was zeichnet eine zuversichtliche und lebensbejahende Grundhaltung aus?
Ganz wichtig ist es, daran zu glauben, dass sich eine belastende Situation positiv entwickelt und wir die Fähigkeit besitzen, sie zu beeinflussen. Das gelingt uns vielleicht nicht immer. Manchmal neigen wir dazu, Dinge stärker von der negativen Seite zu betrachten, weil wir hoffnungslos und verzweifelt sind. Zuversicht lässt sich jedoch stärken und fördern – dies zu wissen, ist wiederum hoffnungsvoll. Sie kann wachsen, wenn wir uns aktiv um sinnstiftende Elemente bemühen, wie um Liebe, Verbundenheit, Treue oder den Glauben an etwas. Kaum etwas spornt uns mehr an, als die Aussicht, dass Vorhaben gelingen können und gut ausgehen.

Notieren Sie alle Gedanken, Gefühle und Assoziationen zu dem Begriff Zuversicht.

Fallen Ihnen Situationen ein, in denen Sie zuversichtlich waren, über Stärke verfügten und Einfluss nehmen konnten?

Zuversicht kann wieder erlernt werden. Halten Sie täglich in einer Notiz drei gute Erlebnisse des Alltags fest. Was haben Sie als angenehm, inspirierend und motivierend empfunden? Beginnen Sie gleich jetzt damit!

Wie können Sie darüber hinaus Ihre persönliche Zuversicht stärken?

Hoffnung

Hoffnung lebt von Lebenssinn und Aufgaben

Eine allgemeine Definition vom Sinn des Lebens gibt es nicht. Jeder Mensch ist verschieden und betrachtet die Wirklichkeit auf seine ganz persönliche Weise.

Nach Joachim KAHL (2001) steckt hinter der Sinnfrage ein Bedürfnis nach Spiritualität. Es bedeutet jedoch nicht, dass spirituelle Bedürfnisse ausschließlich religiös gestillt werden müssen. Menschen können ihren Lebenssinn auf verschiedene Weise aufspüren – so kann einer Halt in einer religiösen Gemeinschaft finden, ein anderer in der Natur, Kunst oder Musik, im freundschaftlichen Miteinander oder im unterstützenden Ehrenamt. Manche sind ihr ganzes Leben auf der Sinnsuche, andere halten verbindlich an ihren Werten fest.

In Krisenzeiten und in schwierigen Lebenssituationen kann der Sinn des Daseins sehr schnell verloren gehen; der Schmerz und der Verlust an Sicherheit sind zu groß. Die Suche und der Wille nach einer neuen Sinngebung sind wichtige Ressourcen, um eine Lebenskrise bewältigen zu können. Tilo WESCHE (2013), Professor für Philosophie, schreibt in seinem Aufsatz »Was ist Glück«, dass der Lebenssinn vom Leben selbst verliehen oder ganz persönlich festgesetzt werde. Er sieht letztendlich in Aktivitäten und im Tätigsein Sinnstiftendes und verweist auf Menschen, denen es gelungen ist, nach schweren Leiderfahrungen aufzustehen. Lebendigsein bedeutet für ihn, Hoffnung zu haben, egal wie klein sie am Anfang ist, und wieder am Leben teilzunehmen.

Ein wichtiger Meilenstein auf dem Genesungsweg ist es deshalb, eine (neue) Aufgabe zu suchen und (kleine) Ziele zu verfolgen, um allmählich ein (sinn-)erfülltes und hoffnungsvolles Leben zurückzuerlangen.

Welche sinnvollen Aufgaben haben Sie? Denken Sie dabei nicht nur an die großen Lebensaufgaben, sondern auch an die kleineren, wie z. B. der Nachbarin beim Einkauf zu helfen oder sich in einer Selbsthilfegruppe zu engagieren.

Gibt es Ziele, die Sie gerne erreichen würden?

Was gehört für Sie zu einem erfüllten Leben?

Mit welcher Aufgabe, mit welchem Schritt können Sie schon einmal beginnen?

※ Sinnerfüllung ist etwas höchst Persönliches und es kann sein, dass man sich immer wieder Zeit für sie nehmen muss. Manchmal ist es ein kleiner Moment des Glücks oder der inneren Zufriedenheit.

Hoffnung

Visionen

Visionen sind innere Bilder von der Zukunft, hinter denen Ideen, Träume, Sehnsüchte oder unerfüllte Wünsche stecken. Sie motivieren und sind wichtige Energielieferanten. Wenn das Leben keine Visionen mehr bereithält, gibt es nach Erich FROMM (1980) wenig Grund, sich anzustrengen. Damit sie wirken können und nicht wie Seifenblasen zerplatzen, sind sie an konkrete Ziele und Maßnahmen zu binden.

Hugo M. KEHR und Maika RAWOLLE (2011) räumen ein, dass Visionen auch leicht ins Fantastische oder Mystische abdriften können. Dies führe dann von der Wirklichkeit weg und somit auch vom Gelingen. Deshalb ist darauf zu achten, dass Visionen konkret werden. Hierzu müssen wir eine genaue Vorstellung entwickeln, die sich an eine Handlung knüpfen lässt. Erst dann kann eine Aufbruchstimmung entstehen und der Blick nach vorne gerichtet werden. In diesem Fall können Visionen eine Antriebsfeder sein und ein Gefühl von Hoffnung wachsen lassen.

Das Autorenteam nennt fünf Empfehlungen – schauen Sie selbst:

- Gönnen Sie sich eine Auszeit, um Ihre persönliche Vision zu entwickeln.
- Ihre persönliche Vision sollte sich gut in Bildern vorstellen lassen.
- Glauben Sie an Ihre Vision und binden Sie andere mit ein.
- Verknüpfen Sie Ihre Vision mit konkreten Zielen und Maßnahmen.
- Vertrauen Sie bei der Auswahl zwischen alternativen Zielen und Maßnahmen auf Ihr Bauchgefühl.

Gemeinsam lesen und besprechen.

Haben Sie eine Vision? Tragen Sie schöne Zukunftsbilder in sich? Beschreiben Sie diese und denken Sie dabei an Ihre Wünsche und Träume.

Befürchten Sie Hindernisse und Widerstände? Falls ja, welche?

Wer kann Sie bei der Umsetzung Ihrer Vision unterstützen?

✎ ....

....

....

✳ Ohne verwirklichte Visionen und Träume gibt es keine Entwicklung.

Hoffnung

Ziele beim Namen nennen

Die Dinge beim Namen zu nennen ist eine Grundvoraussetzung, um Ziele entwickeln zu können. Benutzen wir nicht viel zu oft unkonkrete Wörter, wie: irgendwie, irgendwann, irgendwo? Manchmal spürt man sehr genau, dass etwas im Leben nicht stimmt, anders werden muss und auf keinen Fall so bleiben darf; wir können dieses Gefühl jedoch nicht richtig fassen. Dann ist es Zeit, nach Worten zu suchen, die unmissverständlich ausdrücken, was vorher nur verschwommen und unklar wahrgenommen werden konnte. Andrea SCHWARZ (2014, S. 15) schreibt in ihrem Essay: »Wie will ich etwas ändern an Dingen, denen ich nicht einmal zugestehe, dass es sie in meinem Leben gibt, und die ich nicht benennen kann?«
Die Psychologieprofessorin Gabriele OETTINGEN (2016) hat eine hilfreiche Methode entwickelt, um die eigenen Ziele zu verwirklichen. Sie nennt diese Methode »WOOP« – abgekürzt für wish (Wunsch), outcome (Ergebnis), obstacle (Hindernis), plan (Plan). Es geht also darum, unseren Wunsch und das Ergebnis zu formulieren – wohin soll es gehen? Dabei ist es unumgänglich, auch mögliche Hindernisse zu bedenken und sie in den Plan einzubeziehen, um ein Gelingen zu ermöglichen.
Über die eigenen Ziele und Veränderungswünsche nachzudenken, ist eine besonders konkrete Form der Hoffnung!

Welche Ziele haben Sie? Wählen Sie zunächst ein kleines, machbares Ziel, um ein Gefühl für die praktische Umsetzung von Zielen zu bekommen. Denken Sie auch daran, welche Vorbereitungen Sie hierfür treffen müssen.
Beispiele: Ich habe das Ziel, mal wieder einen Tagesausflug zu machen! Ich möchte für einen Tag nach Münster. Ich werde mir Folgendes anschauen: … Ich muss dafür noch einen Monat sparen.

Welches Ziel haben Sie? Benennen Sie es:
Mein Ziel: ....

Entwickeln Sie Pläne und einzelne Schritte, wie Sie Ihr Ziel erreichen können:
- In welchem Zeitraum möchten Sie Ihr Ziel erreichen?
- Gibt es besondere Tage, Tageszeiten oder Wochen für Ihr Vorhaben?
- Wie viel Energie möchten Sie einsetzen: 20, 50, 100 Prozent?
- Müssen Sie mit Hindernissen rechnen? Welche sind das?
- Wer kann Sie beim Erreichen des Ziels unterstützen?
- Wie schätzen Sie die Erfolgschancen ein?

 In einem ersten Schritt formulieren wir unsere Ziele in Gedanken – das kann bereits grundlegende Hoffnung geben. Und ganz allmählich, mit Zeit und Geduld, merken wir, dass wir Neues wagen können.

Marie Boden, Doris Feldt **Trost und Hoffnung für den Genesungsweg** Downloadmaterial © Psychiatrie Verlag Köln 2017

Hoffnung

Nicht länger auf den Prinzen warten

Sich seiner eigenen unerfüllten Wünsche bewusst zu sein, kann helfen, diese in die Tat umzusetzen. Vielfach braucht es einfach nur den Mut, so zu sein oder zu denken, wie man ist – doch das ist nicht so einfach. Erschwerend ist häufig, dass die Erfüllung der eigenen Wünsche an andere gekoppelt ist; andere mögen dafür sorgen, dass sich unsere Wünsche erfüllen, und möge es noch so lange dauern. Wir machen das eigene Glück und Wohlbefinden also von anderen abhängig, weil wir es uns selbst nicht zutrauen. Die Erwartungshaltung an andere ist manchmal enorm hoch und gar nicht so selten wird darüber kein Wort verloren. Oft haben wir ganz konkrete Vorstellungen, wie der andere sein soll. Darauf zu warten, dass der »Prinz« oder die »Prinzessin« in unser Leben tritt, um uns glücklich zu machen, kann jedoch ziemlich aussichtslos sein und ist für beide Seiten eine unbefriedigende Situation.

Deshalb ist es wichtig, an seiner eigenen Selbstfürsorge zu arbeiten und daran zu glauben, dass sie funktioniert. Verantwortung für sich selbst zu übernehmen, die eigene Stärke wahrzunehmen und selbstbestimmt zu leben, macht hoffnungsfroh.

Kennen Sie den Traum vom Prinzen oder der Prinzessin, der oder die Sie rettet und Ihre innigsten Wünsche erfüllt? Welche Sehnsucht könnte dahinterstecken?

Wie fühlt es sich an, wenn andere die Verantwortung für Ihr Leben übernehmen und Ihre Bedürfnisse erfüllen?

Sie haben wie im Märchen drei Wünsche frei! Was wünschen Sie sich?

Was können Sie selbst tun, um sich Ihren drei Wünschen anzunähern?

✎ ....
....
....
....

✱ Gute Beziehungen sind wunderbar und ein großes Geschenk: Sie leben von Freiheit und Freiwilligkeit. Seien Sie sich selbst ein richtig guter Freund!

Hoffnung

Hoffnung braucht Vertrauen

Das Wort Vertrauen birgt in sich Zuverlässigkeit. Ich kann mich auf jemanden verlassen, auf etwas bauen. Darüber hinaus schließt es auch den Glauben an jemanden mit ein. Vertrauen in sich selbst und in das Leben ist eine (überlebens-)wichtige Angelegenheit. Ist Vertrauen spürbar, geht vieles leichtfüßiger und man fühlt sich besser. Vertrauen beruhigt und kann negativen Gedanken entgegenwirken. Wie genau es funktioniert, wie viel Kraft und Selbstverständnis davon ausgeht, lässt sich am besten bei Kindern beobachten. Sie lassen sich fallen, sie laufen wild drauflos, wenn Arme geöffnet sind, sie sagen ohne Umschweife, was sie denken – sie versinken völlig in einer Aktivität und vergessen dabei Zeit und Stunde. Dahinter steckt das Vertrauen dem Leben, der Liebe und der Verbindlichkeit der Eltern gegenüber.

Im Lauf des Lebens machen wir jedoch auch gegenteilige und schlechte Erfahrungen. Dann erfordert es neuen Mut, sich selbst, anderen und dem Leben neu zu vertrauen und davon auszugehen, dass alles auch wieder gut oder besser werden kann. Schwester Gisela IBELE (2015 b) spricht so schön davon, allem Geschaffenen zu trauen: der Sonne, dass sie wieder scheinen wird, dem Augenblick, der eine schöne Überraschung bereithält, und dem Tag, dass sich etwas Positives zeigen wird.

Manche Menschen vertrauen einer höheren Macht, die für sie sorgt und sie segnet – mit der festen Überzeugung, unterstützt und begleitet zu werden. Egal, wem oder was wir vertrauen, Vertrauen kann Ängste lösen und Hoffnungselixier sein.

Schauen wir uns das Vertrauen näher an: Wie ist der Stand der Dinge im Augenblick? Wem trauen Sie?

Haben Sie Menschen, die Ihnen treu sind? Sind Sie sich selbst treu?

Welche starke Seite können Ihnen Menschen zur Verfügung stellen?

Welche Menschen und Werte sind fest in Ihrem Leben verankert?

An wen oder was glauben Sie?

In welchen Bereichen haben Sie Selbstvertrauen?

Können Sie sich auf sich selbst verlassen?

Hoffnung

Verbündete suchen

Niemand kommt allein und ohne Unterstützung von Menschen, die an einen glauben, durchs Leben. Wir werden aber auch auf Mitmenschen treffen, die unseren Selbstwert schwächen, uns innerlich angreifen oder entmutigen. Vielleicht bleibt auch eine Furcht vor Abwertungen in uns, wie: »Das klappt ja doch nicht.« An dieser Stelle brauchen wir echte Verbündete, ebenfalls Hoffende, die diese Abwertungen mildern, uns in unserem Tun bestärken und vielleicht sogar gemeinsam mit uns neue Ziele verfolgen.
Verbinden Sie sich deshalb mit den »richtigen« Menschen, um die Hoffnung zu bewahren!

Wer sind Ihre persönlichen Hoffnungsverbündeten: jemand, der auch gerade hofft; jemand, der mit Ihnen hofft; jemand, der stellvertretend für Sie hofft, weil Ihnen die Hoffnung abhandengekommen ist?

Zeichnen Sie Ihr persönliches Netzwerk.

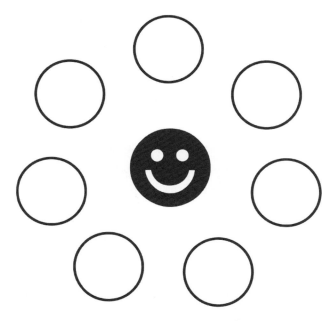

Hoffnung

Innere Helfer mobilisieren

Kennen Sie die folgende Situation? Eine Aufgabe liegt vor Ihnen und Sie wissen nicht, was zuerst und zuletzt getan werden muss. Die Anforderung ist so groß, dass es unmöglich scheint, diese Aufgabe erfüllen zu können. Sie liegt vor Ihnen wie ein mächtiger, großer und unbezwingbarer Berg.

Manchmal fällt es schwer, sich selbst Mut zuzusprechen oder sich tatsächlich von anderen unterstützen zu lassen. Dann können Sie Ihre »inneren Helfer« mobilisieren (siehe auch REDDEMANN 2010). »Innere Helfer« sind Menschen, die Sie schon einmal liebevoll begleitet und ermutigt haben – vielleicht Angehörige, Nachbarn, Freunde, Kolleginnen oder Lehrer. Denken Sie an Menschen, die Ihnen Sicherheit gaben, Ihren Mut bewunderten und es geschafft haben, Sie zu motivieren. Vielleicht gibt es auch ein Idol, das Sie angespornt hat. All diese Menschen tragen zu Ihrer Hoffnung bei.

Es ist eine tröstende Vorstellung, sich mit seinen inneren Helfern verbinden zu können, wenn wir uns einsam und hilflos fühlen!

Finden Sie Beispiele für eine scheinbar unbezwingbare Aufgabe.
Denken Sie z. B. an einen Umzug oder eine Prüfung.

Welche Menschen gehörten zu Ihren Mutmachern? Welchem Idol können Sie ein wenig nacheifern?

Welche besonderen Eigenschaften hatten sie?

Wie wurden Sie ermutigt und unterstützt?

Gab es hilfreiche Sätze und Gesten?

✎
....

....

....

....

✷ In Gedanken können Sie Ihre inneren Helfer um Unterstützung bitten oder Sie zum Vorbild nehmen. Vergessen Sie nicht: Sie selbst haben bereits einige große Berge bezwungen!

Hoffnung

Hoffnung braucht Wertschätzung a

Sich selbst wertzuschätzen oder von anderen wertgeschätzt zu werden ist unerlässlich für das eigene Tun. Ein gutes Selbstwertgefühl schützt davor, sich minderwertig zu fühlen. Die Anerkennung durch andere bestärkt darin, einen Beitrag geleistet zu haben. Manchmal brauchen wir die Resonanz von außen, um die Sinnhaftigkeit unseres Tuns deutlicher zu spüren. Wenn jemand interessiert daran ist, was ich mache, es mitbekommt, bekräftigt oder lobt – z. B. sieht, was ich male oder meine Musik hört –, dann bekommt mein Handeln eine ganz andere Bedeutung. Ich spüre mehr den Sinn dahinter, wenn ich andere daran teilhaben lasse.

Lassen Sie deshalb andere wissen, womit Sie sich gerade beschäftigen, welchen Aufgaben Sie nachgehen, damit sich Wertschätzung und ein hoffnungsvolles Gefühl einstellen können.

Gemeinsam lesen und besprechen.

Erstellen Sie eine Liste von Tätigkeiten im Alltag, die wertgeschätzt werden. Beispiel: Nachbarschaftshilfe, ein Lächeln verschenken oder das Haustier von Freunden versorgen.

Haben Sie noch weitere Ideen, wie Sie für Wertschätzung – oder Interesse an dem, was Sie tun – sorgen können?

✎ ....
....
....
....
....
....

✳ Um unsere negative Grundstimmung aufzuhellen und unser eigenes Selbstwertgefühl zu stärken, braucht es gute Anregungen von außen.

Hoffnung

Hoffnung braucht Wertschätzung b

Wir können uns auch selbst anerkennen und bekräftigen – das ist die sicherste Möglichkeit, an Wertschätzung zu kommen. Dafür müssen wir es mit uns selbst gut meinen. Aber auch die Wertschätzung, die wir für andere bereithalten, kehrt ins eigene Herz zurück und kann für ein hoffnungsvolles Gefühl sorgen.
Was ist eigentlich Wertschätzung? Was bewirkt sie? Anette FRANKENBERGER, Klaus MEILINGER und Martina REHBERG (2008) bezeichnen sie als Geschenk, als gutes Gefühl, das ohne Geld zu bekommen ist. Für sie beinhaltet Wertschätzung Respekt, Stärkung des eigenen Selbstwertes, Bedingungslosigkeit, Trost, Freude, Süße, Liebe, Wachstum, Fürsorglichkeit, Freundschaft, Frieden und ein vorsichtiger Umgang mit den Menschen und der Natur. Dies verdeutlicht, wie nachhaltig Wertschätzung wirken kann; sie ist eine Art *Wundermittel* – denn sie ist stets hilfreich.

Lesen und besprechen. Markieren Sie alle Sätze und Wörter, die Sie persönlich berühren.

Die obige Aufzählung enthält bereits viele wichtige Punkte. Möchten Sie noch welche hinzufügen?

Notieren Sie alle Dinge, die Sie an sich selbst wertschätzen können.

Erinnern Sie eine Situation, in der Sie über die Wertschätzung für andere selbst etwas zurückbekamen?

Hoffnung

Einen anderen Blickwinkel einnehmen

»Von einem guten Kompliment kann ich zwei Monate leben.«
MARK TWAIN

Echte Komplimente sind in unserer heutigen Gesellschaft sehr selten. Dabei hat ein freundliches Wort meist eine ganz wunderbare Wirkung. Wenn wir darüber nachdenken, Komplimente zu machen, fallen uns zunächst die anderen ein, denen wir etwas Gutes sagen können. Mit uns selbst sind wir hingegen kritisch oder streng. Wir nehmen uns meist sehr genau unter die Lupe, sind nicht sonderlich spendabel mit Anerkennung und Wertschätzung, obwohl wir uns eigentlich danach sehnen. Mit anderen können wir milder und verständnisvoller sein.

Unser Umgang mit anderen kann auch uns hoffnungsfroh stimmen. Über das Verschenken von Komplimenten können wir auch freundliche Worte für uns selbst finden. Beginnen wir zunächst mit den anderen.

Was können Sie Gutes über andere sagen? Sammeln Sie zu jedem in Ihrer Kleingruppe drei gute Eigenschaften. Derjenige, der gerade Gutes von der Gruppe hört, notiert dieses für sich.

Wie haben Sie sich in den verschiedenen Rollen gefühlt?

Können Sie die guten Eigenschaften der Gruppe annehmen?

Ergänzen Sie, was andere Menschen bereits Gutes über Sie gesagt haben: Freunde, Partner, Angehörige, Kolleginnen oder Betreuer. Nehmen Sie sich Zeit zum Nachdenken.
Beispiel: Eleni kann gut kochen.

Wandeln Sie die Sätze der anderen über Sie in die Ich-Form um.
Beispiel: Ich kann gut kochen.

Verinnerlichen Sie das Gute in sich und überlegen Sie nun, welche Komplimente Sie sich selbst machen können.

Welches freundliche Wort behalten Sie besonders in Ihrem Herzen?

 Komplimente und freundliche Worte sind sprachliche Kostbarkeiten und Hoffnungsspender! Notieren Sie Ihre Komplimente und bewahren Sie sie zu Hause sichtbar auf, um daran erinnert zu werden.

Hoffnung

Wie die Dinge wirklich sind

In dem Buch »Lob der Herzensbildung« von Irmtraud Tarr (2008) gibt es einen wunderbaren Hinweis: Das Leben sei noch viel bunter, als wir es annehmen oder zunächst wahrnehmen. Wir betrachten etwas, äußern uns direkt mit unserem Verstand und ordnen es unter »blau« ein, so haben wir es gelernt. Unser Herz hingegen weiß über die Farbe Blau wesentlich mehr zu erzählen. Es verbindet sie vielleicht mit Kornblumen, dem Meer, dem Himmel, mit Schmetterlingen oder Vögeln.

Es ist anregend, sich mit Farben zu beschäftigen und dazu das Herz sprechen zu lassen. So wird der Reichtum der Natur und des Lebens deutlich – das, was wir manchmal knapp und einseitig erfassen, entfacht sich als farbenfroher Strauß von Möglichkeiten! Wählen Sie innerlich ruhig den »Weitwinkel« und spüren Sie, wie viel Hoffnung sich dahinter verbirgt.

Was fällt Ihrem Herzen zu den drei Grundfarben Rot, Blau und Gelb ein?

Rot ....
....

Blau ....
....

Gelb ....
....

Wählen Sie Ihre Lieblingsfarbe und lassen Sie Ihr Herz sprechen. Was verbirgt sich hinter Ihrer Lieblingsfarbe?

Meine Lieblingsfarbe: ....
....

Widmen Sie sich auch den Farben Schwarz und Weiß – denn auch sie haben eine Herzensbedeutung und müssen nicht zwingend traurig oder neutral sein.

Schwarz ....
....

Weiß ....
....

Hoffnung

Dinge, die ich tun möchte, bevor ich uralt bin

Die Zeit vergeht und ehe man sich versieht, ist sie schon davongelaufen. Welche Dinge möchten Sie vor Ihrem 85. Lebensjahr tun? Sich ernsthaft mit dieser Frage auseinanderzusetzen, ist eine gute Möglichkeit, um herauszufinden, was fehlt oder zu kurz gekommen ist. Das können Sehnsüchte, Wünsche, Träume oder Zukunftsperspektiven sein. Wo empfinden wir einen Mangel? Worauf hoffen wir?

Vielleicht kommen wir zu dem Ergebnis, dass wir eine andere Richtung einschlagen wollen. Manchmal entpuppt es sich auch als gut, wie es ist und sich entwickelt. So oder so: Es steckt Hoffnung drin und es lohnt sich, darüber nachzudenken!

Nehmen Sie sich etwas Zeit zum Nachdenken und lassen Sie alles aus der »Feder fließen« – welche Dinge wünschen Sie sich für Ihr weiteres Leben? Denken Sie dabei an die kleinen und großen Dinge des Lebens.
Beispiele: ein Lieblingskochbuch durchkochen oder einen Ort besuchen, den Sie schon lange kennenlernen wollten.

Schauen Sie sich Ihre Liste immer mal wieder an und überlegen Sie, welche Dinge sich leicht ins Leben holen lassen und welche mehr Zeit brauchen. Wählen Sie eine Sache aus, die Sie ganz konkret in der nächsten Zeit umsetzen können, und eine andere, für die Sie mit der Planung beginnen wollen.

Planen Sie jetzt: ....

....

....

....

....

....

....

※ Manches ist vielleicht gar nicht so schlecht und vieles kann einfach so bleiben, wie es ist!

Marie Boden, Doris Feldt   **Trost und Hoffnung für den Genesungsweg**   Downloadmaterial   © Psychiatrie Verlag Köln 2017

Hoffnung

Eine Schublade voller Hoffnung

In der Geschichte vom Seelenvogel von Michal Snunit und Na"ama Golomb (1997) geht es um unser Gefühl und unsere innere Stimme. In unserer Seele wohnt der Seelenvogel. Dieser kann verletzt, fröhlich, böse, ganz groß oder sicher sein … Er spürt alles, was wir fühlen, und besteht aus Schubladen ganz unterschiedlichen Inhalts. Mit diesen Schubladen lässt sich einiges machen – man kann schauen, was in ihnen ist, was nötig wäre und was verschlossen werden soll.

Befüllen Sie Ihre Hoffnungsschubladen mit Ihrer Freude, Stärke und Liebe. Wählen Sie selbst, was drin sein soll: Schreiben Sie auf, was noch vorhanden ist und was Sie sich sehnlich wünschen.

Schublade für die Freude

Vorhandene Freude	Wünsche
z. B. Gartenarbeit	z. B. Kinobesuch

Schublade für die Stärke

Vorhandene Stärke	Wünsche
z. B. sich gesund fühlen	z. B. Kontakte pflegen

Marie Boden, Doris Feldt **Trost und Hoffnung für den Genesungsweg** Downloadmaterial © Psychiatrie Verlag Köln 2017

Schublade für die Liebe

Vorhandene Liebe	Wünsche
z. B. Freundin, Katze	z. B. Partner

Schauen Sie sich Ihre befüllten Schubladen an. Welcher Inhalt lässt Sie besonders hoffnungsvoll werden?

Wenn es Ihnen guttut oder sinnvoll erscheint, öffnen Sie eine weitere Schublade für Unangenehmes. Legen Sie alles Belastende hinein und verschließen Sie die Schublade anschließend in dem Bewusstsein, sich innerlich eine entsprechende Auszeit nehmen zu dürfen.

Schublade für Unangenehmes

Hoffnung

Das Leben lässt sich nur rückwärts verstehen

Vieles bekommt erst in der Rückschau einen Sinn. Zahlreiche Erlebnisse, die wir in der Gegenwart bitterlich beklagten, erscheinen beim Blick zurück viel positiver; manches erweist sich auch als gute Fügung. Zudem versöhnt uns die Zeit oftmals mit den negativen Erlebnissen des Lebens.

Vielleicht haben Sie Ihre Schulzeit als belastend, lustlos oder langweilig erlebt. Aus heutiger Sicht und mit genügend Lebenserfahrung können die negativen Erfahrungen verblassen. Manchmal entsteht Sinnhaftigkeit, vielleicht sind wir heute auch dankbar, weil wir daraus lernen konnten. Oder erinnern Sie sich an Auseinandersetzungen mit Ihren Eltern? Aus heutiger Sicht ist sicher nicht alles, aber vieles nachvollziehbarer geworden. Denken Sie ebenso an die kleinen Beispiele im Alltag, wie den Bus verpasst und dadurch eine alte Freundin wiedergetroffen zu haben. Ausgerechnet den Pullover, den wir ins Auge gefasst haben, gibt es nicht mehr in der passenden Größe – dafür ist er im nächsten Laden reduziert!

Es kann helfen, sich das Leben entsprechend zu erklären und sich zu erinnern, wie die Zeit Wunden heilte, Positives entstanden ist und die Hoffnung zurückkehrte. Die Hoffnung wird so aus der Erinnerung gespeist, und das kann zu einer zuversichtlichen Verfassung beitragen.

Erinnern Sie ähnliche Situationen?

Fallen Ihnen Beispiele ein, in denen sich Ihr Leben rückwärts verstehen lässt?

Søren KIERKEGAARD (2004, S. 62) sagt: »Man kann das Leben nur rückwärts verstehen, aber man muss es vorwärts leben.« Schließen Sie sich mit einem Teilnehmenden zusammen und überlegen Sie gemeinsam, wie die genannten Beispiele helfen, in krisenhaften, schweren Lebensphasen die Hoffnung nicht gänzlich zu verlieren und den Blick wieder nach vorne zu richten.

✳ Hoffnungsvolle Gedanken lösen nicht das Problem, sie unterstützen aber dabei.

Hoffnung

Auf die eigenen Stärken achten

Stets seine Mängel und Schwachstellen im Blick zu haben, auf das zu schauen, was alles nicht klappt, was man nicht kann oder nicht geschafft hat, engt ein, behindert und schwächt. Deshalb ist es so wichtig, die eigenen Stärken hervorzuheben und zu fördern. Wir müssen uns dieser bewusst werden, aber auch darüber nachdenken, ob es Lebensumstände gibt, die einem anhaltend die Kräfte rauben.

Von Zeit zu Zeit ist es notwendig, zu überprüfen, ob wir uns im Leben am richtigen Ort befinden, ob wir uns mit den richtigen Menschen umgeben, dem passenden Hobby nachgehen oder es in unserem Leben zu viel oder zu wenig »Aufregendes« gibt. Auf die eigenen Stärken zu achten, ist eine gute Voraussetzung, um mit dem, was wir nicht so gut können, umzugehen. Sich im Leben gut einzurichten ist eine Stärke – und persönliche Stärken sind Hoffnungsträger!

Nehmen Sie sich einen Moment Zeit und gehen Sie innerlich Ihre Lebensbereiche durch:
- Was fühlt sich zurzeit richtig gut an?
- Was fühlt sich zurzeit unpassend an?
- Benennen Sie fünf Stärken von sich.
- Wie bleiben die Stärken stark? Denken Sie an die Selbstfürsorge.

Hoffnung

Manchmal braucht es mehrere Anläufe

In einer Welt voller Sieger hört sich das Wort »Scheitern« oder »Niederlage« wie ein hässliches Fremdwort an, und im Grunde darf es gar nicht vorkommen. Jeder weiß jedoch ums Scheitern und kennt es auch. Manchmal klappt etwas nicht auf Anhieb und benötigt mehrere Versuche. Oder aber es gelingt überhaupt nicht, das ist völlig normal und ist Teil des Lebens.

Nach Udo BAER und Gabriele FRICK-BAER (2011) kann das Scheitern ein richtig guter »Kumpel« sein. Aus unserer Sicht ist damit gemeint, dass das Scheitern zum Leben dazugehört, es darf etwas schiefgehen – denn es kann stets einen neuen Versuch, eine neue Gelegenheit geben. Diese Hoffnung bleibt. Wenn etwas missglückt, ist das kein Grund, sich zu schämen. Sehen Sie es als Möglichkeit, es erneut zu versuchen.

Niederlagen werden ungern oder wenig mit anderen besprochen, viel lieber werden sie verschwiegen oder sogar verheimlicht. Das baut zusätzlich Druck auf, ist schädlich und wenig hilfreich, etwas erfolgreich zu verändern.

Wenn wir als Erwachsene etwas Neues wagen, z. B. unseren Führerschein oder eine neue Ausbildung in Angriff nehmen, verschweigen wir es oft aus Sorge, wir könnten scheitern und diese Information käme an die »Öffentlichkeit« – wir kämpfen uns alleine durch. Der aufgebrachte Mut, der Anerkennung verdient, steht so weder im Mittelpunkt noch kann dieser unterstützt werden.

Für die Sterneköchin Léa LINSTER (2015) ist die schlimmste Niederlage, wenn wir uns aus Angst vor dem Scheitern oder Misslingen nichts mehr zutrauen und nichts mehr in Angriff nehmen. Diese Form der Handlungsunfähigkeit ist auch in unseren Augen das Schlimmste, was wir uns antun können. Was für eine erschreckende Vorstellung, aus Sorge vor dem Scheitern starr und steif zu werden. Zweifel und Unsicherheit gehören im Leben zu manchem Vorhaben dazu, Mut und Anfängergeist auch. Machen wir es wie Kinder: hinfallen, aufstehen, weiterlaufen und die Hoffnung nicht aufgeben!

Gemeinsam lesen und besprechen. Markieren Sie wichtige Sätze.

Haben Sie Wünsche oder Vorhaben aufgegeben, weil Sie Angst vorm Scheitern hatten?

Kennen Sie Vorhaben, über die Sie nicht gesprochen haben, weil sie Angst vorm Scheitern hatten?

Manchmal sind mehrere Anläufe nötig, um eine Veränderung zu ermöglichen. Erinnern Sie eine vergangene Situation, in der Sie die Hoffnung nicht aufgegeben haben, sondern drangeblieben sind? Welche und wie viele Schritte waren nötig, um Ihr Ziel zu erreichen? Wie hat sich das angefühlt?

✎ ....
....
....
....
....
....
....
....
....
....
....
....
....
....

✳ Scheitern kann neue Energie freisetzen: »Jetzt erst recht!« Es ist hoffnungsvoll, Fehler machen zu dürfen.

Hoffnung

Das Gleichgewicht halten

In ihrem Buch »Muscheln in meiner Hand« erzählt Anne Morrow LINDBERGH (1990) von dem Umgang mit Erschütterungen, Verletzungen und Narben. Sie stellt die Frage, wie man trotz alledem stark bleiben kann. Sich innerlich zurückzuziehen, die Einsamkeit zu wählen und den alltäglichen Pflichten nicht nachzugehen – all das kann keine Lösung auf Dauer sein. Sie sieht auch keine Lösung darin, das Leben völlig zu bejahen. Stattdessen erscheint ihr ein Weg »dazwischen« sinnvoll, in einem Rhythmus, der sowohl Rückzug als auch Gemeinschaft erlaubt und eine Balance zwischen Einkehr und Rückkehr herstellt.

Der Wunsch, sich am liebsten zu verkriechen oder auf einer einsamen Insel leben zu wollen, ist in Krisenzeiten völlig legitim. Sich eine gewisse Zeit zurückzuziehen kann schützend und notwendig sein, sollte aber immer wieder durchbrochen werden, denn Hoffnung entsteht auf Dauer nicht in der völligen Isolation. Hier kommt es darauf an, sich selbst gut zu kennen und in unterschiedlichen Lebensphasen einschätzen zu können. Manche Menschen brauchen für das innere Gleichgewicht mehr Rückzug und Alleinsein, andere benötigen überwiegend Gemeinschaft und Öffentlichkeit. Ein inneres Ungleichgewicht führt zu negativen Gefühlen und in die Überforderung. Hoffnung lebt von der Balance!

Welcher Typ Mensch sind Sie?

Was benötigen Sie zurzeit mehr: Rückzug oder Öffentlichkeit?

Wie könnte »innere Einkehr« aussehen? Wie könnte »mehr Öffentlichkeit« aussehen?

Wäre es zurzeit wichtig, beides in eine persönliche Balance zu bringen, und wie könnte das konkret aussehen?

✎ ....

....

....

✳ Wenn Sie nicht sicher sind, ob Sie sich zurückziehen oder sich zu anderen gesellen wollen, nehmen Sie sich für die Entscheidung Zeit! Zweifel zeigen uns an, genauer in uns hineinzuhorchen.

Hoffnung

Was das Herz hoffnungsvoll berührt

Das Buch »Heute leben!« von Ulrich Sander (2014) beginnt mit einem anregenden Kapitel: nämlich den »zehn Schritten der Lebenskunst«. Die Titel der zehn kleinen Essays verschiedener Autoren sorgen für sich genommen eigentlich schon dafür, dass unser Herz hoffnungsvoll berührt wird. Es sind kleine Schätze oder sogar Schatztruhen.

Diese Schatztruhen sind mit Gedanken gefüllt, die die Hoffnung, Zufriedenheit und das Wohlbefinden fördern. Machen Sie Dinge wieder anders und bewusster oder betrachten Sie sie vielleicht auch nur einmal mit anderen Augen:

Staunen
Staunen im Sinne von Überraschtsein – das können wir besonders gut von Kindern lernen. Sie lassen sich von winzigen Kleinigkeiten beeindrucken. Was bringt Sie heute als Erwachsener zum Staunen?

Zur Quelle gehen
Zur Quelle gehen heißt, zum Ursprung und zu den Anfängen zurückzukehren. Die Quelle steht aber auch für Erfrischung und das Spenden von Lebenskraft. Gehen Sie zu Ihrer eigenen Quelle zurück, erfrischen Sie sich, vielleicht sogar mit Altbewährtem. Welche Lebenskraft kann Ihre Quelle spenden?

Mein Lebenshaus
Das persönliche Lebenshaus ist der Ort, an dem wir leben oder wo wir uns zu Hause fühlen. Dort sind wir behütet und fühlen uns geborgen. Welcher Ort gibt Ihnen Sicherheit und Geborgenheit?

Grenzen ziehen
Grenzen zu ziehen ist wichtig und manchmal notwendig, um den Alltag und das Leben bewältigen zu können. Wir müssen sowohl die eigenen als auch die Grenzen der anderen respektieren und achten. Kennen Sie Ihre persönlichen Grenzen? Wann sagen Sie »Stopp – hier geht es nicht weiter«? An welcher Stelle gilt es, die Grenzen anderer zu respektieren?

Beim Namen nennen
Dinge beim Namen zu nennen beinhaltet, Worte zu finden und die Tatsachen anzuerkennen und wahrzuhaben. Was benannt wird, ist auch existent. Der Dreiklang »Erkennen – Akzeptieren – Verändern« kann hier hilfreich sein. Wenn ich in der Lage bin, etwas zu erkennen und zu benennen, ist das ein guter Ausgangspunkt, die Dinge im nächsten Schritt anzunehmen und schließlich zu verändern. Wann fällt es Ihnen schwer, die Dinge beim Namen zu nennen? Was hilft Ihnen, wieder Worte zu finden?

Kraftorte suchen

Kraftorte sind Orte, die stärken und kraftspendend sind. Sie können in der Vorstellung als inneres Bild oder in der Wirklichkeit existieren. Was ist Ihr persönlicher Kraftort? Wie finden Sie ihn? Welche Kraft wird Ihnen dort zuteil?

Die Schöpfung genießen

Die Schöpfung genießen bedeutet, offen zu sein für die Dinge, die das Leben bereithält – manches sogar ganz ohne eigenes Zutun: Sonnenschein am Morgen, ein Lieblingslied im Radio, gemütlich in einem Café zu sitzen oder einen alten Brief wiederzufinden. Schließen Sie für einen Moment die Augen. Was ist an schönen und guten Dingen schon alles da?

Im Augenblick stehen

Hier geht es darum, eine achtsame Haltung einzunehmen. Offen zu sein für das, was gerade da ist, es möglichst wahrzunehmen, ohne es zu bewerten – ganz gleich, ob es angenehm, unangenehm oder neutral ist. Halten Sie einen Moment inne und lenken Sie Ihre Aufmerksamkeit nach innen. Seien Sie achtsam – welche Gedanken und (Körper-)Gefühle sind gerade da?

Die Zeit gestalten

Wenn wir am Leben teilnehmen und die eigenen Gestaltungsmöglichkeiten kennen und nutzen, haben wir die Sicherheit, dass wir Einfluss nehmen können und die Fäden in der Hand halten. Nehmen Sie sich einen Moment Zeit, um den Rest des Tages ganz bewusst nach Ihren persönlichen Wünschen zu gestalten. Setzen Sie Schwerpunkte, sortieren Sie ein und aus. Was haben Sie noch dringend zu erledigen?

Einfache Dinge lieben

Hinter diesem Schatz verbirgt sich, sich an dem zu erfreuen, was machbar, erreichbar und gut umsetzbar ist. Häufig sehnen wir uns nach Dingen, die in der Ferne liegen, besonders exotisch oder spektakulär sind. Unzufriedenheit ist hier oft vorprogrammiert, weil viele dieser Wünsche unerreichbar sind. Ein Gefühl der Freude und Zufriedenheit ist leichter und schneller zu gewinnen, wenn man den Blick für die *einfachen* Dinge öffnet, die direkt und im Alltag aufzuspüren sind. Einfachheit verschafft oft Klarheit, Bodenständigkeit und Zuverlässigkeit. Sie ist als Gegengewicht unverzichtbar – nur wer nicht jeden Tag fürstlich speist, weiß den Kaviar zu schätzen. Bewahren wir uns also durch die Einfachheit das Besondere! Welche einfachen Dinge schätzen Sie in Ihrem Leben?

Gemeinsam lesen. Markieren Sie, was Ihr Herz gerade in diesem Augenblick hoffnungsvoll berührt.

Beantworten Sie die Fragen, wobei nicht alle zehn Lebenskünste bearbeitet werden müssen. Suchen Sie das Passende für sich heraus.

Mit welcher »Lebenskunst« haben Sie bereits besonders positive Erfahrungen gemacht?

Welche »Lebenskunst« haben Sie möglicherweise aus dem Auge verloren?

Tauschen Sie sich nun zu zweit aus: Welcher Aspekt der »Lebenskünste« erscheint Ihnen persönlich besonders hoffnungsvoll?

Hoffnung

Wenn ein Tag zu Ende geht

In einem sehr schönen Aufsatz zum Thema Tagesabschluss und -rückblick beschreibt Jörg AHLBRECHT (2010) seine eigene Sehnsucht nach innerem Frieden und Ruhe – und das besonders am Ende des Tages. Es ist ihm wichtig, sich in guter Weise auf die Nacht vorzubereiten und damit gleichermaßen gute Startbedingungen für den nächsten Tag zu schaffen. Dies sollte möglichst in ritualisierter Regelmäßigkeit geschehen.

Seiner Ansicht nach ist die Seele in Gewohnheiten beheimatet und wird in positiver Weise durch einen gesunden Rhythmus beeinflusst. Die regelmäßige Wiederkehr des abendlichen Innehaltens hilft, sich im Wirrwarr des Tages zu orientieren; es ist ein spirituelles Erleben. Inspiriert durch einen Kollegen bei den Benediktinern greift er zwei Fragestellungen auf, mit denen er sich am Ende des Tages beschäftigen möchte: Wofür bin ich dankbar? Was will ich loslassen?

Über dieses Abendritual kann sich sehr viel Heilsames und damit Hoffnungsvolles ergeben – die Seele kann am Ende des Tages beruhigt werden. Kindern werden abends bewusst beruhigende Gesten und Rituale zuteil: die vertraute Gutenachtgeschichte, ein Lied, ein Gebet, ein »Über-den-Kopf-Streicheln« oder ein Nachtlicht. Diese Rituale rufen die schönen Erinnerungen und Erlebnisse ins Gedächtnis und vertreiben damit Dunkelheit und Alltagssorgen. Auch Erwachsenen hilft es, friedvoll in die Nacht zu gehen, um sich zu erholen und Kraft für den neuen Tag zu schöpfen. Menschen, die sich am Abend auf den vergangenen Tag besinnen, haben die Gelegenheit, Gutes nicht zu übersehen oder zu vergessen und anderes abzugeben.

Haben Sie Rituale, die den Tag beschließen? Wenn ja, welche?

Wofür sind Sie am heutigen Tag dankbar?

Was hat Ihnen heute Hoffnung gegeben?

Was möchten Sie in diesem Moment loslassen?

Wie fühlt sich das Loslassen oder Abgeben an? Welche Entlastung ergibt sich daraus?

Wenn Sie mögen, schreiben Sie ein Abendgebet, einen »Gutenachtsatz« oder eine Meditation auf, die Sie dann am Ende Ihres Rituals lesen können.

 Suchen Sie sich am Abend einen besonderen, vielleicht gleichbleibenden Ort, an dem Sie einen Moment innehalten können, um sich Ihren Tag anzuschauen.

Hoffnung

Hoffnungssymbole

Es gibt viele Symbole für das Glück, die Liebe oder auch die Hoffnung. Nehmen wir das Herz: Es ist ein Symbol der Liebe oder Zuneigung und wird von jedem – ganz ohne Worte – verstanden. Werden wir damit beschenkt, erfüllen uns Gefühle wie Freude oder Dankbarkeit. In ihrem Buch »Aus Liebe zum Leben« beschreibt Rachel Naomi REMEN (2015) zwei wunderbare Symbole: den Kranich und rote Bänder.

Der Kranich: In Japan gibt es eine jahrhundertelange Tradition des Papierfaltens. Der Kranich hat eine tiefe symbolische Bedeutung und steht für langes Leben, Harmonie und Gleichgewicht. Ein Arzt faltete für seine Patientinnen und Patienten, die er operieren würde, jeweils einen Kranich und schenkte sie ihnen vor der Operation.

Rote Bänder: Rote Bänder sollen vor dem »bösen Blick« beschützen. Dahinter steckt die Vorstellung, dass manche Menschen magische Kräfte besitzen. Durch ihren Blick können sie anderen Menschen Leid zufügen. Eine russische Mutter band deshalb rote Bänder an Taschen und Kleider ihrer Tochter. Sie (ver-)steckte sie in Geldbörsen, um sie vor dem Unheil zu schützen.

Symbole und symbolische Handlungen sind also klare Hoffnungsträger!

Übung Hoffnungssymbole finden

Wir laden Sie nun zu der Übung »Hoffnungssymbole finden« ein.

Halten Sie kurz inne und lassen Sie vor Ihrem inneren Auge Symbole der Hoffnung entstehen.

Öffnen Sie die Augen und lenken Sie Ihre Aufmerksamkeit auf das Symbol. Versuchen Sie, Ihr inneres Bild der Hoffnung, Ihre persönlichen Hoffnungssymbole zu malen, um Ihrer Hoffnung Ausdruck zu verleihen. Gehen Sie bewusst mit den Farben um, denn auch sie sind Symbol- und Hoffnungsträger. Nehmen Sie sich zehn Minuten Zeit. (...)

Notieren Sie anschließend Gefühle, Erinnerungen und Assoziationen, die Sie beim Malen begleitet haben.

Wofür stehen Ihre Hoffnungssymbole?

Wenn Sie mögen, stellen Sie zum Schluss Ihr Bild der Gruppe vor.

※ Vielleicht tragen Sie Ihr Hoffnungssymbol in Ihrem Portemonnaie oder sie kleben es an Ihren Kühlschrank, damit es nicht in Vergessenheit gerät.

Hoffnung

Die Gedanken sind frei

Es gibt eine Reihe von Imaginationsübungen, die stabilisieren und für innere Balance sorgen können. Imagination bedeutet, über die eigene Konzentration und Vorstellungskraft geistige Bilder entstehen zu lassen. Hierin besteht eine unglaubliche gedankliche Freiheit. Stellen wir uns ein Brautpaar vor, einen romantischen Urlaubsort oder unser Lieblingsessen – ein Lächeln ist sogleich da und das Gefühl der Freude ebenfalls. So wie unangenehme Gedanken bei Bedarf ganz bewusst für eine Zeit zur Seite geschoben werden können, so können auch schöne, freudige Gedanken in den Fokus genommen werden. Unsere Vorstellungskraft ist eine große Ressource, aus der wir schöpfen können. Sie ermöglicht es uns, unsere Zukunft in schönen Farben zu malen.

Wie könnten wir von einem inneren Bild profitieren? In dem Kinderbuch »Frederick« von Leo LIONNI (2003) geht es um eine Mäusefamilie, die einen leeren Speicher entdeckt und diesen für den Winter mit Nüssen und Körnern befüllen will. Sie arbeitet Tag und Nacht dafür. Nur die Maus Frederick hilft nicht mit, sondern sammelt Farben und Wörter für Geschichten und Sonnenstrahlen. Als der Winter kommt, ist die Mäusefamilie froh, von ihren Vorräten leben zu können. Diese aber sind schnell aufgebraucht. Es wird ganz still und kalt zwischen den Mäusen. Da klettert Frederick auf einen großen Stein und bittet die Mäusegesellschaft, die Augen zu schließen. Er beginnt damit, ihnen warme, goldene Sonnenstrahlen zu schicken, erzählt von blauen Kornblumen, roten Mohnblumen und einem gelben Kornfeld. Schließlich sagt er noch ein Gedicht auf. Die Mäusefamilie ist begeistert – nun ist allen wohlig warm!

Machen Sie von dieser guten Möglichkeit Gebrauch – ein hoffnungsvolles inneres Bild kann entstehen, egal, wo Sie gerade sind!

Überlegen Sie, wie es wohl mit den Mäusen weitergegangen ist. Nehmen Sie sich dafür Zeit, schreiben oder malen Sie die Geschichte weiter.

Überlegen Sie, mit welchen »Farben« Sie sich für schlechte Zeiten bevorraten würden.

Übung Hoffnungsbild

Nun laden wir Sie noch zu der kleinen Übung » Hoffnungsbild« ein.

Schließen Sie die Augen und überlegen Sie, welches schöne innere Bild Sie sich herbeiholen können. Denken Sie an Fotos, Filme oder an Reiseführer. Nehmen Sie sich Zeit, dieses Bild kommen und entstehen zu lassen. Malen Sie es sich in Gedanken in den schönsten Farben aus! Nehmen Sie sich dafür fünf Minuten Zeit. (...)

Beschreiben Sie Ihr persönliches »inneres« Hoffnungsbild. Stellen Sie es, wenn Sie mögen, der Gruppe vor.

Hoffnung

Was das Leben reicher macht

Das Wochenmagazin DIE ZEIT bietet seit einigen Jahren auf der Leserseite eine spannende Rubrik an: »Was mein Leben reicher macht«. Es handelt sich um kunterbunte kleine Geschichten, Begegnungen und Beobachtungen aus dem Alltag, die auf dieser Seite gewürdigt und beachtet werden. Es sind flüchtige Momentaufnahmen, die ganz schnell vergessen würden – hier bekommen sie jedoch eine Bedeutung. Selbstverständliches wird besonders, Einfaches schön und ein Gefühl von Dankbarkeit ist spürbar. Es entstehen Texte voller achtsamer Glücksmomente, die das Herz berühren und die Hoffnung nähren.

Von dieser Sammlung haben wir uns inspirieren lassen und eigene Beispiele zusammengestellt:

- Am Morgen, noch nicht ganz wach, mit meinem Kater und dem ersten Milchkaffee auf dem Balkon sitzen, die Stille genießen, die Gedanken vorbeiziehen lassen – und der Wind wirbelt weiße Apfelblüten auf, die wie Schnee auf den Boden fallen.
- Semesterferien – mein Patenkind Eleni aus Hannover ist da. Wir kochen zusammen, schlemmen, plaudern und ich staune jedes Mal, was für eine wunderbare junge Frau vor mir sitzt.
- Im Mai durch unser Viertel laufen, an jeder Ecke ein süßlicher Duft: Flieder, Schneeball, Lindenblüten ...
- Mit meinem 81-jährigen Schwiegervater ins Stadion gehen, in der Sonne hoch oben auf der Tribüne sitzen, das letzte Heimspiel von Arminia Bielefeld gegen Union Berlin sehen, ein 2:0-Spiel, das den Klassenerhalt sichert.
- Ein grauer trüber Tag, ich habe frei, zünde Kerzen an, höre eine meiner Lieblingskantaten von Bach. Ich freue mich auf einen Tag zu Hause, ohne raus in die Welt zu müssen.
- Der Duft von frisch gemähtem Gras, Vogelgezwitscher und Maigrün.
- Ein türkischer ehemaliger Patient kommt lange Zeit nach der Entlassung zu Besuch auf die Station. Er bedankt sich für die gute Behandlung vor ein paar Jahren und hat für uns türkische Spezialitäten zubereitet: Es duftet nach Gewürzen, nach Ferne, nach Unbekanntem.
- Am Morgen mein Arbeitszimmer betreten, den Computer hochfahren und für meine verstorbene Freundin Ulla eine Kerze neben der großen Buddha-Skulptur anzünden – kurz an sie denken: einen kleinen Moment der Trauer spüren, mir die Metta-Meditation in Erinnerung rufen und sich mit ihr wieder verbunden fühlen.
- Urlaubsvorbereitungen treffen, Taschen packen, alles hinter mir lassen, sich auf eine Reise begeben. Neugier, Fernweh, Neues und Spannung umgibt mich – ein anderes Stück Erde kennenlernen.

- Am Nachmittag mit meiner Freundin Beate an der See spazieren gehen und über Kochrezepte reden.
- Eine Abendmesse im Paderborner Dom am Sonntagabend, um gestärkt und gesegnet in die neue Woche gehen zu können. Dabei viele Menschen sehen, die Kerzen anzünden, wissend, dass sie – wie auch wir – etwas auf dem Herzen haben. Sie glauben und hoffen, dass es da jemanden gibt, der helfen kann.

Gemeinsam lesen oder vorlesen.

Markieren Sie die Beispiele, die Sie persönlich berührt und angesprochen haben. Welche Gefühle haben sie ausgelöst?

Schreiben Sie selbst kleine Glücksmomente auf. Vielleicht erinnern Sie eine kleine Geschichte, die Ihr Leben bereichert hat oder von der Sie gehört haben. Oder Sie erfinden ganz einfach eine Geschichte.

Gibt es bereichernde Augenblicke, die Sie möglicherweise aus den Augen verloren haben? Welche möchten Sie sich wieder zurückerobern?

Tauschen Sie sich zu zweit aus, was Ihnen an diesen Glücksmomenten hoffnungsvoll erscheint.

✳ Wenn ich weiß, was mein Leben reicher macht, kann ich leichter für mich sorgen.

Hoffnung

Vorfreude – Freude – Nachfreude

Die Freude muss nicht groß erklärt werden. Jeder weiß, wie sie sich anfühlt, was damit gemeint ist und wie sehr man sich über die Freude freut.

Verena Kast (2013a) weist in einem ihrer Aufsätze auf die wichtige, meist unterschätzte und wenig thematisierte *Vorfreude* hin, die eine ganz besondere Freude sei. Diese wird aus Wünschen und Sehnsüchten gespeist. In der Vorfreude erleben wir bereits eine Erwartung, die in Erfüllung gegangen ist. Sie tritt genau dann ein, wenn wir davon ausgehen, dass unser dringlichster Wunsch verwirklicht wird. Und selbst, wenn das Erwartete nicht eintritt, kann die Vorfreude nicht mehr genommen werden.

Die »normale« *Freude* wird ihrer Ansicht nach im gegenwärtigen Ereignis erlebt und kann in der Erinnerung stets neu belebt werden.

Unseres Erachtens sollte man sich ruhig auch die *Nachfreude*, wie wir sie nennen wollen, genauer ansehen. Durch diese kann ein Erlebnis in unserer Erinnerung lange und intensiv lebendig bleiben.

Freude, egal ob vorher, nachher oder mittendrin, ist stets ein Hoffnungsspender!

Notieren Sie ein Ereignis, auf das Sie sich sehr gefreut haben.

Beschreiben Sie die Vorfreude, die Sie erlebt haben, und wie es Ihnen dabei ging. Was hatten Sie sich bereits »ausgemalt«?

Können Sie sich noch an die tatsächliche Freude erinnern? Wie sah sie aus?

Wie sieht am heutigen Tag die Nachfreude aus?

Wie lange liegt Ihr freudiges Ereignis zurück?

Wenn Sie mögen, beschreiben Sie eine Vorfreude, die noch vor Ihnen liegt.

Hoffnung

Einfachheit

Wenn das Leben besonders komplex oder kompliziert ist, empfiehlt sich Einfachheit!

Einfachheit hilft, sich zu konzentrieren, sich selbst besser zu spüren und etwas mit anderen Augen sehen zu können. Wenn wir uns von schwierigen Dingen für eine gewisse Zeit lösen oder gar befreien, entsteht Raum für neue Gedanken. Durch die einfachen Dinge können wir Luft holen und uns auf das Wesentliche besinnen. Der Schriftsteller Karl Heinrich Waggerl spricht vom Glück der einfachen Dinge, wie Felder, rauschende Bäume oder der Mond am Himmel (LEONHARDT 2011).

Einfachheit braucht eine bewusste Entscheidung. Es kann hilfreich sein, sich eine reizärmere Umgebung zu schaffen oder aufzusuchen. Wir können uns an einen ruhigen Platz in der Wohnung zurückziehen, im Wald spazieren gehen oder eine Kirche besuchen. Manchmal ist es gut, legere, bequeme Kleidung anzuziehen oder die Mahlzeiten zu vereinfachen, indem es vielleicht nur Obst und Gemüse gibt. Auch das Absagen einiger Vorhaben und Termine ist eine Möglichkeit.

Wenn das Leben einfacher wird, stellt sich meist auch die Hoffnung wieder ein.

Haben Sie bereits einen persönlichen reizarmen Raum oder Rituale, die in die Einfachheit führen?

Sammeln Sie nun weitere Ideen, wie sich das Leben für eine Zeit vereinfachen lässt. Beschreiben Sie eine persönliche Situation, in der Sie Vereinfachung und Reizarmut als hilfreich erlebten. Ergaben sich daraus Entlastung und ein befreiendes hoffnungsvolles Gefühl, dass es wieder weitergeht?

Hoffnung

Sehnsucht nach »Kostbarkeiten«

Barbara HAUCK (2013) beschreibt eine interessante Aktion in Nürnberg. Der Künstler Johannes Volkmann baute an einem sonnigen Samstagvormittag vor einigen Jahren mitten auf dem Marktplatz einen riesigen, sechzig Meter langen Tisch auf. Er deckte ihn mit weißem Papier, stellte darauf Hunderte von Tellern und legte Messer und Gabeln ganz ordentlich rechts und links vom Teller. Messer, Gabeln und Teller waren ebenfalls in weißes Papier verpackt. Interessierte wurden eingeladen mit einem dicken Rotstift auf einen der mit Papier verkleideten Teller zu schreiben, was für sie persönlich unbezahlbar ist. Diese Aktion hat uns zu folgender Übung inspiriert:

Wir wissen, Verpacktes macht neugierig – wir fragen uns, was wohl in dem Päckchen steckt: ein Geschenk, etwas Bestelltes oder etwas, das eingewickelt wurde, weil es umhüllt und geschützt werden soll? Das Bild eines gedeckten Tisches kann dafür stehen, den eigenen Hunger zu stillen. Das Unbezahlbare im Leben ist das, was jedem zur Verfügung steht, Lebendigkeit in sich trägt und damit hoffnungsvoll stimmt. Die Hoffnung kann gespeist werden.

Notieren Sie, was für Sie ganz persönlich unbezahlbar ist:

Der Augenblick ....

....

Die Natur ....

....

Freunde ....

....

Überlegen Sie, was Sie auf dem Pappteller notieren würden. Worauf haben Sie »Appetit«?

Was möchten Sie sich auf den Teller legen und sich mal wieder »einverleiben«? Denken Sie an gutes Essen und an Dinge, nach denen Sie sich sehnen und die Sie sich möglichst erfüllen können.
Beispiele: ein saftig-süßes Stück Wassermelone, ein Besuch im Tierpark oder ein Schaumbad.

Was davon würden Sie gerne bald umsetzen?

Hoffnung

Sich in Sicherheit bringen

In Krisenzeiten gestalten sich Beziehungen oft schwierig. Manchmal ist eine Krise auch auf zwischenmenschliche Schwierigkeiten zurückzuführen.
Kennen Sie folgende Situation? Ihnen ist schon längst die Puste ausgegangen, aber Sie möchten es dem anderen recht machen. Vielleicht sehen Sie es sogar als Ihre »Ehrenpflicht« an, für diesen Menschen da zu sein, und bieten ihm immer wieder alles Mögliche an, bis Sie bemerken, dass Sie sich verausgabt haben und über Ihre Grenzen gegangen sind. Vielleicht haben Sie schon ein ums andere Mal versucht, Ihrem Gegenüber klarzumachen, dass es so nicht weitergehen kann; Sie sind jedoch nicht auf Verständnis gestoßen. Letztendlich hatten Sie vielleicht sogar den Eindruck, Sie sollten ganz anders sein oder Ihr eigenes Leben hintenanstellen.
Sie brauchen sich, Ihre persönlichen Grenzen und Ihren Umgang mit diesen nicht zu verleugnen! Damit schaden Sie sich in der Regel nur selbst. Überfordert zu sein und auf der Stelle zu treten macht hoffnungslos. Sie haben alles in Ihrer Macht Stehende versucht – nun heißt es, sich selbst in Sicherheit bringen.
Sich abzugrenzen kann bedeuten, sich von einem Menschen zu trennen, eine gewisse Zeit auf Abstand zu gehen oder in der Beziehung weniger aktiv zu sein. Manchmal fühlen wir uns deswegen schuldig. Denken Sie dann daran, dass Sie um Ihrer selbst willen und für Ihren eigenen Genesungsweg eingetreten sind. Sie werden merken, dass sich eine Leichtigkeit einstellt. Sich selbst in Sicherheit zu bringen schenkt neue Hoffnung!

Kennen Sie eine solche Situation? Um welche Person handelt(e) es sich?

Fallen Ihnen Situationen ein, in denen Sie bei Ihren Bemühungen um eine Beziehung über Ihre eigenen Kräfte gegangen sind?

Können Sie typische Dialoge zwischen Ihnen und der Person erinnern, die sich immer wiederholen und zu nichts geführt haben?

Sind Sie zu irgendeinem Zeitpunkt in die Abgrenzung gegangen? Wie ging es Ihnen damit?

Haben Sie den Eindruck, es gibt aktuell eine Beziehung, in der Sie etwas verändern müssten, weil Sie sich überfordert fühlen?

 Um eine Sache zu verändern – möglicherweise auch eine Beziehung – kann der Dreiklang »Erkennen – Akzeptieren – Verändern« hilfreich sein!

Neues wagen

»Veränderung ist notwendig wie die Erneuerung der Blätter im Frühling.«
Vincent van Gogh

Das Wort »neu« oder »Neues« steht für etwas Heiles, Unversehrtes und Makelloses. Ein neues Auto, neue Schuhe, ein neues Tagebuch, in dem noch alle Seiten frei sind, ein neuer Arbeitsplatz, Neuschnee, Neuling, ein neuer Freund – da ist noch nichts ge- oder verbraucht, es ist noch keine Altlast vorhanden und es ist auch nichts mit schlechten Erfahrungen verknüpft, da kann vom Positiven ausgegangen werden …
Auf dem Genesungsweg geht es darum, neue Gedanken zuzulassen, neue Erfahrungen zu machen und neue Wege einzuschlagen. Manchmal braucht es einen Neubeginn: den neuen Tag, an dem man wieder ganz von vorne anfängt, ein leeres Blatt für einen Brief, neue Schuhe, um wandern zu können, neue Menschen, die einen nicht einengen, neue Gedanken statt endlosen lähmenden Grübeleien, die nichts Neues hervorbringen. Hiermit ist nicht gemeint, ein neuer Mensch zu werden und den alten zu verbannen oder abzulegen. Es bedeutet vielmehr, sich Neues zuzutrauen, es auszuprobieren und das Alte als Lebenserfahrung in sich zu tragen, nicht aber als etwas, das uns am Weiterleben hindert. Wir sehen nach vorne und gehen über unsere eigenen Grenzen hinaus: »Aber wie will ich wachsen, wenn nicht ab und zu Grenzen überschritten werden – oder ich Grenzen überschreite?« (SCHWARZ 2012, S. 66)
Dieses Thema ist nach Abschied und Trauer, Trost und Hoffnung ein gelungener Abschluss und macht Lust auf Veränderung zum Guten. Wenn wir Neues wagen, gehen wir offen, neugierig und nicht wertend an Dinge heran, wir geben uns die Chance, frei zu sein.

Impulse aus Sicht einer Genesungsbegleiterin und Recoverytrainerin

Anonym

Die Kombination der Lebensthemen Abschied und Trauer, Trost, Hoffnung und Neues wagen finde ich als Genesungsbegleiterin sehr ansprechend und spannend. Die Themen in den Gruppenstunden zu durchmischen ist bei den Teilnehmenden gut angekommen. Wenn wir das Schwere und das Leichtere ausbalancieren, können wir vor Überforderung schützen und das Interesse an den Inhalten wachhalten.

Da ich mich weit in der zweiten Lebenshälfte befinde, war ich schon häufiger mit Situationen konfrontiert, in denen ich Abschied nehmen musste, getrauert und gehofft habe oder Trost suchte. Womit ich mich hingegen bisher weniger beschäftigt habe, ist, mich bewusst an etwas Neues zu wagen. In Gesprächen mit Freundinnen wird mir immer wieder klar, wie schwer es mir fällt, mich aus eingefahrenen Gewohnheitsmustern zu lösen. Selbst dann, wenn sie mir offensichtlich nicht guttun. Statt einen Riegel Schokolade zu genießen, verputze ich lieber gleich die ganze Tafel – mit anschließendem Katzenjammer. Diese »Erkenntnis« scheine ich noch nicht so weit verinnerlicht zu haben, dass ich mein gewohntes Verhalten abstellen konnte. Was also tun?

Für mich als Psychiatrieerfahrene zählen hier nicht die großen Dinge – es geht mir nicht darum, eine Weltreise zu unternehmen. Neues zu wagen heißt für mich konkret: Ich fahre mit dem Zug nach Frankfurt, um meine Schwester zu besuchen. Ich erkundige die Stadt zwei Tage lang auf eigene Faust – und das war eine Herausforderung für mich. Für dieses kleine Abenteuer brauchte es eine ordentliche Portion Mut. Die habe ich aufgebracht und wurde mit Entdeckerfreude belohnt. Gewisse Risiken habe ich bewusst in Kauf genommen, wie dass ich mich verlaufen könnte, den Rückweg nicht finden würde oder mir das Portemonnaie geklaut werden würde. Denn schließlich ist das Leben überhaupt ein Risiko, wie es mein Psychiater so zutreffend formuliert. Meine Städtereise hat mich ermutigt, auch weiterhin kleine neue Projekte und Ziele zu verfolgen, die mich etwas aus meinen eingefahrenen Gleisen herausbringen. Auf diese Weise Neuland zu betreten, finde ich persönlich sehr belebend. Dennoch rate ich dazu: Tasten Sie sich langsam und behutsam an das angestrebte Neue heran. Entwickeln Sie ein Gespür dafür, wann der passende Zeitpunkt für einen Wandel im Leben da ist – seien es kleinere oder größere Veränderungen. Die Seele muss Schritt halten können!

Denn wie der Hirnforscher Gerald Hüther im α-Forum des Bayerischen Rundfunks (2016, S. 10) so schön sagt: »Wenn man die Lust am Lernen verliert, dann ist das gleichbedeutend damit, dass man die Lust am Leben verliert, weil das Leben und das Lernen so eng miteinander verbunden sind.«

Anleitungen – 21 vertiefende Themenblätter

Anfängergeist

Dieses Blatt sensibilisiert für den »Anfängergeist«, für neue Blickwinkel sowie alte und neue Gewohnheiten. Es geht darum, Situationen offen und wertfrei zu begegnen, etwas anzufangen, zu verändern oder neu zu betrachten – also etwas mit anderen Augen zu sehen. Dies bezieht sich zunächst auf kleine Dinge des Alltags.

Von der Raupe zum Schmetterling a & b

Anhand der Schmetterlinge wird gezeigt, welch erstaunliche und prachtvolle Wandlungen in jedem Leben möglich sind. Entwicklungen brauchen Zeit und was zunächst wenig beeindruckend oder gar unansehnlich scheint, kann Schönes und Buntes hervorbringen. Als Achtsamkeitsübung empfiehlt sich die Aktivierungsübung »Entfaltung eines Schmetterlings« ⬇.

Das zweite Blatt wird praktisch: Die drei Daseinsformen eines Schmetterlings werden gemalt und alle Gedanken, Gefühle und Assoziationen notiert. Der Dreiklang »Erkennen – Akzeptieren – Verändern« kann anhand dieser Themenblätter eingeführt oder vertieft und angewandt werden.

Auf Nummer sicher gehen und Risikofreude

Nicht immer ist es ratsam, auf der sicheren Seite des Lebens zu wandern. Manchmal profitieren wir von einer gewissen Risikofreude und -bereitschaft. Sich in Unsicherheiten »einzuüben« lohnt sich und kann den Weg für positive Veränderungen ebnen.

Säen mit Risiko

Das Leben birgt immer Risiken in sich. Wie wichtig es ist, sich dadurch nicht vom Leben abhalten oder entmutigen zu lassen, zeigt dieses Themenblatt. Es geht dabei nicht um Waghalsigkeit. Das Bild vom Gemüsebeet steht für die alltäglichen Dinge, die dem Leben eine enorme Lebensfreude und Lebendigkeit geben können.

Mut heißt, beherzt sein

Hier beschäftigen wir uns mit dem Mutig- und Beherztsein, um etwas wagen zu können. Mut muss oft erst einmal aufgebracht oder erarbeitet werden und ist daher immer anzuerkennen. Jeder Mensch kann mutig sein!

Abenteuer und Mutproben

Von Neuem geht eine hohe Faszination aus – denken wir doch nur an Abenteuer und Mutproben. Dieses Blatt will dazu ermuntern, sich zum »Helden« zu erklären, sich selbst aufzuwerten, Neues zu entscheiden und sich zu vergegenwärtigen, dass Anfänge weitere gute Schritte anstoßen und mit sich bringen.

Unvernünftig sein

Ist unser eigenes Verhalten in einem zu großen Maße vernünftig? Ist unser Leben dadurch einengend und eher freudlos geworden? Bei diesen Fragen spielen auch erzieherische Vorgaben von früher eine Rolle, die im Erwachsenenalter nicht mehr passen (wollen).

Neinsagen

Neuerungen und Veränderungen lassen sich im Leben nicht ohne das Zauberwort Nein durchsetzen. Ein klares Nein hat auch ein klares Ja zur Folge. Es geht darum, sich bewusst zu machen, was man will.

Ich lerne noch

Dieses Blatt richtet sich gegen einen übermäßigen Perfektionismus und wirbt für eine entsprechend großzügige und milde Haltung sich selbst und anderen gegenüber. »Neues wagen« hat immer auch mit Fehlern, Rückschritten und Sich-Zeit-Geben zu tun.
Dieses Themenblatt hat eine Genesungsbegleiterin und Recoverytrainerin exemplarisch ausgefüllt ⬇.

Rückwärtsgehen

Wir haben die Dinge selbst in der Hand – wir können Einfluss auf unser Leben nehmen und etwa Positives bewahren. Glück muss nicht immer sofort verfliegen, es lässt sich auch zelebrieren.

Gehen Sie auf Entdeckungsreise

Lassen Sie uns die eigene »Schatztruhe« öffnen! Hier schauen wir uns unsere Lebenssituation genauer an. Wir entdecken Dinge, die wir lange nicht beachtet haben. Es geht gewissermaßen um den eigenen Reichtum und eine Bestandsaufnahme dessen.

Faszination fremder Kulturen

Das Reisen in fremde Kulturen verdeutlicht, welch erstaunliche und prachtvolle Erfahrungen dadurch gemacht werden können. Manchmal kostet es Kraft und Überwindung, auch wenn es sich um schöne Vorhaben handelt. Dennoch ist es lohnenswert: Wir werden schlussendlich bereichert und inspiriert.
Dieses Themenblatt hat Marie Boden exemplarisch ausgefüllt ⬇.

Dem Fremden im Alltag begegnen

Dieses Blatt führt in fremde und neue Bereiche des Alltags ein. Welche Veränderungen sind gewünscht und wie können sie erreicht werden? Wichtig ist, dass jeder für sich, so persönlich und konkret wie möglich, seinen Veränderungswunsch im Alltag beschreibt.

»Fehlerlesen«

Hier möchten wir Sie dazu einladen, die eigene Sichtweise zu überprüfen. Ziel ist es, der Selbstabwertung entgegenzuwirken und gute Eigenschaften von uns in den Vordergrund zu bringen. Das Schreiben mit der »schwächeren« Hand fördert die Konzentration und Aufmerksamkeit. Dadurch kann sich das Geschriebene noch besser einprägen und verankern. Das positive Selbstbild wird durch den gemeinsamen Austausch gestärkt – wenn Positives benannt wird, hat es einen »Namen«.

Fehler machen gehört dazu

Fehler sind unumgänglich – die Angst vor ihnen kann verhindern, sich an etwas Neues zu wagen. Die Botschaft ist: Fehler gehören zu jedem Leben dazu und verhelfen in der Regel zu Fortschritt und Lebenserfahrung!

Glück oder Unglück

Was ist Glück oder Unglück? Wie stellen wir es uns persönlich vor? Glück kann herbeigeführt werden, z. B. wenn wir glückliche Momente und Erlebnisse regelmäßig in ein »Glückstagebuch« schreiben. So können wir das positive Gefühl stärken. Außerdem gilt es, zu überlegen, was wir dem Unglücklichsein gegenüberstellen können.

Sich erlauben, ein Glückskind zu sein

Unsere Gedanken können »Glücksverderber« sein! Welche Möglichkeiten gibt es, sich glücklich zu fühlen? Es kann wichtig sein, das »Richtige« zu denken, sich mit den richtigen Menschen zu umgeben und daran zu glauben, dass es persönliches Glück gibt.

Café Glücklich

Dieses Blatt erzählt eine wunderbare Glücksgeschichte, die anregend ist, vielleicht auch nachdenklich stimmt oder ähnliche Wünsche in uns aufleben lässt. In welchen Situationen haben wir Glück gespürt? Ermuntern Sie die Gruppe, sich an glückliche Momente zu erinnern. Sie können auch gemeinsam eine »Glücksliste« am Flipchart erstellen.

Freiräume für Veränderungen schaffen

Wir laden dazu ein, sich persönlich Freiräume zu schaffen, im Rahmen derer wir uns ungestört und frei bewegen können. Sie ermöglichen uns, Neues auszuprobieren. Diese Freiräume können wir uns nicht nur in unserem Umfeld schaffen, sondern wir können sie uns auch innerlich geben. Wichtig ist es, sich Zeit einzuräumen, um spüren zu können, was es an gutem Neuen gibt.

Sich frei fühlen

Wir sind freier, als wir denken: In den meisten Situationen können wir zwischen verschiedenen Möglichkeiten wählen. Hier geht es darum, Entscheidungen bewusst zu treffen. Uns selbst zu bejahen und das eigene Leben anzunehmen, ist wichtig, um zu spüren, dass vieles bereits gut und richtig ist.

Fünf Wege zum Wohlbefinden

Diese Blätter skizzieren fünf Wege zum Wohlbefinden, die auf einem wissenschaftlichen Forschungsprogramm in England (NEF 2008) basieren und uns vielversprechend erscheinen. Achten Sie darauf, dass jeder für sich eine Idee davon entwickelt, wie die fünf Wohlfühlhinweise ganz persönlich umgesetzt werden können.

Neues wagen

Anfängergeist

Neues zu wagen setzt voraus, der Welt neugierig und unvoreingenommen zu begegnen und sich für das Neue zu öffnen. In der Achtsamkeitspraxis wird diese Haltung »Anfängergeist« genannt. Als Erwachsene gehen wir meist davon aus, Dinge bereits zu kennen und verstanden zu haben. Unsere Meinungen sind vorgefertigt und fest. Um den Reichtum des Augenblicks sehen zu können, müssen wir nach Jon KABAT-ZINN (2013) die Dinge so betrachten, als wäre es das erste Mal – oder anders gesagt: den Geist des Anfängers entwickeln.

Leider verlieren wir im Alltag den Anfängergeist immer wieder. Was wir frisch und ganz neu betrachtet haben, wird schnell zur Gewohnheit und durch fertige innere Vorstellungen eingeengt. Deshalb ist es notwendig, den Anfängergeist zu kultivieren, um Spontaneität, Kreativität, Überraschung und eine »gewisse Frische« zu bewahren (ebd.).

Kinder leben noch sehr stark im Anfängergeist. Alles, was sie sehen und erleben, ist für sie neu, überraschend und faszinierend. Sie nehmen sich Zeit für die kleinen Begegnungen im Alltag. Als Erwachsene haben wir hingegen häufig eine »Schublade« parat, in die wir alltägliche Begegnungen und Situationen einordnen. Während ein Kind im Garten begeistert einer Schnecke zuschaut, denken wir: »Jetzt werden die Schnecken wieder meinen Salat fressen.«

Sich seinen Anfängergeist zu bewahren bedeutet also, jeden Augenblick neu zu erleben. Der Anfängergeist bereitet uns auf neue und andere Erfahrungen vor.

Lesen und besprechen.

Was fällt Ihnen noch zum Begriff »Anfängergeist« ein?

Wann haben Sie zum letzten Mal Alltägliches ganz neu und bewusst wahrgenommen?

Wie können Sie sich Ihren Anfängergeist bewahren und neu beleben?

Was wollen Sie in Ihrem Alltag mal wieder bewusster wahrnehmen?

 Lesen Sie hierzu auch die beiden Vorsorgeblätter zur Achtsamkeit.

Neues wagen

Von der Raupe zum Schmetterling a

»Um einen Schmetterling lieben zu können, müssen wir auch ein paar Raupen mögen.«
Antoine de Saint-Exupéry

Dass das Leben eines Schmetterlings mit dem Dasein einer Raupe beginnt, wird gerne vergessen, wenn wir die Schmetterlinge in ihrer vollen Schönheit und Leichtigkeit über eine Blumenwiese fliegen sehen. Stattdessen verbinden wir mit der Raupe Gefräßigkeit und Kriechen, aber auch langsame Fortbewegung und Trägheit. Vielleicht ist dieses Bild durch das Kinderbuch »Die kleine Raupe Nimmersatt« von Eric Carle (2009) inspiriert. In diesem frisst sich eine kleine Raupe durch viele Lebensmittel, bis sie schließlich dick ist und sich ganz elend fühlt. Besondere Schönheit verbinden wir eigentlich nicht mit ihr. Dennoch gehören die Raupe und der Schmetterling untrennbar zusammen – ohne die Raupe keine Entfaltung zum Schmetterling.

Das Kriechen der Raupe erscheint quälend und sie macht nur langsame Fortschritte, ohne ein richtiges Ziel erkennen zu können. Positiv betrachtet könnte das Kriechen jedoch für langsames und sicheres Fortbewegen stehen. Der Panzer der Raupe dient dabei als Schutz, um widrige Hindernisse und unwegsame Pfade zu überwinden.

Biologisch betrachtet muss sich die Raupe mehrmals häuten, weil das Wachstum immer wieder an Grenzen kommt. Sie kann sich nur ihrer endgültigen Größe annähern, wenn sie ihren Panzer verlässt und sich eine neue Haut zulegt. Ist sie ausgewachsen, findet eine Art Ruhephase statt. Nun kann der Umwandlungsprozess beginnen – die Raupe bereitet sich auf den Umbau zum Schmetterling vor.

Sobald die Wandlung vollzogen ist, platzt die Hülle der Puppe auf und es schlüpft der Schmetterling. Zunächst ist er unansehnlich, die Flügel liegen eng am Körper, sind feucht und verknittert. Wenn sie sich aber entfalten, trocknen sie schnell an der Luft – der Schmetterling ist bereit, von Blüte zu Blüte zu flattern voller Mühelosigkeit, mit Schwung, Charme und in großer Pracht.

Lesen und markieren Sie wichtige Schritte des Wandlungsprozesses eines Schmetterlings.

Wie lassen sich die einzelnen Entwicklungsschritte von der Raupe zum Schmetterling auf Wandlungsprozesse in unserem Leben übertragen?

Erinnern Sie Situationen, die Ihnen zunächst unmöglich oder gar unangenehm erschienen und die sich dann aufs Schönste wandelten?

Wann haben sich Warten und »Geduldhaben« in Ihrem Leben gelohnt, auch wenn es schwer war?

Neues wagen

Von der Raupe zum Schmetterling b

Erinnern Sie sich an dieser Stelle an den Dreiklang:
Erkennen, dass es verschiedene Phasen in einem Wandlungsprozess gibt und dass manches nicht so bleiben kann.
Akzeptieren, dass vor der Entfaltung die Phase der kriechenden Raupe und der Rückzug in die Verpuppung durchlebt werden muss.
Verändern, dass nun Entfaltung und Fliegenlernen möglich wird.

Zeichnen Sie eine Raupe und notieren Sie alle Gedanken, Gefühle und Assoziationen zur Daseinsform einer Raupe.

Die Verpuppung ist ein starrer Zustand. Notieren Sie alle Gedanken, Gefühle und Assoziationen zur Daseinsform einer Puppe. Wenn Sie mögen, versuchen Sie, eine Verpuppung oder eine »Puppe« zu zeichnen.

Malen Sie einen Schmetterling und notieren Sie alle Gedanken, Gefühle und Assoziationen zur Daseinsform eines Schmetterlings.

✳ Schauen Sie sich auch das Vorsorgeblatt »Dreiklang: ›Erkennen – Akzeptieren – Verändern‹« an.

Neues wagen

Auf Nummer sicher gehen und Risikofreude

Nicht umsonst gibt es heutzutage für alles und gegen alles eine Versicherung – sie soll uns möglichst vor Unvorhergesehenem bewahren oder zumindest den Schaden abmildern. Dieser Wunsch nach Absicherung und einem sorgenfreien Leben ist allzu menschlich und steckt in jedem von uns. Aber egal, wie wir es drehen und wenden: ein Restrisiko bleibt. Das Leben hält Unsicherheiten, Ungewisses, Veränderungen und Überraschungen parat – und nicht alles muss zum persönlichen Nachteil sein.

In unterschiedlicher Ausprägung und mit Anstrengung kann jeder von uns mit den Unwägbarkeiten des Lebens zurechtkommen. Dafür ist es durchaus sinnvoll, sich in Unsicherheiten »einzuüben« und darüber persönliche Ängste abzubauen. Wenn wir uns immer wieder an gewisse unsichere Situationen heranwagen, kann es uns mit der Zeit leichter fallen. Wir können dieses Verhalten trainieren und reifen daran – nur so können wir spüren, dass eine gewisse Risikobereitschaft etwas Freudiges in sich trägt.

Versuchen Sie nun, eigene Beispiele zu finden.

Nummer sicher	Risikobereitschaft und Veränderungsfreude
z. B. »Ich lasse es lieber, eine Flugreise anzutreten.«	z. B. »Ich versuche mal, eine Kleinstadt in der Nähe zu besuchen.«
Ich muss alles kontrollieren, deshalb	
Ich möchte sicher sein, dass	
Ich möchte nicht gefährden, dass	
Ich verzichte auf Neues, weil	

Marie Boden, Doris Feldt   **Trost und Hoffnung für den Genesungsweg**   Downloadmaterial   © Psychiatrie Verlag Köln 2017

Nummer sicher	Risikobereitschaft und Veränderungsfreude
Ich bleibe in alten Bahnen, weil	
Ich möchte mich angstfrei bewegen, deshalb	
Ich verzichte auf neue Erfahrungen, weil	
Ich bleibe beim Altbewährten, weil	
Ich möchte keine Unsicherheiten, damit	

Warum könnte es sich lohnen, ein gewisses Risiko einzugehen?
Beispiele: um festzustellen, dass ich mehr schaffe, als ich gedacht habe; persönliche Horizonterweiterung.

Wie komme ich vom Nummer-sicher-Verhalten zu mehr Risikobereitschaft?
Beispiele: langsame Annäherung, Erfolge anerkennen oder mit jemandem zusammen Neues wagen.

Neues wagen

Säen mit Risiko

In dem kurzen Text »Säen mit Risiko« beschreibt Sabine BACHMEIER (2008) – für jeden Hobbygärtner nachvollziehbar – den Kampf mit ihrem Gemüsebeet. Sie stellt Fragen, die sich jeder Kleingärtner stellt: Klappt es in diesem Jahr mit den Salatköpfen? Verkümmert der Porree, gedeiht der Rhabarber? Verspeisen die Schnecken die schönen Erdbeeren?

Der Kampf um das Gemüsebeet ist ein schönes Bild, das sich auf das eigene Leben übertragen lässt. Denn auch da gelingt uns manches, anderes wiederum nicht. Es ist wichtig, sich nicht von Fehlern, Problemen und Missgeschicken abhalten zu lassen – das gilt für das Gemüsebeet ebenso wie für die Vorhaben im Leben. Manchmal trägt man vielleicht nur wenige Früchte davon, aber der Versuch alleine ist es wert. Wenn wir nur das täten, was ganz sicher zum Erfolg führt, würden wir uns einengen. Darüber hinaus ist es ebenso einschränkend, wenn wir nur das machen, was andere wollen oder bei dem wir sicher sein können, dass es dem anderen gefällt. So verbauen wir uns neue Erfahrungen. Sabine Bachmeier greift am Ende des Textes die bekannte Redensart auf: »Wer nicht wagt, der nicht gewinnt!«

Ein kleines Wagnis ist also immer notwendig, um sich weiterzuentwickeln oder etwas Neues im Alltag zu verankern.

Gemeinsam lesen und besprechen.

Markieren Sie nun für sich Bemerkenswertes aus dem Text.

»Wer nicht wagt, der nicht gewinnt.« – Notieren Sie alle Gedanken, Gefühle, Assoziationen und vielleicht Erinnerungen zu dieser Redensart.

Erinnern Sie ein Beispiel, wo ein »Wagnis« in Ihrem Leben »Gewinn« gebracht hat?

Neues wagen

Mut heißt, beherzt sein

Mut haben bedeutet, sich etwas zu trauen oder auch zuzutrauen, vielleicht wagemutig zu sein und entschlossen etwas anzupacken. Es heißt aber auch, sich in eine neue Situation zu begeben, die unsicher und nicht unbedingt vorhersehbar ist. Wie groß ist die eigene Bereitschaft, etwas Neues zu wagen? Diese Frage ist sehr persönlich und eng mit den gemachten Erfahrungen verknüpft.

Es kann sehr mutig sein, sich für seine eigenen Ziele und Wünsche einzusetzen, und jede Veränderung, jeder neue Weg, jeder erste Schritt erfordert ein wenig Unerschrockenheit. Es ist unklar, was uns erwartet, wie es sich entwickelt und ob das neue Vorhaben gelingt. Auf Altes und Gewohntes können wir nicht zurückgreifen. Erst das beherzte »Sich-Trauen«, also das Ausprobieren, kann zeigen, ob der neue Weg besser ist oder nicht.

Natürlich spielen hier immer auch persönliche Befürchtungen und Ängstlichkeit mit. Es ist der ganz normale innere Kampf, den jeder kennt. Wir brauchen Mut, ohne den wir keinen Antrieb bekämen. Aber auch die Angst hat ihren Sinn, sie kann uns vor Waghalsigkeit bewahren. Somit ist sie unterstützend und ausgleichend.

Manchmal ist es sinnvoll, sich dem Mut erst einmal vorsichtig anzunähern, um Angst und Sorge vor dem Neuen zu mildern. Dabei ist es wichtig, sich in Erinnerung zu rufen, welche Erfolge wir schon erzielt haben, sie wertzuschätzen und daran anzuknüpfen. So fällt uns das Weitermachen, Durchhalten und das Planen der nächsten Schritte leichter. Mut bedeutet nicht, waghalsig zu werden, sondern die eigenen Stärken zu mobilisieren. Vielleicht können wir auch andere bitten, uns zu ermutigen.

Lesen und besprechen. Markieren Sie wichtige Aussagen.

Welche Menschen in Ihrem näheren Umfeld halten Sie für mutig? Was haben Sie Mutiges gemacht?

Erinnern Sie sich an vergangene, mutige Taten. Denken Sie dabei besonders an die kleinen Dinge, die mutig waren, wie z. B. ein Sprung über einen Bach oder wie Sie jemanden um Hilfe gebeten haben.

Welche Menschen zählen zu Ihren Mutmachern?

Überlegen Sie, welche kleinen Vorhaben Sie in der kommenden Woche beherzt angehen wollen.

 Mut benötigt auch Tapferkeit, denn diese hilft uns, durchzuhalten.

Neues wagen

Abenteuer und Mutproben

In einer Gruppenstunde ergab sich in der Diskussion der Aspekt, dass man doch auch mal etwas Neues wagen müsste. Ein Teilnehmer, Thomas Klumbies, berichtete, dass er nun einfach mal »Ich will!« sagen wird. Kein »Soll ich?« oder »Soll ich nicht?«, sondern ein »Ich will!«. Er hatte sich vorgenommen, ein Sommerfest zu besuchen, eine Veranstaltung, die ihn sowohl reizt als dass sie auch Zögern und Unsicherheit hervorruft.

Nach der Veranstaltung stellte er fest, dass positive Erlebnisse und Empfindungen nachschwingen, dass sogar eine kleine Serie von Gutem ausgelöst wurde und er sehr davon profitieren kann, weil er etwas gewagt hatte. Es sei wie eine Mutprobe gewesen, so wie früher – Wagemut als Tugend. Es ging ihm darum, ein Risiko einzugehen, über sich hinauszuwachsen und zu spüren: Was andere können, das kann ich auch. Dafür stehen auch all die Abenteuerbücher und Filme, die zum Mutigsein inspirieren.

Welche Abenteuerbücher oder Filme haben Sie früher gelesen oder gesehen? Welche Heldinnen und Helden haben Sie verehrt?

Was hat Ihre Helden ausgemacht? Beschreiben Sie kurz, was sie konnten und wofür sie standen.

Warum wären Sie gerne so wie sie gewesen?

Schreiben Sie eine kleine Szene aus einem Abenteuerbuch oder Film auf oder erinnern Sie sich an eigene Mutproben aus der Kindheit.

Sagen Sie nun, ich will. Welche kleine »Mutprobe« wollen Sie sich ganz konkret in der kommenden Zeit vornehmen? Ohne zu hadern, soll ich – soll ich lieber nicht?

Neues wagen

Unvernünftig sein

Wieder können wir etwas von Kindern lernen: auch einmal unvernünftig zu sein – übrigens sind dafür die Bücher von Astrid Lindgren besonders anregendes und geeignetes Übungsmaterial. Wenn wir immer nur ernst sind, überlegt und kontrolliert, entwischt uns eine Menge Spaß, Leichtigkeit und das gänzlich Zweckfreie, wie es uns der Begriff der Muße so schön nahebringt. Natürlich geht es dabei nicht um Waghalsigkeit, Rücksichtslosigkeit oder gar selbstschädigendes Verhalten. Es geht um Freude, sich auch als Erwachsener die kindliche Unbeschwertheit zu bewahren, mal über die Stränge zu schlagen – eben eine gute Portion Unvernunft mit Augenmaß.

In ihrer Geschichte »Die Kirschen-Verkaufs-Gesellschaft« erzählt Astrid LINDGREN (1988) eindrücklich, wie die Kinder von Bullerbü jedes Jahr zur Kirschenzeit Bauchschmerzen haben. Und dann haben sie erst einmal keine Bauchschmerzen mehr – bis zur Pflaumenzeit. Das spricht doch für sich!

Lassen Sie sich für einen Moment auf »Unvernunft« und »Zweckfreiheit« ein:

Einfach mal ...

- ... wieder ein Kinderbuch lesen.
- ... Kirschen und Pflaumen durcheinanderessen.
- ... ein Spielzeug kaufen, was man sich früher sehnlichst gewünscht und nicht bekommen hat.
- ... ziellos mit dem Bus umherfahren.
- ... teure Schuhe oder Kleider anprobieren, die man sich nicht leisten kann oder auch gar nicht braucht.
- ... im Bett frühstücken.
- ... durchs Schlüsselloch gucken.
- ... die Mundorgel durchsingen.

Was fällt Ihnen selbst noch ein?

Markieren Sie eine Idee, die Ihnen ganz besonders gefällt. Beschreiben Sie, was Sie an der Idee reizt, inspiriert oder einfach nur anlacht.

Was löst der Begriff »Unvernünftigsein« in Ihnen aus?

Nehmen Sie sich einen Augenblick Zeit und malen Sie sich aus, wie es wäre, wenn Sie mal wieder »unvernünftig« wären. Wie würde das aussehen?

Neues wagen

Neinsagen

Es ist wichtig, Nein sagen zu können, denn es bringt Entlastung und Klarheit. Meist müssen wir das jedoch erst üben. Vielen Menschen fällt es besonders schwer, ein klares Nein auszusprechen. Möglicherweise, weil wir negative Erfahrungen gemacht haben in Richtung Ablehnung oder es mit Unfreundlichkeit verbinden. Neinsagen bedeutet aber auch, sich und anderen gegenüber ehrlich zu sein. Es ist unerlässlich und hilfreich für das eigene Wohlergehen.

Dabei geht es um innere Klarheit. Wir lehnen ab, wenn wir etwas nicht wollen. Wer Nein sagen kann, kann auch ein entschiedenes Ja hervorbringen. Für den Alltag, aber auch, um sich weiterzuentwickeln, ist es wesentlich, sich eindeutig zu positionieren und nicht mit einem »Vielleicht« oder »Ich glaube« festzusitzen. Klare Ansichten setzen Energie frei; ein klares Nein – aber auch ein klares Ja – schafft Freiräume, innerhalb derer wir Neues ausprobieren können. Neinsagen kann geübt werden. Es führt auch zu weniger Fremdbestimmung.

Nein, ...	Stattdessen ...
... ich habe heute keine Zeit.	... bleibe ich zu Hause und erledige meine Aufgaben.
... ich mache nicht, was alle machen.	... wähle ich mein eigenes Programm.
... ich gehe jetzt nicht ans Telefon.	... genieße ich die Stille.
... ich fühle mich nicht weniger klug als andere.	... freue ich mich darüber, was ich schon alles erreicht habe.
... ich mache heute mal nicht, was andere von mir erwarten.	... achte ich auf meine eigenen Grenzen.

Suchen Sie eigene Beispiele.

Marie Boden, Doris Feldt   **Trost und Hoffnung für den Genesungsweg**   Downloadmaterial   © Psychiatrie Verlag Köln 2017

Haben Sie ein Beispiel für ein klares Nein, das Ihnen in der Rückschau gutgetan hat?

Wie könnte man Neinsagen lernen?

Wozu sagen Sie persönlich ganz klar Ja?

✎ ....

※ Sich vorzunehmen, entschiedener Nein oder Ja zu sagen, bedeutet nicht, dass es gleich klappt. Auch dieses Vorhaben ist – wie so vieles im Leben – ein Prozess.

Neues wagen

Ich lerne noch

Manchmal entdecken wir an einem Auto den Aufkleber »Anfänger«. Dietmar Kretz (2015) steht in seiner kleinen Geschichte »Lehrling« in der Schlange an der Kasse im Supermarkt, die nur mäßig vorankommt. Er beschreibt, wie genervt und ungeduldig er ist, bis er auf dem Namensschild des Kassierers liest: Ich lerne noch. Dieses Schild stimmt ihn sofort milde und er ist eher beschämt, dass er so ungeduldig und verärgert war. Dann schwingt er auf einen anderen Menschen um, einem großen Künstler, nämlich Michelangelo. Dieser berühmte Bildhauer und Maler, der einzigartige Fresken in der Sixtinischen Kapelle, große Skulpturen wie die Pieta und David geschaffen hat, soll kurz vor seinem Lebensende mit 87 Jahren gesagt haben: Ich lerne noch! Die Geschichte verdeutlicht und ermuntert dazu, zu erkennen, dass wir alle »Lebenslehrlinge« sind.
Es kann hilfreich sein, sich dies immer wieder zu verinnerlichen, trotz unseres Wissens, Könnens und unserer Erfolge. Denn so bleiben die Neugier, Entdeckungslust und Leichtigkeit erhalten und es ergibt sich ein gutes Lebensmotto: Ich muss nicht perfekt sein oder alles können; ich darf Fehler machen.

Lesen Sie den Text und markieren Sie, was Sie beeindruckt.

Was löst dieser Satz bei Ihnen aus? – »Ich lerne noch.«

»Ich darf Fehler machen.« Wie geht es Ihnen mit dieser Aussage?

Was hat das Ganze mit »Neues wagen« zu tun?

Neues wagen

Rückwärtsgehen

Manchmal gingen wir unseren Schulweg rückwärts, denn wir wollten nicht, dass die schönen Momente zu schnell vergehen. Es war so wundervoll, mit der besten Freundin auf dem Nachhauseweg zu sein – die Schule war geschafft, es gab so viel zu erzählen und es galt, Pläne zu schmieden, wie man den Nachmittag verbringen könnte. Also musste die angenehme Zeit ausgedehnt und »angehalten« werden. Das spricht dafür, erfinderisch zu sein!

Wie kann Gutes kultiviert oder intensiviert werden? Wie können Glücksmomente verlängert werden? Wie kann ich offen bleiben für jeden neuen Augenblick?

Was macht Ihnen besonders viel Freude oder Spaß?
Beispiel: ein gutes Essen.

Wie können Sie diese Momente oder Tätigkeiten verlängern?
Beispiel: das Beste auf dem Teller zum Schluss essen.

Seien Sie einmal nicht bescheiden! Was möchten Sie intensiv erleben? Schenken Sie sich einen gedanklichen Lichtblick, auf den Sie hinarbeiten wollen. Beschreiben Sie die Situation so konkret wie möglich.
Beispiel: Ich sitze in einem Restaurant ...

Überlegen Sie, wie das Gute immer wieder neu entdeckt werden kann. Schenken Sie schönen Alltäglichkeiten Beachtung, wie z. B. frischem Brot oder Schäfchenwolken.

Neues wagen

Gehen Sie auf Entdeckungsreise

Jeder kennt das Bedürfnis, etwas dringend zu benötigen, es zu besorgen, um dann festzustellen, dass noch genügend vorhanden war. Vielleicht hat man nicht richtig nachgesehen. Manchmal stellt man auch erstaunt fest, dass ein noch immer schönes Kleidungsstück ungetragen im Schrank hängt; es ist aus dem Blick geraten.

Meist kommen schöne Dinge zum Vorschein, wenn man sich die Zeit nimmt, ein wenig zu stöbern. Mit der persönlichen Lebenssituation kann es ähnlich aussehen: Plötzlich sehnt man sich danach, etwas im Leben müsste gänzlich anders sein, ausgetauscht oder erneuert werden. Nimmt man sich jedoch die Zeit und schaut genauer hin, kann es sein, dass bereits einiges vorhanden ist, lediglich neu entdeckt oder entstaubt werden muss. Wir suchen nach dem, was wir nicht haben, statt Ausschau zu halten, was wir bereits haben. Schauen Sie deshalb einmal genauer hin!

Entdecken Sie Dinge, die Sie lange nicht beachtet haben? Vielleicht ein Kleid ganz hinten im Kleiderschrank.

Schauen Sie, was für Sie selbstverständlich geworden ist. Vielleicht, dass Sie eine Wohnung haben.

Suchen Sie nach Dingen, die unwesentlich oder belanglos erscheinen. Vielleicht eine kleine liebevolle Notiz in einer Schublade.

Überlegen Sie, was alles schon da ist. Vielleicht ein schöner Blick aus dem Fenster.

✳ Dankbarkeit schafft eine zufriedene Lebensgrundlage.

Neues wagen

Faszination fremder Kulturen

»Was wäre das Leben, hätten wir nicht den Mut, etwas zu riskieren.«
VINCENT VAN GOGH

Reisen kann eine Herausforderung sein, weil man einen weiten Weg auf sich nimmt oder sich die andere Kultur gänzlich von der eigenen unterscheidet. Erinnern Sie sich an Urlaubsreisen, in denen Sie sich von Fremdem, Neuem, Andersartigem fasziniert und inspiriert gefühlt haben?

Es gab vielleicht andere Sitten, Bräuche, einen Dialekt, eine Fremdsprache, anderes Essen, eine andere Art, sich durch das Land zu bewegen oder Menschen zu begegnen. Bereits während der Reiseplanung hat Sie etwas in die Ferne und in »andere Welten« gezogen. Vielleicht haben Sie aber gleichzeitig auch Ängstlichkeit gespürt. Denn das Fremde und Unbekannte verunsichert in aller Regel und das Aufbrechen aus der gewohnten Umgebung macht Mühe.

Wenn Sie in den letzten Jahren nicht mehr verreist sind, erinnern Sie sich an Klassenfahrten und Tagesausflüge oder malen Sie sich eine Reise in Gedanken aus, die Sie immer schon einmal machen wollten. Sie haben sich also trotz der inneren Unsicherheit auf den Weg gemacht und sind voller Stolz, gestärkt, persönlich bereichert und mit neuen Erfahrungen zurückgekehrt – vielleicht in dem Bewusstsein, dass sich die Annäherung an das Fremde gelohnt hat. Es war goldrichtig, Ihre gewohnten Bahnen zu verlassen.

Reiseerfahrungen lassen sich wunderbar auf die Reise durch das Leben übertragen.

Welche Urlaubsorte oder -länder haben Sie bereist?

Welche Speisen und Getränke haben Sie kennengelernt oder entdeckt?

Was war kulturell neu, anders als zu Hause, spannend und gerade deshalb schön? Was hat Sie besonders bereichert?

Kennen Sie auch das Gefühl, dass Sie vor einer Reise unsicher waren? Wer oder was hat Sie bestärkt, trotzdem aufzubrechen? Wofür hat sich das Reisewagnis gelohnt?

Wie können Sie Ihre Reiseerfahrungen auf Ihre innere Lebensreise übertragen?

Neues wagen

Dem Fremden im Alltag begegnen

Auch in unserem Alltagsleben können wir uns für Fremdes und Unbekanntes öffnen. Es ist vergleichbar mit einer Urlaubsreise: Es gibt etwas, was mir fremd ist und mich trotzdem reizt und anzieht. Auf der anderen Seite macht sich meine besorgte und ängstliche Seite bemerkbar, die mich von Unbekanntem abhält.

Versuchen Sie die Überlegungen zu einer Urlaubsreise in ein unbekanntes Gebiet auf Ihre Lebensreise zu übertragen, vielleicht zunächst gedanklich. Auch in Gedanken können wir unseren Horizont erweitern – und wahrscheinlich ist das sogar der erste Schritt in ein fremdes Gebiet. Wenn Sie mögen, nehmen Sie das Themenblatt »Faszination fremder Kulturen« dazu.

Welches neue »Lebensgebiet« möchten Sie erschließen?
Beispiel: ein neues Hobby.

Was reizt Sie am Fremden oder Unbekannten?
Beispiel: Unbekanntes kann spannend sein.

Welches »Fremde« oder »Unbekannte« möchten Sie im Alltag einmal ausprobieren?

Wer könnte Sie unterstützen und bestärken, wenn Sie sich für Neues entscheiden?

Was genau wäre lohnenswert und bereichernd für Sie?

✳ Manchmal ist es wichtig, erst einmal »Altes« zurückzugewinnen – auch das kann neu sein.

Neues wagen

»Fehlerlesen«

Manchmal sind wir geneigt, uns am meisten mit dem persönlichen »Fehlerlesen« zu beschäftigen. Wir spüren auf, was verkehrt gelaufen ist und wo die eigene Leistung und das eigene Auftreten hätten besser sein können. Kristin NEFF (2014) beschreibt in ihrem Buch »Selbstmitgefühl – Schritt für Schritt«, dass unser Selbstwertgefühl so von unserem Gefühl der Unzulänglichkeit durchdrungen sei, dass uns die Vorstellung verunsichert, wir könnten tatsächlich wertvolle Menschen sein.
Es könne manchmal so weit gehen, dass wir uns in diesem Gefühl einrichten, weil es so vertraut ist und das Selbstbild gewissermaßen absichert.
Vielleicht ist es genau jetzt an der Zeit, alte Muster zu durchbrechen – kein Fehlerlesen mehr, sondern das Gute und die eigenen Fähigkeiten im Leben »anzustreichen«. Für das eigene Selbstwertgefühl kann man sorgen, indem man sich die eigene Selbstabwertung bewusst macht und sie sich verwehrt. Stellen Sie sich schützend vor sich selbst.

Schreiben Sie folgende Sätze ab, vielleicht mehrmals und auch mal mit der schwächeren linken (bzw. rechten) Hand:
- Jeder Mensch hat gute Eigenschaften.
- Jeder Mensch hat gute Eigenschaften, ich auch.
- Ich habe gute Eigenschaften.

Schreiben Sie nun Ihre guten Eigenschaften auf, mindestens fünf, lieber zwanzig.

Sprechen Sie zu zweit oder zu dritt über Ihre positiven Eigenschaften. Denn was man benennt, ist auch tatsächlich da.

※ Sprechen Sie, wenn möglich, über Ihre positiven Eigenschaften. Reden Sie auch mit einem Freund, Ihrer Partnerin oder Ihrem Therapeuten darüber. Tragen Sie sie hinaus in die Welt.

Neues wagen

Fehler machen gehört dazu

Manchmal wird das Vorhaben, Neues zu wagen, behindert, weil wir alles richtig machen wollen. Wir wollen es nicht nur anders machen, sondern fehlerfrei. Fehler stressen uns; deshalb wollen wir sie tunlichst vermeiden. Im Extremfall trauen wir uns aber – vor lauter hohen Ansprüchen an uns selbst – nicht mehr zu, etwas zu ändern, zu wagen oder Neues auszuprobieren. Wir neigen vielleicht sogar dazu, alles perfekt machen zu wollen, um andere nicht zu enttäuschen. Dabei gehört es zum Leben dazu, Fehler zu machen. Fehler sind menschlich, manchmal gar liebenswert, sie lassen sich nicht vermeiden und aus ihnen wird man »klug«.
Dietrich Bonhoeffer (zitiert nach NÜRNBERGER 2013, S. 98) sagt dazu: »Den größten Fehler, den man im Leben machen kann, ist, immer Angst zu haben, einen Fehler zu machen.« Eine starke Strategie ist, zu akzeptieren, dass Fehler passieren – und zwar jedem! Ohne Fehler und Irrtümer gäbe es keine Entwicklung. Aus Fehlern lernen wir, etwas besser zu machen, und wachsen an ihnen. Sie werden oft auch wiederholt und vielleicht schafft man es irgendwann, sie nicht noch einmal zu machen. Fehlermachen ist also so kunstvoll, wie das Leben selbst.

Was befürchten Sie, wenn Sie einen Fehler machen?

Welche Angst könnte dahinterstecken?

Was würde im schlimmsten Fall passieren?

Konnten Sie schon einmal über eigene Fehler schmunzeln und sie somit großzügig behandeln?

Ein Sprichwort sagt: »Aus Erfahrung oder aus Fehlern wird man klug.« Überlegen Sie, wann und wie Sie aus Fehlern gelernt haben.

✎

....

....

....

....

....

Neues wagen

Glück oder Unglück

Was ist eigentlich Glück oder Unglück?
»Ob es Unglück bringt, wenn dir eine schwarze Katze über den Weg läuft, hängt davon ab, ob du ein Mensch oder eine Maus bist!« – Der Weisheit des chinesischen Philosophen Konfuzius können wir nur zustimmen, denn im Grunde ist hier immer die Betrachtungsweise entscheidend. Je nach Blickwinkel schätzen wir eine Situation anders ein. Was für den einen Glück ist, kann für den anderen selbstverständlich oder nicht der Rede wert sein. Wie wir etwas bewerten, hängt ebenso von den eigenen Bedürfnissen und Interessen ab. Natürlich spielen auch Sehnsüchte, Wünsche und Träume eine Rolle. Die Eingangsfrage lässt sich also nicht so einfach beantworten.

Glück kann für den einen etwas Großes, sozusagen ein Hauptgewinn sein und für den anderen ein sorgenfreies, zufriedenes Leben. Weitere wünschen sich Glücksmomente, in denen sie etwas Besonderes erleben, wie einen Fallschirmsprung. Wieder andere erfreuen sich an einer blühenden Sommerwiese.

Das Glück verändert sich auch im Lauf eines Lebens; es kann sich im Grunde tagtäglich ändern, wenn ich für die kleinen Glücksmomente offen bin. Ganz sicher hat die Frage nach dem Glück mit der eigenen Lebenszufriedenheit zu tun – was sehe ich persönlich als Unglück an? Denn auch das ist so persönlich wie das Glück.

Das Glück kann also viele Gesichter haben. Trainieren und Üben heißt für uns, Glücksmomente wahrnehmen, erkennen und sie vor allem wertschätzen. Bevor jedoch mit dem Glückstraining begonnen werden kann, ist es wichtig, zu wissen, was persönlich glücklich oder auch unglücklich macht.

Versuchen Sie Worte zu finden, die einen unglücklichen, unzufriedenen Zustand beschreiben. Wie fühlt es sich an, wenn Sie unglücklich sind? Was macht Sie unglücklich?
Beispiele: betrübt, beunruhigt, kühl; Streit mit einer Freundin.

Versuchen Sie Worte zu finden, die einen glücklichen, zufriedenen Zustand beschreiben. Wie fühlen Sie sich, wenn Sie glücklich sind? Was macht Sie glücklich?
Beispiele: leicht, beschwingt, fröhlich; meine Katze.

Eine Möglichkeit, »Glück zu trainieren«, ist, ein Glückstagebuch zu führen. Schreiben Sie täglich alle schönen und guten Dinge oder Erlebnisse auf. Allein durch das Aufschreiben und Auflisten verbessert sich Ihre Stimmung. Und Aufschreiben wirkt dem Vergessen entgegen, denn Glück besteht oft aus kleinen Momenten. Nehmen Sie sich jetzt einen Augenblick Zeit und lassen Sie Ihren Tag Revue passieren. Was ist Ihnen heute an Schönem, Gutem, Freudigem und Glücklichem begegnet?

Überlegen Sie, ob es eine Möglichkeit gibt, den unglücklichen Zustand auszugleichen oder zu mildern.
Beispiel: Versöhnungsgespräch mit der Freundin führen.

Neues wagen

Sich erlauben, ein Glückskind zu sein

Sich das Glück erlauben – das hört sich zunächst einmal merkwürdig an. Dahinter steckt, sich für Glücksmomente zu öffnen. Natürlich wünschen wir uns das Glück, ohne etwas dafür tun zu müssen. Doch manchmal ist es notwendig, sich für das eigene Glück einzusetzen und daran zu glauben, dass es möglich ist, Glück zu erfahren. Denn es gibt auch Gedanken und Worte, die das Glück behindern oder blockieren, wie z. B. »ja, aber ...«, »vielleicht«, »eigentlich« oder »später«. Hier ist es notwendig, ein Machtwort zu sprechen – um sich für das Glück zu entscheiden und sich dafür öffnen zu können!

Machen Sie sich Gedanken, welche Worte und Sätze Ihnen zu mehr glücklichem Leben verhelfen können.
Beispiele: Ich treffe jetzt eine Entscheidung; heute ist ein guter Tag für einen guten Tag.

Es kann gut sein, auf den Rat von Menschen zu hören, die einem etwas zutrauen. Was würde Ihre beste Freundin zu Ihnen sagen?
Beispiele: Du hast nichts zu verlieren, du kannst nur gewinnen; morgen ist ein neuer Tag mit neuen Möglichkeiten.

Vervollständigen Sie folgende Liste:

Ich bin ein Glückskind, weil ...
- ... ich im Sommer geboren bin.
- ... ich gute Freunde habe.

- ....
- ....
- ....
- ....
- ....
- ....
- ....

✳ Lesen Sie auch das Themenblatt »Glück oder Unglück«.

Neues wagen

Café Glücklich

In Wismar gibt es ein wunderbares Café mit dem Namen »Café Glücklich«. Wer dort hineingeht, fühlt sich bereits beim Eintreten glücklich, denn hier erwarten wir schon des Namens wegen, glücklich zu sein. Im Café kann man nicht nur Kuchen, Torten und Glückskekse verspeisen; man erfährt auch, dass sich die Besitzerin einen Traum erfüllt hat: Sie wollte beruflich so viele Kuchen backen und Torten herstellen, wie nur irgend möglich. Es scheint, als wäre ihr dadurch gelungen, Personal und Besucher des Cafés glücklich zu machen. Der Erlös der Glückskekse wird übrigens in eine Extrakasse gelegt, denn davon macht die Belegschaft des Cafés einmal im Jahr einen Ausflug oder eine kleine Reise. Vom Café Glücklich kann man etwas lernen.

Was löst die »Glücksgeschichte« in Ihnen aus?

Wann haben Sie persönlich Glück empfunden?

Legen Sie sich eine persönliche Glücksliste an. Notieren Sie in diese Glückliches, Glücksbringer, Glückspilze, Glücksworte, Glücksvisionen ...
Beispiele:
Die Welt ist bunt, Vogelgezwitscher, Überraschungen, Kleeblätter, Geborgenheit.

✱ Möchten Sie das Café Glücklich besuchen? Dann gehen Sie auf Google Bildersuche: Café Glücklich Wismar.

Neues wagen

Freiräume für Veränderungen schaffen

Eine kleine Geschichte:
Stellen Sie sich einen sehr aktiven Menschen vor, der jede Minute mit sinnvollen Tätigkeiten füllt, für jeden ein offenes Ohr, eine Idee oder einen guten Rat hat. Dieser Mensch ist auf eine Brille angewiesen, ohne sie ist er aufgeschmissen, unsicher und eingeschränkt in seinem Tun.
Ein guter Freund gewinnt den Eindruck, dass der Mensch durch seine Aktivitäten selbst nie zur Ruhe kommt. Er empfiehlt ihm, einen angenehmen Ort aufzusuchen und dort für eine Zeit seine Brille abzunehmen, um einfach nur dazusitzen, nichts zu tun, nachzudenken oder zu träumen … Also einen Freiraum zu schaffen, um seinen eigenen Bedürfnissen näherzukommen.
Manchmal ist es notwendig, sich selbst zu überlisten oder überlisten zu lassen, um Freiräume für neue Gedanken und Erfahrungen, vielleicht sogar Veränderungen zu haben. Freiräume bieten Möglichkeiten: etwas zaghaft zu versuchen, zu experimentieren und etwas Neues auszuprobieren – weit weg von Perfektionismus und Vollständigkeit. Derartige Freiräume stellen die nötige Zeit für einen Veränderungsprozess zur Verfügung. Sie sollten ein Schutzraum sein, der so beschaffen ist, dass man auch Fehler machen darf, ins »Unreine« denken kann, erst einmal skizziert und sich langsam an etwas (Neues) annähert. Es geht darum, sich Gelegenheiten zu verschaffen, sich mit dem Neuen vertraut zu machen, spielerisch heranzugehen, bis man zum Wesentlichen gelangt.
Neues braucht Platz zur Entfaltung und diesen muss man sich schaffen, innerlich und äußerlich. Geben Sie sich Zeit und Gelegenheit dazu!

Was verstehen Sie persönlich unter Freiräumen?

Was können äußere Freiräume sein?
Beispiele: Mußestunden, Urlaub.

Was können innere Freiräume sein?
Beispiele: sich erlauben, etwas anders zu machen, mal fünfe gerade sein lassen und Nein zu sagen.

Wann treten Freiräume in den Hintergrund oder sind ganz verschüttgegangen?
Was können Sie dagegen tun?

Wie können Sie Ihre Freiräume neu verankern oder gar erweitern?

Neues wagen

Sich frei fühlen

Innerlich frei zu sein heißt, mit sich im Reinen zu sein und eine innere Unabhängigkeit zu spüren. Das sind gute Voraussetzungen, um etwas Neues zu beginnen. Martin Luther (zitiert nach KÄSSMANN 2011, S. 83 f.) konnte es für sich so sagen: »Nichts, was ich tue, sage, keine noch so große Anstrengung, ein gutes oder gar perfektes Leben zu führen, wird mich je zufriedenstellen, wird je gelingen. Mein Leben ist schon gelungen, ist ›sinn-voll‹, ja ›gerechtfertigt‹, weil es ein Leben ist, das Gott mir geschenkt hat.«

Vielleicht sind Sie kein an Gott gläubiger Mensch, dennoch lassen sich die Zeilen Luthers wunderbar auf das Leben übertragen. Sich innerlich wertvoll und frei zu fühlen, unabhängig von Geld, Leistung und Erfolg, ist ein sehr schönes und heilsames Lebensgefühl. Innere Unfreiheit entsteht häufig dadurch, anderen gefallen zu wollen. Dies ist ein ganz normales Bedürfnis, das uns aber nicht einengen darf.

Womit wollen Sie bei dem anderen gut ankommen?
- Der Freundin oder dem Freund
- Der Partnerin oder dem Partner
- Der Verkäuferin in der Boutique
- Der Kollegin oder dem Kollegen
- Der Ärztin oder dem Arzt
- Der Nachbarin oder dem Nachbarn
- Der oder dem ...

Gibt es Bereiche, in denen Sie gerne freier und unabhängiger wären, also dem anderen nicht unbedingt gefallen wollen – weil Sie Ihre eigenen Vorstellungen nicht aufgeben wollen?

Fällt Ihnen ein Beispiel ein, wo Sie ganz frei und unabhängig entschieden haben, obwohl die Menschen aus Ihrem Umfeld etwas anderes von Ihnen erwartet haben? Wie war die Erfahrung für Sie?

✳ Freiheit, lateinisch »libertas«, bedeutet, ohne Zwang zwischen allen Möglichkeiten auswählen und entscheiden zu können.

Neues wagen

Fünf Wege zum Wohlbefinden

In der Ausgabe »Zuversicht – die Kraft des positiven Denkens« des Magazins Geo Wissen (2015) wird auf ein wissenschaftliches Forschungsprogramm in England (NEF 2008) verwiesen, das Menschen unterstützt, ihr psychisches Wohlbefinden zu steigern. Dieses Programm heißt »Fünf Wege zum Wohlbefinden«. Die Wohlfühlhinweise sind einfach und inspirierend zugleich. Es handelt sich dabei um Dinge und Aktivitäten, die Menschen sowieso in ihrem täglichen Leben tun:

- Suche Gemeinschaft.
- Bewege dich.
- Sei neugierig und achtsam.
- Höre nie auf, zu lernen.
- Tu etwas für andere.

Die Forschungsergebnisse zeigen, wie wichtig es ist, Menschen dabei zu unterstützen, eigene Maßnahmen zu ergreifen, die ihr persönliches Wohlbefinden verbessern. Konkret bedeutet das, sich selbst gut zu fühlen und einen guten Platz in seinem Umfeld zu haben. Das Ausschlaggebende ist jedoch, sich dieser Maßnahmen bewusst zu werden und sie regelmäßig anzuwenden, um das Beste im Leben zu erhalten und vor allem die eigenen Selbstheilungskräfte zu stärken. So sind wir für Zeiten gerüstet, die härter sind als normalerweise.

Um die Bevölkerung für dieses Programm zu gewinnen, wurden sogenannte Wellbeing-Postkarten (Wellbeing = Wohlbefinden) verteilt. Jede Karte beschreibt einen der fünf Wege des Wohlbefindens. Wir alle bringen ganz eigene Voraussetzungen mit, um unser Wohlbefinden zu stärken. Passen Sie daher die fünf Wohlfühlhinweise ganz persönlich an sich und Ihre Lebensumstände an!

Suche Gemeinschaft
Zeit für Kontakte, die guttun und in meiner Nähe sind

Bewege dich
Auf den Fahrstuhl verzichten und die Treppen nehmen

....

....

....

Sei neugierig und achtsam
Die Dinge so sehen, als würde man ihnen zum ersten Mal begegnen

....

....

....

Höre nie auf zu lernen
Neue Herausforderungen suchen

....

....

....

Tu etwas für andere
Hilfe anbieten bei Dingen, die man selbst gut kann

....

....

....

Wählen Sie nun einen Weg des Wohlbefindens, der Ihnen im Augenblick besonders am Herzen liegt. Gestalten Sie eine Postkarte zum gewählten Weg des Wohlbefindens. Schreiben Sie kleine Geschichten, malen Sie, finden Sie Symbole …

Schlusswort

Abschließen möchten wir dieses Buch mit ganz persönlichen Eindrücken aus der Gruppe. Wir freuen uns sehr und sind dankbar für folgenden Erfahrungsbericht. In diesem beschreiben drei Teilnehmende, wie sie die Erarbeitung der großen Lebensthemen wahrgenommen und mit ihren eigenen »Recoverywegen« verknüpft haben.
Alle Teilnehmenden, die Moderierenden und eine Genesungsbegleiterin haben uns zudem ihre ganz persönlichen Recoverysätze verraten, die zeigen, wie persönlich und vielfältig Genesung sein kann.

Eindrücke aus der Gruppe

Wir freuen uns sehr, auch zu diesem Buch etwas beitragen zu können und unsere Erfahrungen mitteilen zu dürfen. Wir sind dankbar, nun schon einige Jahre Teil der Stabilisierungsgruppe zu sein. Gerade rückblickend wird uns klar, was für ein Schatz diese Gruppe für uns ist – wir werden mit Respekt und Wertschätzung behandelt. Den eigenen Unvollkommenheiten wird verständnisvoll und mitfühlend begegnet. So sagt auch Galsan Tschinag (NAUSE-MEIER 2013): Das Unperfekte in jedem Menschen sei das Wunderbare!
Jeder kann sich auf seine Art äußern und wird nicht belächelt. Auch werden wir von den Moderierenden individuell abgeholt. Das ist für uns erstaunlich, weil es doch teilweise eine große Gruppe ist. Unter den Teilnehmenden herrscht ebenso ein freundschaftlicher Umgang. Selbst wenn man nur kleine Beiträge beisteuert, ist dies wichtig und wird gewürdigt.
Für uns waren die neuen Themen recht umfangreich, und wir hatten das Gefühl, man könnte daraus noch ein Buch schreiben.
Abschied und Trauer: Trauer hat viele Gesichter. Zu ihr zählt nicht nur der Abschied von geliebten Menschen, sondern auch von ganzen Lebenskonzepten, wie Beruf, Partnerschaft, Kinder oder Freundschaften. Es ist für uns ein wichtiges Fundament, mit Trauer umgehen zu können. Viele von uns haben diesen Prozess schon teilweise durchlebt,

andere stehen noch am Anfang oder sind mittendrin. So können wir voneinander lernen und werden bereichert. Es macht Mut und Hoffnung, wenn wir erfahren, dass es einen Weg aus der Traurigkeit gibt. Jeder wird in seinem individuellen Lebensweg ermutigt.

Trost: Einige von uns wurden von Menschen enttäuscht und wollen durch die Gruppe neues Vertrauen aufbauen. Trost ist nicht allein von anderen Menschen abhängig, sondern kann durch uns selbst oder kleine Dinge entstehen. Hierfür haben uns die Moderatorinnen sensibilisiert. Eine Wärmflasche, ein heißes Bad mit duftendem Badezusatz, eine brennende Kerze oder der wohltuende Tee ... So hat Trost mit viel Selbstfürsorge zu tun.

Hoffnung: Uns fiel sofort die Redewendung ein: »Die Hoffnung stirbt zuletzt.« Die Hoffnung ist in jedem von uns tief verankert, sie ist nur leider durch die schwierigen Phasen verschüttgegangen. Deutlich wurde durch das Themenblatt »Verbündete suchen«, wie wichtig ein Netzwerk ist. Da nur eine Freundin oder ein Angehöriger damit doch sehr überlastet sein kann. Und auch nicht jeder Mensch ist dieser Aufgabe gewachsen. Deshalb ist es hilfreich, die Fühler nach Menschen auszustrecken, die mit uns zusammen hoffen.

Das Themenblatt »Hoffnungsrituale« hat uns daran erinnert, wie wichtig es ist, Rituale im Alltag einzuüben. Sie geben uns ein Gerüst und Struktur. So würden wir auch Anselm GRÜN (2011) verstehen, wenn er darauf hinweist, dass Rituale sogar ein Heimatgefühl schaffen können. Wir sollten sie nur schon in guten Zeiten einüben, damit sie sich in schweren Phasen bewähren.

Der Sinnfrage näherten wir uns über das Themenblatt »Hoffnung lebt von Lebenssinn und Aufgaben«. Es zeigte uns, wie wichtig es ist, eine Aufgabe im Leben zu finden. Auch dies ist ein Prozess und wir brauchen viel Langmut, um dafür immer wieder neu aufzustehen – Schritt für Schritt und manchmal auch mit einem Schritt zurück.

Neues wagen: Dieses Thema wirkte auf einige sehr belebend und macht Freude auf künftige positive Erfahrungen. Unsere Moderatorinnen haben die Gabe, selbst in den negativen Erfahrungen etwas Positives zu sehen.

Bei allen Themen stellte sich heraus, dass es die vielen kleinen Dinge und Schritte sind, die zum Erfolg führen. Hilfreich ist es auch, eine positive Grundeinstellung zu entwickeln. Im Negativen zu verharren ändert nichts an unseren Problemen. Es gilt, zu uns selbst freundlich zu sein und die Selbstabwertung zu beenden. Auf diesem Weg hat uns die Stabilisierungsgruppe stets mit Geborgenheit, Schutz, Wärme und Vertrauen erfüllt. Wir bedanken uns bei den Moderatorinnen Doris Feldt und Marie Boden.

Bärbel Maistrak, Oliver Schwarzek und Anita Sporleder, Bielefeld

Recovery bedeutet für mich ...

»Nobody is perfect. Niemand ist perfekt.«
Susanne

»Ich kann mich über Kleinigkeiten freuen, Freunde und Familie haben mir geholfen, meine Wohnung ist eine Wohlfühloase. Außerdem – Entschleunigung ist wichtig!«
Carola Liers

»Leben ist Lebenskunst.«
Anonym

»Vorwürfe bezüglich der eigenen Fahrlässigkeit beenden.«
Thomas Klumbies

»So in Ordnung zu sein, wie man ist, und alle Gefühle zulassen dürfen. – Recovery ist eine Triebfeder für Trost, Hoffnung, Sinnerfüllung und Lebensfreude, trotz schwerer Erfahrungen.«
Doris Feldt

»Leben und leben lassen, zu sich selbst stehen, Selbstakzeptanz und zwei Schritte vor und einen zurück.«
Heike Steinbrück

»Kürzer zu treten und seine Kräfte besser einzuteilen, die Akzeptanz eines geschützten Arbeitsplatzes und ein Bewusstsein zu entwickeln, wo meine Grenzen sind.«
Sylvia Hauck

»In kleinen Schritten weiter!«
Anonym

»Leben ist Veränderung, Stillstand ist der Tod.«
Oliver Schwarzeck

»Recovery ist ein Weg, sich aufzumachen und loszugehen, ein Weg, auf dem Entwicklung möglich ist, auf dem Pausen erlaubt sind. Es darf vorwärts, seitwärts und auch zurückgegangen werden. Es darf geweint, getobt und gelacht werden.«
Marie Boden

»Fragen stellen: Was kann ich im Moment gut? Was möchte ich wieder können? Was möchte ich neu üben?«
Berit

»Wiedergewinnung von Perspektiven, Prinzip Hoffnung. Und ich gehöre dazu, als vollwertiges Mitglied der Gesellschaft.«
Anonym

»Wieder in Bewegung kommen, meinen Weg im eigenen Tempo gehen – zwei Schritte vor, einen zurück, ist okay.«
Vera Bierrwirth

»Gewissheit ist das Sehen mit der Seele, Klarheit ist wichtig, damit die Seele sich beruhigen kann.«
Anonym

»Ich möchte mich ausruhen, mich über Kleinigkeiten freuen, das Leben genießen und meine Familie ist mir wichtig.«
Anonym

»Erkenne dich selbst, die einzige Konstante ist Veränderung.«
Mattias Winkler

»Vernetzung, andere kennenlernen, Austausch. Und Gesundheit ist möglich.«
Anonym

»Zwei Schritte vor und einen zurück. Und einen guten Umgang mit der Gesundheit erlernen.«
Anonym

»Nichts übers Knie brechen – Philosophie der kleinen Schritte – und jeder hat seine Baustelle.«
Anita Sporleder

»Morgen kommt ein neuer Himmel.«
Sabine Noelle

»Zeit haben, zuhören und ernst genommen werden – egal, was ist.«
Elmar Krems

»Alles Piano – wenn das so einfach wäre.
Aber nach dem Schlechten kommt das Gute – Schritt für Schritt.«
Silvia Kröffgens

»Das Leben vorwärtsgehen und rückwärts verstehen. –
Trauer ist keine Krankheit.«
Bärbel Maistrak

»Schlechtes abhaken, Positives weitermachen und
sich selbst akzeptieren.«
Anonym

»Recovery darf vielseitig sein und individuell, je nach persönlichen Lebenserfahrungen, das macht Recovery gerade spannend und pulsierend. – Gesunde, leckere Ernährung, genügend Schlaf, Bewegung an der frischen Luft, wohltuende zwischenmenschliche Beziehungen helfen, Recovery zu erhalten. Und in Zeiten, in denen mir nach ›Fallen‹ zumute ist, unterstützt mich eine gesunde innere und auch äußere Körperhaltung sehr, dann erst recht möchte ich weitergehen, leben und lieben.«
Lizzie Schweika

Danksagung

Wir haben allen Grund, dankbar dafür zu sein, dass wir uns intensiv mit den Themen unseres Buches auseinandersetzen und dabei viele Menschen mit ihren Lebensgeschichten anhören durften. Es war uns eine Bereicherung, durch unterschiedlichste Literaturlandschaften zu spazieren und zu bemerken, dass die Beschäftigung mit der eigenen Lebensgeschichte – besonders über die Themen Trauer, Trost und Hoffnung – eine Brücke hin zu Neuem schlägt.
Es ist uns viel Hilfe zuteilgeworden und gemeinsam mit anderen ist ein großes Ganzes entstanden. Deshalb ein herzliches Dankeschön an:
Alle Teilnehmende der Stabilisierungsgruppen für ihre Mitarbeit, ihr Engagement, besonders in der letzten aktiven Phase des Erprobens der Themenblätter, ihren inneren Reichtum, ihre besondere Sensibilität und ihre Treue. Ihnen gilt unsere tiefe Anerkennung und Würdigung für ihre authentische Mitarbeit! Unser ganz besonderer Dank gilt hier den vier Peers für ihre Mitarbeit und Beiträge in unserem gemeinsamen Workshop beim 13. Dreiländerkongress in Bielefeld 2016.
Vera Bierwirth für das persönliche Geleitwort, das hilfreiche Gegenlesen der Kapitel, für die exzellente Ko-Moderation der zweiten Stabilisierungsgruppe in unserer Klinik sowie für ihre persönliche Verbundenheit zu uns und unserer Arbeit.
Matthias Winkler und Sabine Noelle, Kollegen und Moderatoren der zweiten Stabilisierungsgruppe, für ihre ernsthafte Auseinandersetzung mit sich selbst, den Gruppenteilnehmenden und den Themenblättern.
Sibylle Prins für ihre freundliche Abdruckgenehmigung der »Wunderbaren Wörter«.
Susanne Schmitt für ihre Korrekturen, Unterstützung und Inspiration bei allen Qigong-Übungen.
Elke Prestin für ihre sprachwissenschaftlichen Anregungen, Impulse und Kritiken. Sie steht für ein heilsames Miteinander in der psychiatrischen Arbeit.
Martin Driessen, der uns als Klinikleiter die Möglichkeit gibt, ein solches Projekt im klinischen Kontext zu entwickeln und durchzuführen, aber auch, weil in seiner Klinik Recovery gelehrt und gelebt wird.

Petra Krause und Daniela Brandtner, beide haben uns aus ihrer leitenden Funktion heraus unterstützt, gefördert, und fachlich sowie menschlich wertgeschätzt.

Karin Koch für das erneute Vertrauen in unsere Arbeit und in ein neues Buch, für eine stets gute fachliche Auseinandersetzung und für den wichtigen Impuls, das Kapitel »Neues wagen« mit aufzunehmen.

Katrin Klünter, unserer Lektorin, für ihre fabelhafte Begleitung und Wertschätzung unserer Themen und auch für den Besuch der Stabilisierungsgruppe. Sie ist fachlich genau, immer im Thema, strukturiert und hatte stets das gesamte Buch im Blick. Danke Frau Klünter, dass Sie für uns und an unserer Seite waren.

York Bieger, der eine krisenhafte Phase inmitten des Buchprojekts konkret abzufangen wusste. Seine Klarheit und sein Pragmatismus haben uns beruhigt und sozusagen einen »schützenden Mantel« um unsere Schultern gelegt.

Uwe Hadel und Wolfgang Pohlmann, sie haben alle Bücher von Beginn an begleitet und bejaht, für ihre Unterstützung und für ihr Interesse an unseren Projekten.

Britta Müller, Jono Kulecki und Gerd Bensch für ihre freundliche und bereitwillige Vertretungsarbeit in der Klinik.

Unsere Freunde, die uns zugehört haben, die sich eingelassen haben auf unsere immer wieder im Vordergrund stehenden Themen des Buches und die verstanden und freundlichst akzeptiert haben, dass während des Schreibens viel Rückzug nötig war.

Unsere Eltern: Marlies und Heinz Boden und Elly (†) und Alfred Rolke (†). In Gedenken an Elly Rolke, die mitten in der thematischen Auseinandersetzung zu den Buchthemen im Mai 2015 verstarb. Und an Alfred Rolke, der die Vollendung dieses Buches nun doch nicht mehr erleben konnte, er folgte seiner Frau im März 2017.

Heidi Simon, Doris Schwester, die sich im Oktober 2015 auf einer Israelreise befand und unser Themenblatt »Klagebuch« mit unseren persönlichen Anliegen und Wünschen – auch für das Gelingen dieses Buches – zur Klagemauer nach Jerusalem brachte. Das war etwas ganz Besonderes und deine Schilderung dazu, liebe Heidi, hat uns sehr berührt.

Birgit Blass, Maries Lieblingscousine in Massachusetts, für ihre spontane Übersetzungsarbeit »Five Ways for Wellbeing«.

Eleni Chasioti, Maries Patenkind, für ihre exzellente Unterstützung bei der grafischen Übersichtsdarstellung (Leitfaden) und für den fundierten

Umgang mit unseren Materialien. Wunderbar, liebe Eleni, dass du inzwischen über so viel Fachlichkeit verfügst.

Thomas Feldt, mit seiner musikalischen, romantischen Seele, der die Idee zu den »Wiegenliedern der Seele« entstehen ließ.

Monsieur Flaubert und Lukic, Füchslein und Füchsline, denn sie sind »Trauerviecher«, Seelentröster, Hoffnungswesen und Kraftspender für Neues.

Unsere Ehemänner Thomas Feldt und Jo Schrage. Ihnen könnten wir viele Seiten widmen. Ihre allumfassende Unterstützung, Liebe, Treue, Großzügigkeit, Geduld und Anerkennung ist wundervoll. Mit euch kann man durchs Leben kommen. Wir lieben euch von ganzem Herzen.

An uns: Wir kamen gar nicht umhin, uns von der Thematik des Buches in besonderer Weise berühren zu lassen, uns voreinander zu öffnen und unsere eigenen Lebenserfahrungen auszutauschen. Dabei haben wir erneut gespürt, dass wir uns vertrauen können, dass wir Weggefährtinnen und Freundinnen sind, dass wir uns noch näherkamen und froh sind, einander zu haben. Unsere Freundschaft und das gemeinsame Schreiben sind ein Geschenk.

Marie Boden und Doris Feldt, Bielefeld

Herzensangelegenheit: »Das Wiegenlied meiner Seele«

Erinnern Sie sich an frühere Momente, vielleicht an ein allabendliches Ritual zur Guten Nacht, bei dem ein Lied gesungen oder gehört wurde? Sie fühlten sich geborgen, zugedeckt mit einem dicken Federbett, jemand war bei Ihnen, das Licht war gedämpft und gemütlich … Dann haben Sie schöne Klänge vernommen. Dabei fühlten Sie Ihre Seele auf wunderbare Weise gewärmt.

Wenn es früher ein solches Erleben oder Ritual gab, können Sie es sich auch heute schaffen. Wiegenlieder der Seele kennen wir wahrscheinlich alle: Lieder, die trösten, rühren, durch die Nacht bringen und zärtlich zu uns sprechen. Wir möchten Ihnen noch eines unserer Wiegenlieder verraten, ebenso von unseren Männern. »Hören« Sie einfach mal rein. Zu erarbeiten gibt es hier nichts, lassen Sie sich verwöhnen und vom Klang berühren!

Unsere Wiegenlieder

Doris Feldt
Guter Mond, du gehst so stille
durch die Abendwolken hin;
deines Schöpfers weiser Wille
Ließ auf dieser Bahn dich ziehn.
Leuchtet freundlich jedem Müden
in das stille Kämmerlein
und ergieße uns Frieden
ins bedrängte Herz hinein.

Aus: Guter Mond, du gehst so stille;
Volkslied um 1780
www.youtube.com/watch?v=cWgT345uYYc

Thomas Feldt
Oh, wie schön ist deine Welt.
Vater, wenn sie golden strahlet.
Wenn dein Glanz herniederfällt
und den Staub mit Schimmern malet.
Wenn das Rot, das in der Wolke blinkt,
in mein stilles Fenster sinkt.

Aus: Im Abendrot;
Melodie: Franz Schubert; Text: Karl Gottlieb Lappe
www.youtube.com/watch?v=YRQplLln4Nk

Marie Boden
Abends, will ich schlafen gehen,
Vierzehn Engel um mich stehn:
zwei zu meinen Häupten,
zwei zu meinen Füßen,
zwei zu meiner Rechten,
zwei zu meiner Linken
zweie, die mich decken,
zweie, die mich wecken,
zweie, die mich weisen
zu Himmels Paradeisen.

Aus: Engelbert Humperdinck (1854–1921),
aus der Oper »Hänsel und Gretel«;
Text: Adelheid Wette (1858–1916)
nach dem Volkslied »Abends, wenn ich
schlafen geh« aus »Des Knaben Wunderhorn«
www.youtube.com/watch?v=91h8uxAUOKI

Jo Schrage
Schlafe, mein Prinzchen, schlaf ein.
Es ruh'n Schäfchen und Vögelein.
Garten und Wiesen verstummt,
auch nicht ein Bienchen mehr summt.
Luna mit silbernen Schein
gucket zum Fenster herein.
Schlafe beim silbernen Schein.
Schlafe, mein Prinzchen, schlaf ein.
Schlaf ein, schlaf ein.

Aus: Schlafe, mein Prinzchen, schlaf ein.
Komposition:
Johann Friedrich Anton Fleischmann
(1766–1798);
Text: Friedrich Wilhelm Gotter (1746–1797)
www.youtube.com/watch?v=8FYpF-mwL1k

Literatur

AHLBRECHT, J. (2010): Gottes Lebensrhythmus entdecken. In: Leitungskreis Jahr der Stille (Hg.): Ideenheft: Anregungen für Mitmacher und Multiplikatoren. Marienheide: Bibellesebund.

ANTONOVSKY, A. (1997): Salutogenese. Zur Entmystifizierung der Gesundheit. Tübingen: dgvt.

BACHMEIER, S. (2008): Säen mit Risiko. In: Auf ein Wort, Kirche im Rundfunk, 1, S. 242.

BAER, U.; FRICK-BAER, G. (2008): Vom Sich-fremd-Sein zum In-sich-Wohnen. Weinheim, Basel: Beltz.

BAER, U.; FRICK-BAER, G. (2009): Gefühlslandschaft Angst. Weinheim, Basel: Beltz.

BAER, U.; FRICK-BAER, G. (2010): Vom Trauern und Loslassen. Weinheim, Basel: Beltz.

BAER, U.; FRICK-BAER, G. (2011): Das ABC der Gefühle. Weinheim, Basel: Beltz.

BAER, U.; FRICK-BAER, G. (2012): Das Wunder der Geborgenheit. Weinheim, Basel: Beltz.

Bayerischer Rundfunk (2016): alpha-Forum. Professor Dr. Gerald Hüther im Gespräch mit Iska Schreglmann. http://wck.me/11FR (28.06.2017).

Benediktushof – Zentrum für Meditation und Achtsamkeit (Hg.) (2015): Marsha Linehan zum 90. Geburtstag von Willigis Jäger. www.youtube.com/watch?v=0ZaqZFJkZDE (21.06.2017).

BIERWIRTH, V. (2012): Trauer, Trauerarbeit und Trost als Aspekte von psychischer Erkrankung. Abschlussportfolio in der EX-IN-Weiterbildung. Bielefeld.

Bischöfe Deutschlands und Österreichs und der Bistümer Bozen-Brixen und Lüttich (Hg.) (1999): Die Bibel. Einheitsübersetzung. Altes und Neues Testament. Freiburg im Breisgau: Herder.

BOCK, T. (2015): Eigensinn und Psychose. »Noncompliance als Chance«. Neumünster: Paranus.

BOCK, T.; KLAPHECK, K.; RUPPELT, F. (Hg.) (2014): Sinnsuche und Genesung. Erfahrungen und Forschungen zum subjektiven Sinn von Psychosen. Köln: Psychiatrie Verlag.

Boden, M.; Feldt, D. (2015a): Gefühle erkennen, benennen und gut mit ihnen umgehen. Ein Handbuch zur Gruppenmoderation und zur Selbsthilfe. Köln: Psychiatrie Verlag.
Boden, M.; Feldt, D. (2015b): Krisen bewältigen, Stabilität erhalten, Veränderungen ermöglichen. Ein Handbuch zur Gruppenmoderation und zur Selbsthilfe. Köln: Psychiatrie Verlag.
Bohus, M.; Wolf, M. (2009): Interaktives Skillstraining für Borderline-Patienten. Manual zur CD-ROM für die Therapeutische Arbeit. Stuttgart: Schattauer.
Brecht, B. (2011): Vergnügungen. In: Langenbacher, A. (Hg): Knallvergnügt und naseweis. Gedanken, die Mut machen. Ostfildern: Grünewald.
Bucay, J. (2015): Das Buch der Trauer. Wege aus Schmerz und Verlust. Frankfurt am Main: Fischer.
BZgA – Bundeszentrale für gesundgeitliche Aufklärung (Hg.) (2001): Was erhält Menschen gsund? Antonovskys Modell der Salutogenese – Diskussionsstand und Stellenwert. Köln: BZgA.
Carle, E. (2009): Die kleine Raupe Nimmersatt. Hildesheim: Gerstenberg.
Canacakis, J.; Bassfeld-Schepers, A. (1994): Auf der Suche nach den Regenbogentränen. Heilsamer Umgang mit Abschied und Trennung. München: C. Bertelsmann.
Chödrön, P. (2001): Wenn alles zusammenbricht. Hilfestellung für schwierige Zeiten. München: Goldmann.
Coleman, R. (2016): Political Aspects of Working in Psychiatry. Needed Changes in Direction to Recovery. Vortrag. Dritter Internationaler Psychiatriekongress zu seelischer Gesundheit und Recovery in Bern, Schweiz.
Degonda, M. (2012): Rituale: Sonderzeiten im schnellen Strom. In: Zeitpunkt, 122, S. 24–25.
Dobrick, B. (2015): Wenn die alten Eltern sterben. Das endgültige Ende der Kindheit. Freiburg im Breisgau: Herder.
Frankenberger, A.; Meilinger, K.; Rehberg, M. (2008): Wertschätzung. München: Anette Frankenberger.
Fromm, E. (1980): Interview with Heinrich Jaenecke: Ich habe die Hoffnung, daß die Menschen ihr Leiden erkennen: den Mangel an Liebe. In: Der Stern, 14, S. 306–309.
Grün, A. (2011): 50 Rituale für das Leben. Freiburg im Breisgau: Herder.

Grün, A. (2014): Grenzen und Gegensätze. In: Sander, U. (Hg.) Heute leben! Worte zum Aufblühen. Freiburg im Breisgau: Herder, S. 62–65.

Hanh, T. N. (2008): Zeiten der Achtsamkeit. Freiburg im Breisgau: Herder.

Hauck, B. (2013): Sehnsucht nach Lebendigkeit: In: Auf ein Wort, Kirche im Rundfunk, 6 (13).

Hellwig, M. (2014): In Berührung. In: Sander, U. (Hg.): Heute leben! Worte zum Aufblühen. Freiburg im Breisgau: Herder, S. 56.

Ibele, G. (2015 a): Geschmack am Leben finden. In: Neundorfer, G. (Hg.): Lebensfreude. Worte, die stark machen. Freiburg im Breisgau: Herder, S. 48–50.

Ibele, G. (2015 b): Vertrauen. In: Neundorfer, G. (Hg.): Lebensfreude. Worte, die stark machen. Freiburg im Breisgau: Herder, S. 70–72.

Janosch (2004): Ich mach dich gesund, sagte der Bär. Weinheim, Basel: Beltz.

Janosch (2013): Bei Liebeskummer Apfelmus. Ein Kochbuch für die Lust am Leben. Gifkendorf-Vastorf: Little Tiger.

Kabat-Zinn, J. (2013): Gesund durch Meditation. Das große Buch der Selbstheilung mit MBSR. München: Knaur.

Kahl, J. (2001): Antwort aus der Sicht eines weltlichen Humanismus. www.philosophia-online.de/mafo/heft2001-03/Kahl_sinn.htm (26.06.2017).

Kässmann, M. (2011): Sehnsucht nach Leben. München: adeo.

Kast, V. (2013 a): Mit Imagination an Albträumen arbeiten. Luise Reddemann zum 70. Geburtstag gewidmet. Symposium.

Kast, V. (2013 b): Trauern. Phasen und Chancen des psychischen Prozesses. Freiburg im Breisgau: Kreuz.

Kehr, H. M.; Rawolle, M. (2011): Die motivierende Kraft von Visionen. www.alltagsforschung.de/gastbeitrag-von-hugo-m-kehr-die-motivierende-kraft-von-visionen/ (23.06.2017).

Ketelsen, R.; Rullkötter, N. (2009): Die Dialektisch-Behaviorale Therapie der Borderline-Persönlichkeitsstörung – DBT. Workshop. 11. Jahrestagung der DeGPT in Bielefeld.

Keupp, H. (2008): Salutogenese: Grundlagen der Gesundheitsförderung. www.ipp-muenchen.de/texte/keupp_muenster_08_f.pdf (23.06.2017).

Kiss-Elder, K. (2003): Wachsen. Eine kleine Schule des Werdens. Ostfildern: Patmos.
Knuf, A. (2016a): Empowerment und Recovery. Köln: Psychiatrie Verlag.
Knuf, A. (2016b): Recovery, Empowerment und Peerarbeit. In: Utschakowski, J.; Sielaff, G.; Bock, T. (Hg.): Experten aus Erfahrung. Peerarbeit in der Psychiatrie. Köln: Psychiatrie Verlag, S. 35–49.
Knuf, A.; Hammer, M. (Hg.) (2013): Die Entdeckung der Achtsamkeit in der Arbeit mit psychisch erkrankten Menschen. Köln: Psychiatrie Verlag.
Knuf, A.; Osterfeld, M.; Seibert, U. (2007): Selbstbefähigung fördern. Empowerment und psychiatrische Arbeit. Köln: Psychiatrie Verlag.
Kotsou, I. (2013): Das kleine Übungsheft Achtsamkeit. München: Trinity.
Kretz, D. (2015): Lehrling. In: Auf ein Wort. Kirche im Rundfunk, 8 (9).
Langmaack, B.; Braune-Krickau, M. (2010): Wie die Gruppe laufen lernt. Weinheim, Basel: Beltz.
Leonhardt, R. (2011): Lebensweisheiten berühmter Dichter und Denker. Über 2000 Zitate von Aristoteles bis Zuckmayer. Hannover: humboldt.
Limbach, J. (Hg.) (2007): »Das schönste deutsche Wort.« Eine Auswahl der schönsten Liebeserklärungen an die deutsche Sprache – zusammengestellt aus den Einsendungen zum internationalen Wettbewerb »Das schönste deutsche Wort«. München: Hueber.
Lindbergh, A. M. (1990): Muscheln in meiner Hand. Eine Antwort auf die Konflikte unseres Daseins. München: Piper.
Lindgren, A. (1982): Ronja Räubertochter. Hamburg: Oetinger.
Lindgren, A. (1988): Immer lustig in Büllerbü. Hamburg: Oetinger.
Linehan, M. M. (1996): Dialektisch-Behaviorale Therapie der Boderline-Persönlichkeitsstörung. München: CIP-Medien.
Linster, L. (2015): Mein Weg zu den Sternen. Aus meinem Leben. Köln: Kiepenheuer & Witsch.
Lionni, L. (2003): Frederick. Weinheim, Basel: Beltz.
Lutz, R. (2007): Selbstfürsorge und verhaltenstherapeutische Selbsterfahrung. In: Verhaltenstherapie & Verhaltensmedizin, 28 (2), S. 209–232.

Mello, A. de (2015): Das Geheimnis des Lebens. In: Neundorfer, G. (Hg.): Lebensfreude. Worte, die stark machen. Freiburg im Breisgau: Herder, S. 28–30.

Nause-Meier, S. (2013): Interview Galsan Tschinag: »Das Unperfekte in uns sei das Wunderbare«. In: happinez, 6, S. 20–25.

NEF – New Economics Foundation (Hg.) (2008): Economics as if People and the Planet Mattered. https://archive.org/stream/fe_Five_ways_to_well-being-the_evidence/Five_ways_to_well-being-the_evidence_djvu.txt (26.06.2017).

Neff, K. (2014): Selbstmitgefühl. Schritt für Schritt, München: arbor.

Nürnberger, E. (2013): Optimistisch denken. Berlin: Haufe.

Oetinngen, G. (2016): Die Kraft der Gedanken. In: Die Zeit, 22, S. 18–19.

Onlinelexikon für Psychologie und Pädagogik (o. J.) Definitionen von Resilienz. http://lexikon.stangl.eu/593/resilienz/ (26.06.2017).

Ortheil, H.-J. (2012): Die Moselreise. München: btb.

Paetsch, M. (2015): Vom Glück der Geborgenheit. In: GEO Wissen, 55, S. 44–51.

Potreck-Rose, F.; Jacob, G. (2006): Selbstzuwendung – Selbstakzeptanz – Selbstvertrauen. Psychotherapeutische Interventionen zum Aufbau von Selbstwertgefühl. Stuttgart: Klett-Cotta.

Prestin, E. (2015): Regeln und Rituale. Unveröffentlichtes Skript.

Prestin, E.; Schulz, M. (2011): »Ich habe mir überlegt, was Ihnen wohl am meisten weh tut.« In: Psychiatrische Pflege Heute, 17 (2), S. 87–98.

Prins, S. (2010): Tagtraumzeit – Nachdenkzeit – Lächelzeit: Neumünster: Paranus.

Reddemann, L. (2004): Eine Reise von 1000 Meilen beginnt mit dem ersten Schritt. Seelische Kräfte entwickeln und fördern. Freiburg im Breisgau: Herder.

Reddemann, L. (2010): Imagination als heilsame Kraft. Zur Behandlung von Traumafolgen mit ressourcenorientierten Verfahren. Stuttgart: Klett-Cotta.

Remen, N. R. (2015): Aus Liebe zum Leben. Geschichten, die der Seele gut tun. Freiburg im Breisgau: arbor.

Sander, U. (Hg.) (2014): Heute leben! Worte zum Aufblühen. Freiburg im Breisgau: Herder.

SCHULZ, M. (2014): Psychiatrische Pflege und die Suche nach dem Sinn. In: BOCK, T.; KLAPHECK, K.; RUPPELT, F. (Hg.): Sinnsuche und Genesung. Erfahrungen und Forschungen zum subjektiven Sinn von Psychosen. Köln: Psychatrie Verlag.

SCHWARZ, A. (2014): Die Dinge beim Namen nennen. In: SANDER, U. (Hg.): Heute leben! Worte zum Aufblühen. Freiburg im Breisgau: Herder, S. 67–71.

SELIGMAN, M. E. P. (1993): Pessimisten küßt man nicht. Optimismus kann man lernen. München: Droemer Knaur.

SIELAFF, G. (2016): Helfen, ein Gegenüber zu sein. Psychisch kranke Mütter als Peers. In: UTSCHAKOWSKI, J.; SIELAFF, G.; BOCK, T.; WINTER, A. (Hg.): Experten aus Erfahrung. Köln: Psychiatrie Verlag, S. 161–174.

SLADE, M. (2009): 100 Ways to Support Recovery. London: Rethink Mental Illness. Deutschsprachige Ausgabe: www.pflege-in-der-psychiatrie.eu/files/recovery/100Wege_0813%20(2).pdf (23.06.2017).

SNUNIT, M.; GOLOMB, N. (1997): Der Seelenvogel. Hamburg: Carlsen.

STICH, M. (2013): Patientengruppen erfolgreich leiten. Köln: Psychiatrie Verlag.

STUTZ, P. (2014): Staunende Menschen. In: SANDER, U. (Hg.): Heute leben! Worte zum Aufblühen. Freiburg im Breisgau: Herder.

TARR, I. (2008): Lob der Hezrensbildung. Gütersloh: Gütersloher Verlagshaus.

Verein Andere Zeiten e. V. (2009): Sonntags. Erfindung der Freiheit. Hamburg: Verein Andere Zeiten e.V.

VONHOFF, A. (2014): Wenn die Nerven blank liegen – So helfen Rituale, Stress zu bewältigen. In: Focus Online, 02.12.2014.

WESCHE, T. (2013): Was ist Glück? Warum unser eigenes Lebensglück vom Glück anderer Menschen abhängt. In: Die Zeit, 25, S. 14.

WINNICOTT, D. W. (2008): Von der Kinderheilkunde zur Psychoanalyse. Gießen: Psychosozial.

WUTHE, I. (2017): Das Märchen von der traurigen Traurigkeit. www.inge-wuthe.de/traurigetraurigkeit.htm (23.06.2017).

ZUABONI, G.; ABDERHALDEN, C.; SCHULZ, M.; WINTER, A. (Hg.) (2012): Recovery praktisch! Schulungsunterlagen. Bern: Verlag Universitäte Psychiatrische Dienste UPD.

Praktische Hilfen für den Genesungsweg

Marie Boden, Doris Feldt
Krisen bewältigen, Stabilität erhalten, Veränderungen ermöglichen
Ein Handbuch zur Gruppenmoderation und zur Selbsthilfe
5. Auflage 2015, 408 Seiten + umfangreiches Downloadmaterial
ISBN Print 978-3-88414-539-5, 39,95 €
ISBN eBook 978-3-88414-787-0, 31,99 €

Die Autorinnen vermitteln in ihrem Handbuch kreative und ressourcenorientierte Stabilisierungstechniken und geben Anregungen zur Krisenbewältigung. Sie ermutigen Menschen in schwierigen Lebenslagen, über instabile Phasen zu sprechen und den Blick für neue Perspektiven zu öffnen. Die theoretischen Grundlagen der Dialektisch-Behavioralen Therapie (DBT) werden hierzu unter anderem mit Imaginationsübungen und Elementen aus der Euthymen Therapie (Genusstherapie) verknüpft.
Entstanden sind sechs Themenblöcke: »Den goldenen Mittelweg gehen«, »Achtsamkeit«, »Genießen«, »Krise«, »Stress« und »Radikale Akzeptanz der Realität«.

Marie Boden, Doris Feldt
Gefühle erkennen, annehmen und gut mit ihnen umgehen
Ein Handbuch zur Gruppenmoderation und zur Selbsthilfe
3. Auflage 2015, 144 Seiten + umfangreiches Downloadmaterial
ISBN Print 978-3-88414-524-1, 29,95 €
ISBN eBook 978-3-88414-778-8, 23,99 €

Die eigenen Gefühle – seien sie positiv oder negativ – besser zu verstehen und die eigenen Handlungsmöglichkeiten zu erweitern, ist das Ziel dieser Arbeitshilfe. Das wirksame Programm der beiden Autorinnen wird bereits in vielen Kliniken und im ambulanten Bereich eingesetzt. Es eignet sich auch zur Selbstfürsorge und zur Burn-out-Prophylaxe.
Kreatives Downloadmaterial, wie z.B. ein Stimmungsprotokoll, ein Skizzen- und Tagebuch oder die sogenannten Gefühlsperlen, ermutigen, die eigenen Gefühle als wichtigen und sinnvollen Bestandteil seiner selbst zu erleben.

Telefon 0221 167989-0, Fax 0221 167989-20,
E-Mail: verlag@psychiatrie.de, Internet: www.psychiatrie-verlag.de